네 손에 있는 것이
무엇이냐

김행님 저

드림북

머리말

"네 손에 있는 것이 무엇이냐" 이는 여호와 하나님이 미디안 광야에서 양을 치며 살고 있던 모세를 불러 애굽에 있는 이스라엘 백성들을 구출하여 내시고자 계획하셨을 때, 모세에게 나타나 물으신 질문입니다.

인간은 자기를 찾고 싶어 합니다. 가정에 파묻혀 바쁜 일상사 가운데 자녀들을 키우고 있는 어머니들에게도 자기 정체성이 가슴을 노크하고 들 때가 있습니다. 그러나 대부분의 어머니들은 은밀한 절규 속에서도 가정의 임무와 직책에 순응할 만큼 유순하고 지혜롭습니다. 저 역시도 그랬습니다. 수많은 크리스천 어머니들이 그러하듯이, 우리 세 아이들을 하나님의 자녀와 일꾼으로서 신앙 안에서 잘 길러 사회에 내보내는 것을 주님께서 내게 맡겨주신 유일한 사명과 임무처럼 생각하고 보람과 소망으로 받들어 내려고 나름대로 노력하고 들었습니다. 이제 그 아이들이 어느덧 다 자라 막내만 아직도 대학에 몸담고 있을 뿐, 위로 있는 두 아들들은 당당한 직업인으로 발돋움질 하고 있는 요즈음, 한동안 잊고 지냈던 계절병 같은 자기 정체성 앞에 또다시 이마를 찧게 됩니다. 어떻게 살아야 절반도 훨씬 더 넘게 살아버린 남은 여생을 주님 안에서 보람되이 기쁘게 보낼 수 있을 것인지? "인생은 40부터"라는데, 막막한 느낌 속에서 마음만 무겁고 답답해할 무렵, 문득 모세에게 "네 손에 있는 것이 무엇이냐"고 물으셨던 하나님의 질문이 뇌리 속에 파고들었습니다.

이때까지 가정에만 파묻혀 아이들 뒷바라지에 반평생을 쏟아부었던 내 손에 무엇이 들려 있었겠습니까? 빗자루입니까? 주걱입니까?

그렇습니다. 남에게 아무것도 줄 것이 없는 인간은 비록 살아있다고 해도 산 사람이 아닙니다. 살아있는 사람은 주위와 이웃들에게 무엇이든지 간에 남기고 주기 마련입니다. 물질만이 아닌 정신력일 수도 있고, 뭉클한 사랑과 지혜의 부스러기일 수도 있습니다.

우리는 내게 없는 것을 하나님을 위해 내놓고 바쳐드리지 못합니다. 무엇이든지 이미 소유해 내고 있는 것으로만 가능합니다. 사르밧 과부는 마지막 남은 한 움큼의 가루와 기름으로 떡을 만들어 하나님의 사람을 공궤했고, 수넴 여인은 작은 방 하나를 달아내어 선지자가 그곳을 지날 때마다 유숙하도록 했습니다.

내게 가장 많은 것은 시간입니다. 시간 속에서 지역사회에 대한 봉사를 생각해 봅니다. 생김새는 그렇다손 치더라도 언어와 풍속이 다른 이국땅에서 사회보장제도가 교회의 역할까지를 감당해 내고 있는 이 나라 조직체계 아래, 기쁨을 두고 섬겨나갈 곳을 찾아내기란 그리 쉽지 않습니다. 그래서 생각하기를, 지금까지 그래 나왔듯이 기도 안에서 이웃을 섬기고 하나님의 영광을 찬양하며 주의 나라가 지상 위에 임하기를 갈망하는 마음입니다.

수년의 진통 끝에 또 하나님의 지지리 못난 자식이 출생되어 나옴에 있어서 나의 모든 것이 되신 주님께와 궂은 일은 혼자 다 도맡아 처리하는 사랑하는 남편 최봉근 장로님, 멘토 고무송 목사님, 그리고 드림북출판사 민상기 사장님께 공손히 머리 숙여 감사를 드립니다.

영국 만체스터 저자 김행님 드림

차례

머리말 2

1. 여자의 한, 어머니 된 긍지에서 풀리다

　최선의 삶 • 8

　눈물의 신비 • 12

　행복의 비결 • 16

　나의 꿈 어디까지 왔나? • 21

　여자의 한 어머니 된 긍지에서 풀리다 • 26

　나는 왜 펜대와 씨름을 해야만 하는가? • 32

　나의 직업 • 37

2. 변함없는 간구 하나

　문화적 충격 (호칭) • 42

　늦깎이 플레어 • 45

　우리의 삶 속에 깊이 관여하고 계신 예수님 • 48

　눈물을 흘리신 예수 • 51

　기도가 아니면 이뤄질 수 없는 일 • 55

변함없는 간구 하나 • 61

갈수록 어렵게 느껴지는 전도 • 66

3. 패자의 승리

세상을 모르는 사람 • 72

이 은총을 • 78

기도의 능력 • 83

패자의 승리 • 89

꿈속의 친우 • 94

돌 제단 • 99

들길에서 • 105

자책감 • 111

4. 안방 한담

노스탤지어 • 116

할아버지와 나 • 122

안방 한담 • 126

감정의 곡예사 주기율 • 131

고독의 그림자 • 138

바보의 목청 • 142

나를 나 되게 만드시는 이 • 147

육신의 가시 • 153

독백 • 161

소피의 죽음 • 165

5. 잘 죽는 일

    삶보다 죽음이 더 화려했던 야곱 • 172

    잘 죽는 일(考終命) • 178

    마음의 묵상 • 182

    주시고 또 주시는 신실하신 하나님 • 187

    천사의 말 • 193

    갈등 속의 나눔 • 198

    내가 너로 인하여 • 205

6. 네 손에 있는 것이 무엇이냐?

    나의 엄마야 • 214

    네 손에 있는 것이 무엇이냐? • 219

    꼭 한 가지만 • 225

    쇼핑 취미 • 229

    생명록(This is your life.) • 235

    그래도 또 가고 싶은 고국 땅 • 240

1.
여자의 한,
어머니 된 긍지에서 풀리다

최선의 삶

참으로 모를 일이다. 이렇듯 밤낮없이 깨지고 부서진 마음이라니… 오 밤중에도 단잠을 불허할 듯 중압되어 오는 무력감과 좌절감, 인간의 정신적 고통과 마음의 심기가 사람의 어디쯤에 숨어 지내다가 시도 때도 없이 불쑥불쑥 고개를 쳐들고 일어서는 것인지, 이건 숫제 우울증과도 그 색채가 다르고 자기불만이나 근심, 걱정, 짜증과도 한자리 건너뛴 자신을 조용히 잠재우지 못한 신열 같은 욕망에 더 가까운 것, 흡사 익기도 전에 곪아 버릴 듯한 쓰라린 자신의 모습을 지켜보는 애달픈 심정이라고나 할까? "기대가 많으면 실망도가 높다"는 말이 있기는 하지만, 어느 한 가지 것에도 전심전력으로 받들어 내지 못한 불충실은 저만큼 밀쳐두고 자기의 역량이나 현실까지도 몽땅 부정하고 드는 어설픈 믿음 뒷켠에 숨어 지내는 자신의 그림자 앞에 이도저도 아닌 반라(half-naked)를 목 놓아 울고 싶은 심정뿐이다.

"너희 안에 행하시는 이는 하나님이시니 자기의 기쁘신 뜻을 위하여 너희로 소원을 두고 행하게 하시나니"(빌2:13)라는 성경 구절을 태양을 등지고 앉아 하얀 백지장 위에 낙서하듯 써 내려가는 사색도 반성도 아닌 내면의 소요와 갈등, 내 마음 저 밑바닥에서 시작도 끝도 없이 지글거리고 있는 끈질긴 이 열망이 과연 주님으로부터 온 것인지, 아니면 한낱 자기적인 본인의 포부와 바람의 소치 탓인지 그저 묘연하기만 하여 앞이 꽉 막혀 드는 기분이다.

"에녹은 육십 오 세에 므두셀라를 낳았고 므두셀라를 낳은 후 삼백년을 하나님과 동행하며 자녀를 낳았으며 그가 삼백 육십 오세를 향수하였더라. 에녹이 하나님과 동행하더니 하나님이 그를 데려가심으로 세상에 있지 아니하였더라. (창5:21-24)

창가에 몸을 기대고 서서 내 심정만큼 잔뜩 심기가 부풀어 오른 찌푸린 하늘을 응시하면서 아담의 칠대 손 에녹을 머리에 떠올려본다. 시커먼 구름 덩이 속에서 좁쌀 같은 싸라기눈이 후드득후드득 유리창을 두드린다. 삼백 육십 오년이라는 장구한 생애 속에 자녀를 '낳았고' '낳은 후' '낳았으며'로 이어진 에녹의 일대기. 듣기에 따라서는 희한하도록 코믹한 인생편력이다. 그러나 아이들 밖에 낳아 기른 일이 없는 듯한 에녹을 가리켜 히브리서 기자는 "믿음으로 에녹은 죽음을 보지 않고 옮기웠으니… 저는 옮기우기 전에 하나님을 기쁘시게 하는 자라 하는 증거를 받았느니라"(히11:5)고 성스럽고도 영예로는 믿음의 선진들 대열 속에 끼워 넣었고, 창세 이래로 엘리야와 함께 유일하게 죽음을 맛보지 않고 하늘로 들려 올라가는 축복을 누렸다고 피력해 놓고 있다. 이외에도 "경건치 못한 자들에게 하나님의 정죄에 대하여" 예언했던 기록이 유다서에 나와 있기는 하지만, 다른 성경의 인물들이 차지하고 있는 분량과 비교해 볼 때 불과 서너 줄로써 삼백 육십 오년의 전 생애가 함축되어질 만큼 사회적 업적과 공적으로 인물평가를 내리고 드는 작금의 표준치로 잰다고 할 것 같으면 지극히 미미하고 평범한 일대기였음을 부인치 못할 듯싶다. 그의 생애 가운데는 요셉, 모세, 여호수아, 다윗과 같이 굵직한 사건이 하나도 드러나 있지 않고 이사야와 예레미야와 같은 선지자들이나 족장시대의 아브라함, 이삭, 야곱의 일생과도 비교가 안 되는 어질고 순박하기 그지없는 시골 아저씨의 모습만이 상상되어질 뿐이다.

하겠거니, 에녹은 작금의 보통 크리스챤들의 경우처럼 아이를 낳고 가정을 이루고 살면서 성실하게 자기 생업에 종사하는 소시민으로서 하나님과 동행하며 하나님을 기쁘게 해드리는 삶을 누렸다고 풀이해 볼 수 있을 듯싶다. 사회의 일원으로써 한 가정의 가장으로써 범사 일상 가운데 하루하루를 하나님과 동행하며 성실하고 정직한 빛 된 삶을 통해서 하나님을 기쁘게 해드렸다고 하는 점은 안일 단순하여 쉬울 듯싶지만, 실상은 가장 힘들고 권태로운 일인지도 모른다. 비근한 예로 얼마나 많은 주부들이 남편이 가져다 준 월급으로 가정 살림을 꾸려가고 아이를 낳아 양육 교육시키면서 기쁨과 보람 대신에 마지못해서 하는 듯 따분해하고 지겨워하는가? 가정에 대한 임무와 사명에 올바른 이해가 주어지지 않는 이상, 더러는 이해는 하고든다 하더라도 그 일이 그 일인 하루하루가 매양 기쁘고 보람차게 생각되어질 수 만은 없을 것이다. 가정에 대한 주부의 사역을 잘 감당해 낼 때 하나님은 우리를 통해서 영광을 받으시며 기쁨을 누리실 터이고, 여성은 이 사명을 위해서 태어났다고 해도 과언은 아닐 터인데, 왜 우리 주부들은 남편에게 사랑을 받고 자식들에게 신뢰를 얻으며 가정을 통한 자기성취와 만족을 등지고 샛길로 빠져들려고만 하는지 내 자신도 마찬가지이고 보면 알다가도 모를 일이라고 느껴질 때가 한두 번이 아니다. 단순한 일과 자체만으로 삶의 의미와 뜻까지를 몽땅 상실하고 드는 듯 느껴져 늘 자신을 확인해 보지 않고서는 배길 수 없는 자기인식.

인간의 생애는 하나님을 영화롭게 하고 기쁘게 해드리는데 전 목적이 있고 창조주 하나님의 영광과 뜻을 펼치기 위해서 지음을 받았다고 할 때 에녹이야말로 범상의 테두리 속에서 하루하루를 하나님과 동행하는 최상의 삶을 살았고 하나님은 그를 기쁘게 여겨 모든 사람이 다 맛보는 죽음을 통과하지 않고 하늘로 들리워감으로써 믿음의 생활만이 하나님을 기쁘게 해드릴 수 있다는 실증을 후세인들에게 본으로 남겼다. 에녹의 일생에 대한 성경적인 평가는 시류에 편승하여 신앙적인 측면에서까지도 굵직한 사건이나 모두가 인정하고 높이 세워주는 가시적인 실적에만 초점을 맞추고 정열을 쏟아붓는 우리 모두에게 본보기와 교훈이 아닐 수 없다.

나의 잠 못 이루게 하는 고뇌와 갈등이라는 것도 그 껍질을 벗겨 놓고 보면 자의식에 떠밀려 천근만근 마음의 무게로 작용하고 드는지도 모른다. 우리가 먹든지 마시든지 무엇을 하든지 하나님의 영광을 위해서 하는(고전10:31) 믿음의 생활을 지향하고 고수해 낸다고 할 것 같으면 나를 다른 사람과 비교하는 일이 있을 수 없을 것이다. 또 스스로 큰일과 작은 일, 속된 일과 거룩한 일, 값어치 있는 일과 값어치 없는 일을 금 그어 놓고 저울질해도 안 될 것이다. 자기에게 부과된 하루하루를 의미가 있거나 혹 당시는 무의미하게 느껴질지라도 좋은 일이나 궂은일을 가리지 않고 감사와 찬양으로 기쁘게 받들어 낼 때 하나님은 우리들의 생애 속에서 기쁨을 누리시고 영광을 받으실 것이기 때문이다. 그렇게 될 때 우리는 인간으로서 최상의 삶을 살았다고 믿음 안에서 긍지와 자부심을 가질 수 있지 않을까?

눈물의 신비

누가복음 18장을 읽어 내려가다가 8절 하반 절에 이르러 비수에 찔린 것처럼 가슴이 뜨끔했다. 7절의 "하물며 하나님께서 그 밤낮 부르짖는 택하신 자들의 원한을 풀어주시지 아니하겠느냐 저희에게 오래 참으시겠느냐 내가 너희에게 이르노니 속히 그 원한을 풀어주시리라" 하신 말씀이 안겨주었던 깜짝 반가움도 잠시, "그러나 인자가 올 때에 세상에서 믿음을 보겠느냐"라고 하신 후반 절 말씀이 따끔한 일침으로 심장에 와 꽂히고 들었던 것이다. 본문의 말씀은 불의한 관원을 붙잡고 집요하게 물고 늘어져 지겹도록 자기의 억울함을 호소하고 들던 과부와 같이, 응답이 없다고 중도에서 기도를 끊지 말고 계속 간절히 구해야 한다는 점을 강조하고 계신 예수님의 말씀이기는 하지만, 수개월이 넘도록 콧물 눈물로 구해 나왔던 간구가 기껏 지금 살고있는 이 집보다 좀 더 크고 좋은 집을 달라고 졸라대었던 터였고 보면 말씀에서 받은 확신에 찬 기쁨보다는 왠지 안에서 부끄러움 같은 것이 스멀스멀 피어오르는 느낌이었다.

의사라고는 하지만 생각보다 풍족치 못한 한낱 월급쟁이에 불과해서 지금 형편으로 한 푼이라도 더 저축할 수 있는 길은 오직 집을 늘려가는 방법 밖에 달리 더 없다고 판단되었기에 때정이를 써 나온 것인데, 무어가 잘못되어가도 한참을 잘못되어가고 있다는 느낌도 든다. 돌이켜보면 처음 주님을 믿기 시작할 때는 이렇지 않았었다. 세속적인 물질이나 저금통장에 눈을 돌리고 신경을 쓸 만한 한 치의 여유도 없이 주님만으로 만족했고, 지금과는 비교도 안 될 만큼 구차한 생활이었지만 마음만은 늘 풍요로웠다. 단순하고 어리석은 철부지 같은 판단이었는지는 모르지만 노년을 위한 보험 같은 것도 실감나지 않았고, 공중의 새를 먹이시고 들에 백합화를 입히시는 하늘 아버지께서 자기 자녀들에게 떨어진 옷 입히고 입에 거미줄 치게 하시겠느냐는 생각이 지배적일 만큼 무엇을 먹을까 무엇을 입을까에 염려해 보거나 급급해 본 적이 없었다. 은과 금이 다 하나님의 것이요, 땅이 하나님의 것이며, 천하 만물이 다 내 아버지 것이라는 어찌 보면 황당무계한 생각에 사로잡혀 그저 주님 한 분만으로 좋았고 기뻤을 뿐이다. 당시 교민 중에 유일하게 오고가며 절친하게 지내던 친구는 자기 집을 마련하여 집 치장에 재미가 쏟아져 하는데도 한 톨의 시새움이나 욕심도 없이 슬하에 고만고만한 서너 살짜리 아들들을 데리고 성경학교에 들어가 기숙사 생활을 할 만큼 나는 온전히 예수에 빠져 사는 사람이었다. 그 때의 심정은 비록 세상에 몸담고 살지만, 그래서 육신의 필요와 욕구를 아주 싹 저버릴 수는 없을지라도 세상과 더불어 물질에 연연하지 않고 오직 주님의 발자취만을 따르겠노라고 스스로에게 누누이 다짐할 만큼 청순했었고, 남편의 월급의 다과(多寡)와 사회적 직위에 좌우됨이 없이 근검절약 속에 소박하고 진솔한 그리스도인의 삶만을 희원했다. 예수님 당시의 저 나사렛 여인들처럼 순결 단순한 생애. 그런데 어느 결에 문명의 이기에 자신을 내맡긴 채 젊은 날의 각오와 각성은 한낱 수포처럼 슬어져 버리고 세속에 찌든 심령만큼 마음 한쪽을 세상에 빼앗기고 산다는 느낌을 저버릴 길이 없다. 뜻이 굳지 못하고 생각이 참되지 못하여 더 귀하고 복된 것으로 예비해 놓고 구하기를 기다리시는 주님 앞에 세속적인 물량에만 연연해 하다가 최상 최선(the best)의 것을 놓쳐버리고 차선(the second best)의 것만으로 전부인 듯 만족해하는 삶이 되어 버린 것은 아닌지 회오와 반성이 파도치는 느낌 속에 잠겨 드는 한 나절이다.

마라톤을 경주하는 선수처럼 한눈을 팔고 숨을 돌려 쉴 겨를도 없이 줄 곳 치달려 뛰기만 했던 신앙노선. 문밖에 도착하신 듯싶었던 주님이 더디 오심으로 해서 그 사이 시력장애를 일으키고 든 것인지, 아니면 철 가슴을 진흙 다리가 이겨내지 못한 채 스스로의 무게에 가위눌림을 당하고 오십 고개 길목에서 절름발이가 되어있는 것인지, 아픈 자책에 휩싸여 든다. 무엇이 이리도 새삼스럽게 마음을 아리게 만들고 못다 산 생애처럼 슬픔을 몰아다 주고 있는지는 모르지만, 건드리기만 하면 툭 터져버릴 것 같은 오열의 물줄기…

그러고 보면 나는 하나님 앞에 마른 고슬고슬한 눈을 하기보다는 매양 눈시울을 적시고 드는 날이 더 많을 듯싶어지도록 무척 울기도 많이 했고 보채기도 많이 했다는 느낌마저 든다. 남달리 서럽고 가슴 아픈 쓰라린 인생을 살아나온 것도 아닌데, 주님 앞에 무릎 꿇고 앉아 찬송가만 불러도 몇 구절을 연거푸 부르다 보면 어느새 눈가에 이슬방울부터 맺혀 나기 일쑤이다. 주님의 밝은 빛 아래서 자신의 모습을 손바닥 위에 놓인 사진을 들여다보듯이 들여다보면서 못다 푼 한만을 절절히 가슴에 품어 나온 여심처럼 시작도 끝도 없는 하소연과 간구로 맥을 이어 나온 나의 기도, 반성과 회개의 소낙비로부터 시작해서 감사와 감격의 이슬비, 통탄스러워서 울고 기뻐서 쏟아내는 눈물이 개울을 이루다 못해 경배를 드리고 사랑을 고백하며 충성을 다짐하는 말 마디마디에서까지 즙을 짜듯 질척하게 배어난다. 남달리 심성이 여리고 섬약하여 절뚝발이 애견이 안쓰러워 눈물을 찍어낼 만큼 동정적이고 감상적인 성품도 못되는데, 하나님 앞에만 무릎 꿇으면 유독 초라한 자신의 모습 앞에 눈물이 아니고는 버텨낼 수 없는 심정으로 돌변하곤 한다. 하나님은 무엇하시기 위해서 세상에 별 볼일 없는 어줍잖은 나를 택하여 부르신 후 구속하여 주셨는지 실로 그 은총이 크고 아득히 깊기만 하여 세포세포 마다에서 물기가 배어나는 느낌이기도 하고 주안에 터 잡은 값진 삶의 진가가 눈물로 표현되고 있다는 감도 짙다.

뒷전으로 숨겨진 나의 눈물어린 시간들을 아는지 모르는지 몇몇 영국인 친구들은 나에게 선 샤인(Sun Shine)이라는 별명까지 붙여 불러주고 있다. 이렇듯 사람들 앞에 헤퍼보일만큼 곧잘 웃어 보이고 미소를 띄울 수 있음은 뒤돌아서서 울음을 터트리고 하소연을 쏟아낼 수 있는 남모르는 비밀스런 장소를 소유하고 있는 때문인지도 모르겠고, 더는 우리의 눈물을 씻어 주시는 하나님의 넘치는 위로와 평안이 해맑은 얼굴빛을 지워내게 하고 있는지도 모르겠다. 하나님 앞에 속심을 푹 터놓고 눈물로 아뢰고 난 뒤에 소리도 없이 찾아 안기는 하늘을 훨훨 날 것 같은 후련함과 상쾌함. 이 은총이야 말로 하나님 앞에 오열을 터트려 본 자가 아니면 결코 이해할 수 없고 맛볼 수 없는 눈물이 지닌 신비이다. 그래서 나는 하나님 앞에서라면 늘 울음을 터트려 앙앙 울어대는 아이가 되고 싶고 울보가 되고 싶다는 느낌까지를 앉겨 받고 있다고나 할까…

그런데 오늘 아침엔 왠지 부끄럽고 가슴이 뜨끔해진다. 심령에 차고 넘치는 신령한 하늘 축복만으로 만족을 할 줄 모르고 물질 복도 주시고 자식 복고 주셔야 한다고 막무가내로 때정이를 쓰고 칭얼거려 나왔다는 생각이 나를 부끄럽게 만들고 있는 것이다.

행복의 비결

주안의 자매로부터 한 통의 서신이 날아왔다. 멀리 캐나다에서 날개를 달고 온 편지. 6년이란 긴 세월 속에 얻어 낸 복음의 귀한 결실이어서인지 잡다한 사연들 속에 유독 한결같이 변함이 없는 표현이 들어 있다고 하면 그것은 주님을 알게 해 주어서 두고두고 고맙고 감사하다는 인사말이다. 장성해가는 자식을 눈앞에 두고 지켜내는 흐뭇한 감개가 따스한 그녀의 체온처럼 묻어나는 편지였다. 사업에 실패하고 양친부모가 모두 자살을 한 후 아홉 살 어린 나이 적부터 친척집에서 자란 서럽고 아픈 어린 시절 때문에 하나님의 사랑을 좀처럼 믿지 못해했던 K. 때로는 우리 부부를 만나는 것까지도 꺼려하는 듯싶어 자주 찾아갈 수조차 없었던 차에 필자의 저작물인 '영국에서 캐낸 진주'가 출간되어 나왔기에 보내면서 책 서두에 써넣은 말씀(요14:26-27)이 K씨의 마음을 사로잡게 되었고 끝내 주님 품에 안기는 놀라운 역사를 몰아다 주었다.

저녁나절 무렵, 온 몸에서 기운이 쏙 빠져 나간 것처럼 지쳐있는데 전화벨이 울렸다. 영국인과 결혼하여 인근 도시에 살고 있는 F씨로부터였다. 차가운 전선줄을 타고 장장 한 시간에 이르는 진지한 대화. 그리고 보면 어제 오늘 이삼일 동안에 두세 부인들로부터 받아낸 하나같은 내용은 인생에 대한 회의가 잔뜩 묻어난 나사 풀린 일상에 관한 이야기들이었고 삶의 기쁨과 보람, 자족의 비결이 무엇인지에 대한 마치 본인이 그 해결책을 쥐고나 있다는 듯 물어오는 내용들이었다.

'시어머니의 혀'가 세상에 선을 보인 후 독자들로부터 자주 듣게 되는 독후감으로 "진솔한 자기표현에 대한 공감대" 운운이다. 내 책을 읽고 허심탄회하게 독후감을 표현하고 드는 독자들뿐만이 아니라 주위사람들로 부터서도 똑같은 "가식이 없고 솔직하다"는 평판을 자주 받아오고 있는데, 좋은 의미로서든지 나쁜 의미로서든지 간에 그때마다 가슴 언저리에 파고드는 희뿌연 의구심은 "내가 정말 솔직하고 정직한 사람인가?"하는 스스로에 대한 자문이다. 진솔하고 정직한 자기표현이 인간관계에서 얼마나 환영을 받고 덕되는 일인지, 그리고 주님을 닮고자 하는 그리스도인의 성품형성에 있어서 바람직한 자화상인지 아닌지 똑 잡아 판가름할 길은 없지만 나를 가리켜 가리움이 없는 솔직한 사람 정도로 평가를 내리고 든다고 할 것 같으면 도대체 이 세상 사람들은 그 조그마한 가슴 속에 얼마나 많은 자기적인 비밀과 허위를 감추고 숨기며 꽁꽁 묶어두고 살 것인가 싶으면 마음이 섬뜩하도록 겁부터 난다.

나는 내 자신이 다른 이웃사람들보다 행복하고 유족하다는 느낌을 전혀 실감하거나 인식하지 못한 채 무감각할 만큼 덤덤히 지내고 있는 것처럼 솔직성과 정직성면에 관해서도 마찬가지다. 할 수만 있다면 적나라한 내 모습 이대로 단순 소박하게 세상을 살고 싶고 하나님 앞에서처럼 사람 앞에서도 벗은 듯이 자유함을 누리는 삶이고자 한다. 함에도 불구하고 하나님 앞에서의 행동과 말보다 사람과의 관계가 더 힘들고 복잡하다는 느낌을 안겨 받을 만큼 나는 말에 소금으로 고르게 하듯이 지혜롭지 못하여 흠집이 곧잘 드러나고 행동이 투박한 질그릇처럼 거칠고 서툴다. 앉을 자리와 설 자리를 가려내지 못한 어린애처럼 말할 자리에서는 입도

뻥긋 못한 채 가슴만 두근거리고 있다가 엉뚱한 곳에다 대고 열을 뿜고 실토하기가 보통이다. 그런가 하면 여파가 무서워서 가슴에 있는 참말은 뒤로 감추어두고 입 밖에도 꺼내지 못한 채 알맹이가 없는 빈말만으로 자리를 메우기도 하고 상대방을 인식하고 허울 좋은 미덕을 내세워 달콤한 말만을 추려가며 주절대는 광대적인 행동의 일면까지 삶의 갈피마다에 숨겨두고 지냄을 부인치 못할 듯싶다. 이렇듯 도통 솔직하고 정직하기란 결코 쉬운 일이 아닐뿐더러 솔직하다고 해서 다 좋은 것도 아니다. 사람이 솔직하다보면 덕 되는 일보다 남에게 상처를 입히고 기분을 상하게 하는 일이 생기고 본인에게도 손해를 보는 경우가 허다하다. 사람은 누구나 자기의 실상보다 더 낫게 보이고 싶고 호감을 사고 인정을 받고 싶어 한다. 그래서 될 수 있으면 부끄러운 치부는 감추고 드는 본능을 지녔고 부족하고 흠이 되는 부분은 무슨 수로든지 땜질을 해서 미화시키고 싶어 하게 되는데, 여기에 꾸밈수가 나타나고 가식과 허위가 등장하게 된다. 정도의 차이가 있을 뿐이다.

행복한 삶의 비결이나 마음의 평안과 기쁨에 대한 질문 앞에서도 똑같은 심정이다. 나날을 주님 안에서 보람과 열심으로 세상을 살려고 노력해 나왔을 뿐 행복에 대해서 깊이 생각해보지 않았고 물질과 권세가 인생의 목적이나 행복의 요인일 수만은 없다고 본다. 물론 인간의 기본적인 의식주만은 해결되어야 되겠지만 배가 고파도 기쁠 수가 있고 헌옷을 입고 살아도 비단으로 감고 사는 사람보다 더 자족할 수 있다. 세상에서 불행한 사람은 먹을 것이 궁하고 돈이 없고 못 배웠고 또 남에게 인간대접을 받지 못하고 사는 부류의 사람들이 아니라, 갖출 것은 다 갖추고 취할 것은 다 취한 사람들 가운데 자기가 왜 불행해 해야 하는지조차도 모르면서 세상의 불행이란 불행은 혼자 다 끌어안고 사는 사람처럼 암담해

하는 사람들이다.

사람마다 자기 몫의 삶의 무게가 있다. 그래서 그 누구도 생활로부터 자유할 수가 없고 의무 속에 갇혀 지내며 산다는 것 자체가 곧 계속적인 투쟁을 의미할 만큼 과제의 연속이다. 또 인간의 욕망은 어떤가? 한시도 잠잠히 고개를 숙일 줄은 모르고 스스로 자족이나 만족과는 담을 쌓게 만든다.

나 역시 불행한 면만을 따지고 든다면 결코 행복한 상태만은 아니다. 귀가 꽉 막혀 들어서 보청기를 끼고서도 의사소통이 여의치를 못하고 쇠바퀴 돌아가는 쾌속음 속에 밤낮없이 시달려 나오고 있다. 아이들이 주위에 본이 될 만큼 잘 자라준 것은 사실이지만, 이 역시 아침마다 하나님 앞에 무릎 꿇는 노력과 공력 없이도 가능했을 것인지 의구심이 짙다. 또 물질이라는 것도 부자는 못되지만, 설혹 부자라 할지라도 가지면 더 가지고 싶은 게 인간의 욕망이고 보면 하나님은 우리 모두에게 이렇듯 행과 불행을 공평하게 분배해 주시지 않나 싶다.

나는 인간은 예수를 믿고 하나님을 순종하는 삶을 살아갈 때 가장 행복하다고 믿기에 이르렀다. 내 자신이 주님으로 인하여 얼마나 복된 삶을 누리고 있는지 전혀 자각하지 못하고 있다가 몇 년 전 하나님의 말씀을 거역하고 하나님과 한판 씨름을 벌리면서 지옥이 다른 곳이 아니라 하나님을 거역하고 불순종한 심령 속임을 경험함으로 해서 얻어진 결론이기도 하다. 예수를 믿지 않을 때는 위로부터 주어지는 하늘의 기쁨과 안식을 전혀 경험하고 맛본 적이 없었기 때문에 하나님을 믿지 않고 등진 삶이 어떻다는 것도 알 턱이 없었다. 그저 어렴풋이나마 인간은 고통 중에 출생되었고 투쟁으로 이어진다고 하는 생활철학 속에 그래도 본인은 다른 사람들에 비해서 행운아 정도로 생각하고 들만큼 캄캄했다. 그러다가 외롭고 고달픈 나그네 길에서 지치고 지친 모습으로 주님 품에 안기게 되었고 그 후 주님께 쏙 빠져 한참을 죽을둥 살둥 모르고 엎어져 지내다가 몇 번의 항거와 반역을 치루어 내면서 예수 없는 심령 속이 곧 지옥임을 깨닫게 된 것이다. 물론 하나님을 믿지 않고 성령을 모시지 못한 사람들 중에도 삶에 보람을 느끼고 자족하며 행복해하는 사람들이 있기는 하다. 그러나 이네들의 행복이나 만족이란 모래 위에 지은 집과 같아서 창수가 나고 바람이 불어 불행이 겹쳐오면 걷잡을 수 없는 나락의 길로 떨어지게 되고, 한때 깜짝 좋았던 것도 시간이 지나면 시큰둥한 느낌을 몰아다주기 마련이라고 하는, 나름대로의 결론 앞에 서있다.

나의 꿈 어디까지 왔나?

　며칠 전에 결혼날짜를 잡아놓고 한참 들떠있는 친구의 딸 이야기를 어깨너머로 엿들은 적이 있다. 많은 영국의 처녀 총각들이 결혼 비용을 줄이기 위해서 결혼사무실(registration office)에서 간단히 식을 올리고 혼인신고를 하는 식의 약식 결혼식은 싫고 한사코 전통적인 교회결혼식을 고집하고 들기까지 장래에 대한 꿈과 계획들이 어찌나 주도면밀하게 세워져 있는지 감탄사 아닌 감탄사가 절로 터져 나왔다. 비단 그 애 뿐만이 아니고 혼기에 처한 신부 지망생들 가슴 속에는 옛날 우리네들처럼 부끄러움이나 수줍음은 눈 씻고 찾아볼 수 없고 솔직 대담함이 오히려 천진스럽기까지 느껴질 정도이다. 이러이러한 성품과 직업 그리고 체격이 남성이기를 주장하는 기발한 사고와 결혼 전부터 아이는 하나나 둘만 낳기를 계획, 집은 최신 아파트로 안방은 전통적 한식 가구에 고전적 분위기를 창출해 내고, 거실은 서구식 데코레이션으로... 등 마치 사업계획서를 작성하듯 화려한 꿈과 드높은 이상으로 가득 찬 들뜬 모습들을 볼 때 귀엽다는 한계를 넘어 복잡 미묘한 생각이 치밀어 올랐다.

　한물간 진부한 이야기 같지만 나는 그 나이 적에 처녀라면 응당 한번쯤 품어 봄직도 했을 sweet home에 대한 황홀한 꿈은 고사하고 결혼에 대한 기대나 이상 같은 것마저도 품어내지 못했던 것 같다. 일생을 판가

름하는 중대한 인간대사를 선 한번 보고 신랑 될 사람의 첫인상에 홀딱 반해서 혼례식을 치른 후 가족계획이라는 것은 부끄럽고 수줍어서 끄집어내지도 못한 채 첫아이를 가졌다. 얼마나 바보스러웠던지 첫날밤 피곤에 지쳐 곯아떨어져 한참을 자다가 새벽녘에 웬 남자가 곁에 누워있는 것을 발견하고 망연자실했던 기억이 지금도 잊혀지지 않고 고소를 금치 못하게 한다. 남편이 하늘같이 높게만 보이던 그 당시 내게 바램 아닌 바램이 있었다면 공부하는 남자에게 시집을 가서 차 심부름을 잘 해낼 수 있는 참한 아내가 되고 싶었다. 역사를 거슬러 몇 백 년 뒤로 돌아가야 할 만큼 현실과는 동떨어진 옛날 양반집 규수들에게서나 찾아볼 수 있는 고상한 품위와 품격의 아녀자상을 어디서 보고 굳혀냈는지 전혀 감을 잡을 수는 없지만, 어쨌든 나는 밤늦도록 불 밝히고 앉아 책과 벗 삼아 지내는 남편을 흠모했고 공부하는 남편을 위해 향긋한 향내가 피어오르는 차 쟁반을 받쳐 들고 치맛자락을 질질 끌면서 사뿐히 서재에 들어서는 한 폭의 그림 같은 자신의 모습을 그려보기를 좋아했던 것 같다. 온몸에서 우아한 품위가 은은히 서려 나는 한 가닥 흐트러짐이 없는 여인의 몸가짐을 막연하게나마 동경했고 지향하고 싶은 여인상으로 손꼽았는지도 모르겠고, 선비처럼 고결하고 청순한 인품의 눈빛이 형형한 남성을 미래의 지아비 감으로 연모하고 있었는지도 모르겠다. 기골이 장대하고 우락부락한 스포츠맨 타입의 남성보다는 곱상하고 단아한 학자형 타입을 선호하고 물색했던 것 같기도 하다.

옛날 친정집 한 집 건너에 내가 다니던 대학의 교수가 한 분 살고 있었다. 언제보아도 조용하고 온화한 그분의 인품이 막연하게나마 내 마음속에 동경의 대상으로 뿌리를 내리고 들었지않나 여겨질 만큼 왠지 존경이 가는 분이었다. P교수라고 불리우는 전형적인 학자타입의 모 대학의 문리대 학장을 지내시기도 한 그분에게 직접 수업을 받아 본 적은 없었고 그분의 인간관계나 가정생활에 대해서는 전혀 백지상태였으면서도 그저 막연하게나마 존경과 흠모의 대상으로 우러러보았던 것은 나의 조부모님과 아버님에 대한 예절바른 태도가 감수성이 강한 어린 마음 밭에 깊은 인상을 심어주었던 것이 아닌가 싶기만 하다. P교수는 주말에는 말할 것도 없고 주중에도 아침 일찍 일어나 빗자루를 들고 나와 손수 고샅길을 쓸어나갔는데 나의 친정아버님과는 아주 대조적인 모습이었다. 존경받는 대학교 학장님이 초등학교만 나오신 우리 아버님도 하시지 않는 일을 이른 새벽부터 그것도 자기 집 대문 앞만 쓰는 것이 아니라 한집 건너에 있는 우리 집 대문 앞까지 싹싹 쓸고 계신 모습은 내게 상큼한 감동 속에 존경심을 자아내게 해주었다. 그리고 그 분을 존경하게 된 또 한 가지 이유라고 하면 이렇게 고샅길을 쓸어 나가시다가도 동네 어른들이나 이웃집 사람들이 지나가면 하던 일을 멈추고 서서 공손히 허리 굽혀 인사를 하고 안부를 묻는 겸허하고도 친절한 모습이 역시 많이 배운 사람은 달라도 저렇게 다르구나 싶도록 뇌리에 박혀 들었던 것 같다. 그리고 그게 연줄이 되어 P교수가 마치 학문하는 사람들의 표본인양 장래의 남편상으로 자리를 굳히게 되었고 그런 남성에게 걸맞는 부인상을 나름대로 머릿속에 그려 낸 것이 아닌지 모르겠다.

두 손으로 다소곳이 차 쟁반을 받쳐 들고 남편의 서재를 들어서는 신선 같은 꿈. 나의 처녀적 시절에는 아직 차 문화가 일반 가정에까지 파고들 만큼 여유와 풍요와는 먼 거리에 놓여있는 하루 세끼 밥도 먹고 살기 힘든 시절이었고 보면, 심야에 사랑하는 임과 마주 앉아 예쁜 찻잔을 두 손에 받쳐 들고 마시는 모습이란 차라리 그림에서나 보고 영화에나 나오는 황홀한 꿈같은 환상에 불과했음직 싶기도 하다.

그 후 세상은 참 많이도 변하고 발달했다. 30년 전에는 터무니없는 공상이나 고상한 허영정도로 통했음직 싶은 나만의 조촐한 꿈이 지금은 가정마다 보편화되어 흔한 음료수처럼 마시고 있으니 이 얼마나 놀라운 차 문화의 발전인가... 옛날 같으면 궁중 규수들이나 양반집 마님들에게 가능했을 멋과 여유를 웬만한 가정에선 다 취하고 누릴 정도가 되었으니 정말 꿈같은 세상을 살고 있다는 느낌까지 서려난다. 더군다나 세계에서 가장 차를 많이 마시고 드는 영국이라는 나라에 4반세기 동안 몸담고 지내오면서 하루에도 서너 차례씩 차를 끓여 받쳐 나오고 있으니 이쯤 되면 우아함이나 고상함보다는 성가신 일상사로 화해버린 셈이기도 하다.

이것 말고도 젊은 날의 꿈으로 또 한 가지가 있다. 내 스스로가 품어 지내온 선망이었다기 보다는 주위 사람들이 바람을 불어넣어 준 허구적 망상이었다. 하나님을 몰랐던 믿지 않던 시절이어서 남편의 사회적 직위와 성공, 물질적인 부와 여유만이 행복의 최대조건으로 꼽고 믿었던 것 같기도 하다. 60년대 초중반에는 자가용을 굴리고 산다고 하는 것은 상상 밖의 일이었고, 광주 같은 대도시에서도 가정에 전화를 놓고 사는 집들이 몇 안 될 만큼 열악한 문화생활을 하던 시절이었다. 서울에 텔레비전이 나왔다는 소리는 들었어도 어떻게 생긴 물건인지 내 눈으로 직접 보지는 못했고, 기껏 전축과 녹음기가 문화인들 사이에 한창 유행하던 때였고 보면 서울 장안의 일류 갑부 집 아들을 잡는다 해도 자가용을 굴리고 살기란 쉽지 않을 판국인데, 내 팔자에 무슨 재주로 감히 자가용에 대한 허황한 꿈을 키우고 들 수 있었겠는가?

어느 날 달력 속에서 꽃같이 예쁜 여인이 두꺼비처럼 포동포동한 아들을 품에 안고 현관문 앞에 서서 빨간 세단차를 타고 아침 출근길에 오른 남편을 배웅하는 모습을 보게 되었다. 처음에는 그저 그렇거니 싶도록 무심히 넘겨 버렸는데 학교 직원들이 그 그림을 보고 이구동성으로 "김 선생도 시집가서 저렇게 살아야지요…"하고 부추기고 든 것이 내 마음에 씨가 되어 '저렇게 살 수 있다면 얼마나 좋을까?' 싶은 동경심을 몰아다 주었던 것이다.

"사람팔자 시간문제"라는 말이 있긴 하지만 인간은 자기가 몸담고 있는 시대적 상황과 역사적 배경 내지 문화문명의 영향권 아래 들어있다. 놀라운 기계문명의 발달과 산업사회의 덕분으로 그 후 꼭 5년 남짓 만에 나는 달력에서 보았던 빨강색 세단차 대신에 은청색 도요다를 타고 출퇴근하는 남편을 달력 속의 그 여인처럼 한 살짜리 아들을 품에 안고 배웅하는 모습으로 변신해 있었다. 야자수와 키위나무가 한데 어우러진 환상과 낭만의 분위기 속에 고궁 같은 집에 흑인종들을 둘씩이나 부리고 사는 꿈같은 젊은 시절이었다. 그리고 그 후 불과 10년도 다 못가서 오히려 남편 쪽에서 부인을 배웅하고 드는 엇바뀐 세상에서 한참을 살아 나오면서 이제사 남편에 대한 고마움을 느껴 알만큼 철이 든듯하다. 철없던 젊은 시절에 막연히 품어 지냈던 꿈과 이상보다 영육 간에 더 많은 축복으로 내 앞에 예비해놓고 기다리신 하나님의 배려와 사랑에 빚지고 사는 인생임도 조금씩 볼 수 있는 눈이 트여가는 듯 싶기도 하고…

여자의 한 어머니 된 궁지에서 풀리다

세계 여성의 날을 맞이하여 지난 토요일 교회에서 열린 여성들을 위한 수련회(Women's Conference)에 참석하는 기회를 가졌었다. 오전에는 '남자와 여자의 다름' '여성의 위치와 임무 (가정, 사회, 교회)' '자기가치를 알자'의 주제 아래 일목요연한 강의를 듣고, 오후에는 그룹별로 나누어 워크숍에 들어갔다. 이런 기회에 집고 나가야 하고 또 다루어질 수밖에 없는 상투적인 일반적 내용들이 대부분이기는 했지만, 그러면서도 상큼한 색다른 느낌을 안겨 받을 수 있게 되었음을 영국 여성들 가운데도 다시 태어날 수 있다면 남자로 태어나겠다는 사람이 하나둘이 아니었다고 하는 새로운 발견이었다. 70여명의 참석자 가운데 13명이 남자였으면 좋겠다고 하는 자기 성에 대한 불만을 노골적으로 손을 들어 표명했는데, 이는 나에게 하나의 충격과 놀라움이었다. 또 수련회 중간에 끼어있는 점심식사를 몇몇 남성교민들이 목사님을 필두로 해서 앞치마를 두르고 시종일관 쿡(cook)하는 데서부터 설거지하는 일까지 스스럼없이 도맡아 빈틈없이 잘 해냈고, 부인들은 이날 퀸처럼 가만히 앉아서 serve를 받음으로 수련회를 끝마쳤다.

그동안 본인이 영국에서 살면서 보고 느낀 점은 영국여성들은 남성들과 별다름 없이 사회적으로나 가정적으로 대등한 인권과 기회균등을 누려나오고 있다고 여겼었는데, 아직도 그렇지 못한 부분이 사회 구석구석에 잔존되어 있는 듯했다. 남성에 비해 여성들의 노동임금이 더 작다든가, 모 남성클럽에서는 여성들이 침범할 수 없는 남성들만의 성역이 금 그어져 있기도 하고, 사소한 일 같지만 골프의 핸디캡을 따는데 있어서도 남자들은 3장의 카드만으로 자격이 부여되지만 여자는 4장을 집어넣어야 할 만큼 눈에 안 보이는 차별대우가 비일비재 하다는 것이다. 그러나 그 누구의 입에서도 성경이 말하고 드는 사도바울의 여성관에 대해서는 말문을 터보려 하지 않았고 앞으로 더 개척해야 할 부분에서만 열변을 토해내고 있는 게 아쉬움이라면 아쉬움이었다.

한국도 작금은 사회변천과 높은 교육에 의하여 여성들의 의식구조와 생활상에 많은 변화가 이루어졌고 옛날과는 달라서 사회진출에 대한 인식도 날로 높아져 가고 있다. 그러나 아직도 서구를 따라잡기란 역부족이라는 느낌을 떨구어 버릴 수 없는 개척부분이 사회와 가정 속에 도사리고 있음을 본다.

여성에 대한 이야기가 나왔으니 이 자리를 빌어 꼭 하고 싶은 이야기가 하나 있다. 절대적으로 누구를 헐뜯고 평하자는 의도에서가 아니다. 한국의 어머니들 가운데는 그것도 고등교육 받았고 돈이 좀 있다고 하는 부모님들 중에는 아들 교육은 그렇지 않은데 딸자식 대학교육을 마치 훌륭한 신랑감을 고르기 위한 구비조건 정도로 생각하고 드는 구태의연한 사고방식 속에 아직도 갇혀 지낸 분들이 적지 않다는 점이다.

얼마 전에 친구 아들이 결혼을 했다. 이제 24살. 갓 대학을 졸업한 햇병아리 의사이다. 신부는 서울의 모 대학을 금년 봄에 졸업했는데 졸업식 후 정확히 열흘 후에 결혼식을 올리고 지금 영국에 와서 신혼살림을 차려 살고 있다. 나는 이 신부를 생각할 때 영국에서 수련의 부인들의 생활이 어떻다는 것을 누구보다도 피부로 느껴온 사람 중의 하나이기에 잘 견디어 주기를 바라는 마음이기도 하지만, 요새도 대학을 졸업하기가 무섭게 허겁지겁 쫓기듯 시집을 가는 처녀가 있는가 싶어 한편 놀라움을 금치 못하겠고, 의사 사위를 놓칠까봐 급급한 그 어머니가 한심스럽다는 느낌도 든다. 이제 막 대학을 졸업했으면 길고 긴 여생을 위해서 깊이 생각하고 고민하는 잠 못 이루는 시간을 가져야 하겠고, 꼭 사회생활을 해봐야 한다는 것은 아니지만 할 수만 있으면 자기발전을 꾀하는데 심혈을 쏟아 부어야 할 인생에서 두 번 다시 주어질 수 없는 중요한 시기인데 싶어 안타깝기도 하다. 물론 남자도 그렇지만 특히 여자에게 있어서는 결혼이야말로 일생일대의 중대사임을 모르는 바가 아니고 또 적령기를 넘어서게 되면 결혼이 힘들어진다고 하는 현실을 누구보다도 인정하고 드는 사람 중의 하나이다. 그러나 모든 일에는 때가 있고 순서가 있다. 열심히 공부해야 할 때가 있고, 자기 고민에 빠져들어야 할 때가 있으며, 사랑을 속삭일 때가 있고 결혼을 해서 가정을 이루어야 할 때가 있다.

남자하고 달라서 대학을 졸업하고 결혼으로 들어가기 이전의 공백 기간이야말로 여자들에게 있어서는 두 번 다시 주어질 수 없는 황금시기이다. 물론 작금은 옛날과 달라서 결혼 후에도 남편과 함께 공부도 하고 직장도 다닐 만큼 아내에 대한 남편들의 이해와 인식도가 높아졌고 산아제한의 용이성, 가정용 전자제품의 발달, 그리고 여성 자신들의 끈기와 인내 등으로 직장과 가정을 병행해 낼 만큼 실력과 저력을 갖춘 여성들이 많아졌다. 그러나 아직도 많은 여성들 가운데는 특히 우리 한국의 내 나이 또래와 그 이전의 어머니들 중에는 시대의 흐름을 백안시하고 옛날 가난하고 억압받고 무지했던 시절에 품어 지녔던 경제적 여유에 행복의 초점을 맞추고 든다고 하는 점이다. 우리들의 세대들은 대부분 떡의 문제를 해결치 못했던 떡의 세대들이었지만, 차세대들은 이제 떡의 문제는 별 것이 아닌 떡으로만 만족할 수 없는 비물질적 차원에서 만족을 추구하고 드는 세대들이 되어질 것이다. 이는 남성들에게 보다는 여성들 세계에 더욱 두드러지게 나타날 현상으로 예상된다. 따라서 작금의 어머니들은 딸들의 학교공부에만 열을 쏟아부을 것이 아니라 의욕과 정열과 꿈과 노력을 가꿔내는 정신적 계몽까지도 뒷받침 해내야 한다.

오랜 세월동안 나는 자신이 남자로 태어나지 못하고 여자로 출생된 그 누구의 탓도 아닌 하나님의 선택에 끝까지 굴복하기를 거부할 양으로 한을 키워 나온 사람 중의 하나다. 한이라고 하면 흔히들 엄청난 대사건으로 인해서 생겨난 것처럼 여기기 쉽지만, 하고 싶은 것을 하지 못했을 때 한으로 앙금이 가라앉게 된다. 남 보기에는 사소한 일처럼 생각된 것일지라도 당사자에게는 두고두고 숙원처럼 가슴에 한의 각인으로 새겨질 수가 있는 것이다. 주님을 믿고 난 훗날까지도 자신이 남자로 태어나지 못하고 여자 된 숙명 앞에 불만을 품고 갈등을 느낄 만큼 못마땅하게 여겨 나온 것은 그 이유가 성 자체에 있었다기보다는 여자로 출생되었으므로 해서 받아야했던 구속과 억압 그리고 차별교육 때문이었다고 해야 옳을 듯싶다.

당시는 사내아이들에 비해서 계집아이들은 많은 면에서 차별대우를 받고 자라던 시절이었는데, 특히 학교교육에 있어서는 어느 가정 어느 부모를 무론하고 단연 남아 쪽에다 우선권을 주었었다. 때로는 누나와 누이가 서럽게 고생고생으로 번 돈을 가지고 동생과 오빠가 학교를 다닐 만큼 여아는 아무리 똑똑하고 영리해도 남아를 위한 희생양이 되어야 했던 시절. 차라리 집안 형편이 궁해서 공부를 계속할 수 없었다면 그래도 덜한스러울 듯싶은데 그게 아니고 보면 부모님에 대한 원망을 지워버릴 수가 없었던 것이다. 그렇다고 아들딸을 구별해서 편애하셨다거나 딸이 아니라 해서 아들만 못하게 입히고 먹이셨던 것은 아니었지만, 유독 학교교육만은 구별을 두고 제한하고 드셨던 것이다.

"계집애가 똑똑하면 팔자도 사납다" "여자는 남편치리를 잘해야 한다" 등 시골에서 갓 쓰고 두루마기 입고 살았던 시절의 인식과 통념을 도시에 올라와 양복을 입고 구두를 신으신 후에도 벗지 못하셨던 친정아버님. 그분들이 내게 원하시고 바라셨던 기대란 곱게곱게 얌전하게 잘 자라 내리내리 아랫 동생들에게 본이 될 모범적인 행실과 몸가짐이 전부였다. 지금은 미혼모가 애를 낳고도 떳떳이 만인 앞에 백일잔치를 배설하는 시대가 되었지만, 5-60년대만 해도 처녀가 연애를 한다면 바람났다고 해서 집안망신이 되고 사람까지 다 버린 것처럼 여기고 드는 시절이어서, 나의 부모님들은 내가 연애에 빠져드는 것을 지금으로 말하면 에이즈 병에 걸리는 것만큼이나 무섭게 여기고 드셨는데, 딸의 발목에다 차마 족쇄를 씌워 골방에 숨겨둘 수는 없고 또 남들은 다 다니는 학교를 못 다니게 할 수는 없었지만 대신 학교에서 집에 돌아오면 특별한 경우가 아니고선 문밖엔 얼씬도 하지 못하도록 가두셨다. 대학이라는 것은 시집을 보내기 위한 간판짝 정도로, 더도 덜도 말고 좋은 신랑감 하나를 골라잡으면 족할 정도로 여기고 드실 만큼 고루한 생각을 품고 계셨다. 그때도 친구들은 주말이나 방학이 되면 심심찮게 무슨 모임이다 무슨 관람이다 하여 끼리끼리 몰려다니면서 등산도 가고 시골에 사는 학우들 집에 놀러도 가곤 했는데, 유독 나 혼자만이 부모님의 허락을 받아내지 못한 채 집안에 처박히듯 들어앉아 있어야 했을 때의 좌절감과 소외의식. 당시의 나의 소망 아닌 소망이 있었다고 할 것 같으면 집안이 빈궁해서 배를 곯고 학비를 제 때에 내지 못해서 어려움을 당하고 유행 지난 옷을 입고 다닐지라도 친구들과 어울려 자유스럽게 행동할 수 있다면 둘도 바랄 것이 없을 성 싶은 심정이기만 했다. 볼만한 영화 한 편을 관람하려고만 해도 나 때문에 친구들까지 덩달아 수업을 축내지 않으면 안될 만큼 불필요한 구속과 억압 속에 감금당하듯 갇혀 지내야 했던 처녀시절이었고 보면 꿈과 열망에의 도전은커녕 화려한 추억하나도 가꾸어내지 못한 그야말로 불만과 회구와 좌절 속의 형벌이었다. 그러나 그 무엇보다도 대학진학을 꿈꾸고 한껏 부푼 기대감 속에 밤잠을 설치며 시험공부를 했던 계획과 포부가 완전히 무산 당한 채 친구들은 저마다 서울유학을 떠나는데 지방에 주저앉아 원치도 바라지도 않았던 대학을 울며 겨자 먹기로 다니면서 밤마다 이불을 둘러쓰고 숨죽여 울어야 했을 때, 남아로 태어나지 못한 한스러움이 깊이 뿌리를 내리고 들었던 것이다. 서울에서 유학한 친구들이 무슨 죄가 있다고 방학이 되어 찾아오면 만나주지도 않았고, 내 인생을 걸어 그들과 내기할양 독심을 품고 구겨진 자아를 다독거려야만 했던 시절이기도 했다.

   그날들로부터 길고 긴 세월이 흘러 어느덧 중년도 막바지 고개에 올라 앉아있다. 사람이 나이를 먹어간다고 하는 것은 성숙을 향해 발돋움질 하고 있다는 말과도 통하는 것일까? 아직도 자기를 다 잠재우지 못한 고뇌 속에 처절한 울음을 터뜨리고 들 때가 종종 있기는 하지만, 남자 되지 못했던 천추의 숙원 같은 한이 세 아이들의 어머니라고 하는 어머니 된 긍지와 자부심에서 조금씩 풀려 나가는듯한 소리가 들리는 듯하다. 단한 자식도 제대로 길러내기에는 역부족이기만 했던 내가 세 아이들을 저렇듯 의젓하게 자랑스럽게 길러냈다고 하는 이 뿌듯함. 막중한 하나님의 은총을 보는듯한 느낌이다.

나는 왜 펜대와 씨름을 해야만 하는가?

"시작이 반이다"라고 하는 말이 있다. 그러나 시작한 그 일을 끈기와 집념을 가지고 계속 밀고 나가기란 시작 못지않게 힘들고 벅차다는 사실을 뼈저리게 실감해 나오고 있다. "운동장에서 달음질 하는 자들이 다 달아날지라도 오직 상 얻는 자는 하나인줄 너희가 알지 못하느냐"(고전 9:22)라고 말했던 바울사도의 격려와 부추김이 꼭 복음을 위한 믿음의 선한 싸움에만 적용되어질 말씀이 아니구나 싶어 되풀이 되는 좌절을 딛고 안간힘으로 버티어 내고는 있지만, 글을 통해서 하나님을 나타내고자 하는 시도가 아득한 느낌으로 안겨 올 때가 많다.

사람은 여러 면에서 한계성을 지녔다. 그리고 그 한계성은 나 아닌 다른 사람의 도움을 필요로 할 경우가 대부분이다. 성장문제가 바로 여기에 속한다. 연약하고 힘없는 어린아이들의 아장걸음도 누군가가 손목을 붙잡아 잘 이끌어 주면 언젠가는 제 발로 걷게 된다.

나는 아무도 알아주지 않는 잡문 나부랭이를 주무르면서 자신의 한계성에 무수히 이마를 찧어대고 있다. 스스로가 내세운 인생의 가치와 보람에 손목이 잡혀 뿌리칠 수도 거둬들일

수도 없는 요지부동 상태 속에 답답한 심정일 때가 많아 골프를 시작하기에까지 이르렀다. 그러나 남들은 한번 빠져들면 미치고만다는 골프

도 아랑곳없이, 펜대에 대한 미련 때문에 책상머리를 배회하기는 예나 지금이나 매한가지이다.

원래 문필재주라고는 털끝만치도 타고나지 못한데다가 이렇다 할 문학수업을 받아 본 바도 없고 사유마저 트이지를 못하고 안으로 꽉 막혀들어서 곤혹스럽기가 이루 말이 아니어서 어떻게 좀 글을 쓰지 않고서도 달리 심취할 만한 신나는 일이 없을까하여 도자기와 그림 그리기에 손을 대어보기도 했고, 처녀시절에 밤낮없이 끌어안고 마음의 심기를 달래고 들었던 수틀을 다시 꺼내어 보기도 했다. 그러나 그 어느 쪽에서도 털끝만치의 기쁨이나 만족은커녕 아무짝에도 쓸모없는 백해무익한 사념만이 꼬리에 꼬리를 물고 일어서는 바람에 도둑맞은 안방같이 속만 어수선해지곤해서 저만큼 밀쳐놓은 원고지 앞에 다시 앉곤 한다.

쓰고 싶은 넘치는 의욕과 또 한편이라도 글을 쓰고 나면 물을 만난 물고기처럼 전신에서 삶의 기쁨과 생기가 물씬 피어나지만, 발에 걸려드는 난점이 한 두 가지가 아니다. 근대 한국이 이루어 놓은 빛난 발전과 비약 가운데 놀랄만한 경제성장과 민주주의를 향한 발돋움질을 손꼽을 수 있겠지만, 가정주부인 나에게는 식문화의 발달과 어학계의 흐름이 이곳에서는 발 벗고 따라가도 붙잡을 수 없을 정도로 빠름을 피부로 느낀다. 지금은 그래도 남의 눈을 거쳐 나온 구문이라도 읽어낼 수 있어서 새로이 생겨난 언어들을 족집게로 집어내듯 찾아내어 단어장을 만들어 와우기도 하고 아무 책이나 손에 잡히는 대로 읽어냄으로 낱말들을 주워 모으는 언어순례를 통해서 말을 배우기가 용의해졌다. 또 간간히 한국에서 부쳐다 읽기도 하지만, 책의 홍수시대에 살고 있으면서도 정작 읽고 싶은 신간들을 손에 쥘 수 없는 난점들이 장벽으로 작용하고 든다. 이렇듯 고역을 치루어 내면서 마음에 천근만근 무게를 달고 앉아 누가 글을 써달라고 원고를 청탁해 온 것도 아니고 잘 썼다고 칭찬해주는 사람도 없는데 내 남편도 읽어주지 않는 주제도 달지 못한 신변잡기를 내리내리 갈겨쓰느라고 전전긍긍하고 있음이 스스로도 이해하기가 힘들어질 때가 있다. 굳이 그 이유를 캐기로 한다면 순전히 내적부응에 의한 외로운 자기 몸짓 정도로 밖에 달리 대답할 길이 없을 듯싶은데, 팍팍하기가 마치 불모지를 개간해 내고있는 듯한 느낌이다. 그동안 습작에 쏟아 부었던 각고와 집념으로 다른 기술직에서 기술을 연마했다면 지금쯤은 인정받을 만큼 노련한 숙련공이 되어있음직도 하고, 돈 버는데 밤잠을 설치고 뛰었다고 할 것 같으면 은행통장에 동그라미가 지금보다는 훨씬 더 많아졌을 것이라는 얄팍한 실리적 계산이 뇌리를 스쳐 지나갈 때가 있다. 그러나 그렇다고 해서 다른 일과 바꾸고 싶은 마음은 추호도 없고, 자기완성의 한 과정으로 여겨 스스로를 독려하듯 매진하고 싶은 생각뿐이다.

처음 마늘냄새와 김치냄새가 물씬 풍기는 손에 펜을 쥐고 책상머리를 맴돌기 시작할 무렵에는 이렇다 할 내정도 없이 아이들을 키우며 집안 살림을 하는 가운데 군데군데 남아도는 자투리 시간들을 주님과 자신을 위해 보다 유용하고 값지게 사용해보자는 여가선용 정도에서 가벼운 마음으로 겁도 없이 뛰어들었던 것 같다. 굳이 집필 쪽으로 마음의 초점을 맞추고 들었던 것은 각별한 뜻과 포부에 의해서였다기 보다는 주님을 모셔 들인 후 말이나 글로서는 다 표현해내기 어려운 형용을 불허한 내적 충만감에 사로잡혀 이런 알지 못한 세계가 다 있었던가 싶은 경이와 놀라움 속에 무작정 펜을 들기 시작했다. 내게 임한 주님의 사랑과 은총을 누군가에게 말하고 싶고 전하지 않고서는 배길 수 없는 내적 충동심에 의한 내친 발걸음이었다고나 할까? 그게 곧 '영국에서 캐낸 진주'였다. 지금 읽어보면 미비한 점이 너무 많아 부끄럽기까지 하지만, 이는 내가 썼다기 보다는 성령님의 역사에 의하여 집필된 책이었다고 나는 감히 말하고 싶다. 그만큼 글 쓰는 일과는 무관한 사람이었을 뿐만 아니라 7, 8년이란 긴 세월을 한글판 신문 한 장 읽어보지 못한 상태에서 순전히 주님 한분만을 말하고 싶어서 겁도 없이 써내려간 책이기 때문이다.

부모형제와 친지를 떠나 외롭고 삭막한 영국에서 주님과 함께 걷는 믿음의 생활은 내게 말할 수 없는 안위와 감격을 몰아다 주었고, 주님은 내 마음 하나를 완전히 사로잡아 그분이 실존 인물이라고 할 것 같으면 날마다 연애편지를 쓰지 않고서는 배겨낼 수 없는 연모의 정을 불러일으켰다. 눈에 보이지도 않는 분이 어찌 그리 생생한 실체감으로 다가서시는지 온종일 나는 그분과 밀어를 속삭이듯 대화를 주고받는 나날들 속에 잠겨 들었다. 그때 주께서 내게 주신 말씀이 "주 여호와께서 학자의 혀를 내게 주사 나로 곤핍한 자를 말로 어떻게 도와줄줄을 알게 하시고 아침마다 깨우치시되 나의 귀를 깨우치사 학자같이 알아듣게 하시도다"(사 50:4) 였는데, 말씀 안에서 얻은 부요와 기쁨이 실로 천하를 다 취하여 누린 듯한 충만감으로 작용하고 들었다.

그러나 본격적(?)이라고 할 만큼 글 쓰는 일에 시간과 열을 쏟아붓기 시작하기는 계획에 없었던 세 번째 아이를 가짐으로 해서였다 하겠는데, 예기치 못했던 임신 앞에서 본인의 진로에 대한 한 가닥 염원과 숙원이 이렇다 할 내디딤도 없이 꽉 막혀 버리고 말았을 때, 나는 어슴푸레나마 하나님께서 내 생애의 고삐를 잡고 계신다고 하는 사실을 깨닫게 되었고, 비로소 내게 향하신 하나님의 뜻과 계획이 무엇인가에 대하여 깊이 묵상하며 찾기 시작했던 것이다. 처녀시절에 좌절되어버린 학문에의 길이 반짝한 기회로 눈앞에 다가서려는 마당에서 느닷없이 임신 선고를 받고 삼일주야를 밤낮없이 하나님과 씨름을 벌리고들기도 했지만, 고래 뱃속에 들어앉은 듯한 답답하고 암울했던 그 삼일이라는 항오발천(行伍發薦)이 자신의 생애를 주님께 다시 한번 맡겨드리는 재헌신(再獻身)의 계기가 되어지기도 했다. "내가 너에게 일(job)을 주겠다"시던 하나님이 꿈에도 생각할 수 없었던 또 하나의 새 생명을 잉태케 하셨을 때, 나는 주께서 나의 진로에 브레이크를 걸고 계심을 확인할 수 있었고, 한 길을 막아 닫으실 때는 다른 길을 예비해 놓고 계심이라는 한가닥 확신이, 하나님은 우리가 생각하고 구하는 것보다 더 크고 좋은 것으로 예비하고 계실 것이라는 기대까지를 몰고 와 그분의 뜻 앞에 허리 굽혀 순종할 것을 다짐하고 들었던 것이다.

앞으로 본인이 계속 글을 쓰고 또 쓸 수 있다면 이는 순전히 하나님께서 당신의 뜻을 위하여 허락해주신 은사라고 믿어 신앙의 글만을 쓰고 싶고 또 써야한다고 본다. 욕심 같아서는 성령의 은사를 10달란트쯤 내려받았으면 싶은 마음뿐인데, 주셨는지 안 주셨는지 조차도 모를 만큼 미미한 달란트에 불과해서 여직 빈약한 내용에 미숙을 탈피하지 못하고 부석부석한 자기 말만 주절대다 못해 평범을 뛰어넘지 못한 인간적 체취만을 물씬 풍겨내고 있다는 아쉬움이 짙다.

나의 직업

　출판관계 일로 어느 분과 면담을 하는데 첫 질문이 "영국에서 무엇을 하십니까?"였다. 고향에 내려갔을 때 손아래 동생에게 받은 질문도 "자네 영국교회에서 무엇인가? 집사는 더 됐지 잉?"이었다. 벌써 그때 제부는 젊으나 젊은 40대 초반에 장로가 되어있었고, 아직도 서른 줄에 서있는 동생은 집사에 여전도부 회장이라는 교회 일에는 관록이 붙은 일꾼들로 봉사하고 있는지라, 실 연령뿐만이 아니라 믿음의 연령으로도 성큼 앞선 큰 언니이고 보면 교회 안에서 한자리 하고 있을 것이라는 머릿속 계산이 지레 작용하고 드는 듯한 질문이었다.

　비단 출판관계로 문초를 당하듯 받은 질문만은 아닐지라도, "직업이 무엇이냐?"고 물어보는 사람들이 종종 있다. 또 어떤 문서이든지 간에 공식적인 서류에는 직업란이라는 게 떡 버티고 앉아 억박지르듯 기개를 강요하고 드는데, 그때마다 나의 대답은 housewife가 전부이다. 가정주부도 직업 속에 끼일 수 있느냐고 따지듯 묻는다면 할 말은 없지만, 그 길 밖에는 달리 자신을 표현할 방법이 없기 때문에 늘 가정주부로 기재해 나오고 있지만, 이날 이때까지 누구 한사람 이의를 제기하고 들지 않는 것을 보면 주부도 직업으로 간주해 주는구나 싶을 따름이다. 하긴 몇년 전 오스트레일리아의 어느 가정주부가 교통사고로 사망했을 때 보상금 청구액을 가정부를 써서 음식을 만들고 빨래를 하고 아이들을 돌보고 집안청소를 해야 할 경우에 지출되어지는 경비를 기준으로 해서 상해금을 지불받도록 법정판결이 내려진 것을 보면 주부 직이야말로 그 중요성은 차치하더라도 결코 값싼 직업이 아니구나 싶어지기는 했다. 지금 영국의 가정주부들은 18세 이하의 아동들에게 지급되어지고 있는 어린이 수당(child benefit)처럼 가족들을 위해서 자기직업을 포기하고 가정에 들어앉아 가사를 꾸려나가고 있는 주부들에게도 이에 상응하는 주부수당을 주어야한다고 열띤 주장을 펼치고 있다.

현실이 이러함에도 직업에 대한 질문을 받았을 적에 '가정주부'라는 대답이 선뜻 입 밖으로 떨어지지 않는다는 게 일반 주부들의 솔직한 고백이다. 결혼을 한 여성이면 일국의 수상이라도 집에서는 주부일 터이고 주부의 임무와 사명만큼 책임감을 요구하는 종신업도 없을 터인데, 프로패션을 가진 여성들은 결혼 후에도 열이면 열 다 직업란에 가정주부라고 명기하기 보다는 간호사, 교원, 사업가등 주부 아닌 다른 직종을 훨씬 더 떳떳하게 여기고 또 그렇게 기재하는 것이 관례처럼 지켜지고 있는 터다. 한국 여성들은 일단 결혼을 하면 다니던 직장을 그만두고 집안에 들어앉는 경우가 많지만, 서양 여자들은 결혼 후에도 아이를 갖기까지 직장을 계속하다가 아이가 생기면 파트타임으로 바꾼다. 또 직장을 그만두고 집에 눌러앉은 주부들이라 할지라도 아이들이 자란 후 다시 직장으로 돌아가는 경우가 많아 70%가 직업을 가질 만큼 (full 혹은 part time) 직장을 겸하고 있어서, 가정주부라면 배운 학식도 없고 습득한 기술과 재주도 갖추지 못한 별 볼일 없는 사람처럼 여기고 든다는 자기과신 인식이 지레 작용하여 묻지도 않는 옛날 직업을 들추어 운운하기도 하고, 또 누구나가 결혼 전에는 직장에 다녔을 것이라는 예상 하에 과거의 직업을 물어오기도 한다.

현대는 여성의 가치와 의미를 '현모양처'에서 찾고자 하는 시대는 아니다. 가능하면 주부들도 자기만족과 성취 달성을 위해 직장을 계속 지켜내려 하고 또 경제적 요구에 의하여 직업전선에 뛰어들기도 한다. 그러나 기능주의와 생산성 그리고 사회활동과 능력에 초점을 맞추고 든다고 할 때 가정을 위한 주부들의 헌신은 무재무능한 여자들의 몫인 것처럼 비하시킬 가능성이 다분하다. 영국의 지식층 전문직 주부여성들 가운데는 자기 집 가사 일은 전문인에게 맡겨서 하고 (청소부, 아이들을 돌보아주는 할머니) 자기는 직장에 나가 돈을 벌어서 그 돈으로 가사를 꾸려나간다. 그러나 직장에서 받은 월급으로 가정부를 쓰고 보육사를 들여앉힐 수 없을 경우에는 별수 없이 가정으로 돌아가 아이를 키우고 살림살이를 손수 꾸려나가야 한다는 말이 되는데, 그래서 이들 가정주부들은 스스로 가리켜 가비지(garbage) 즉 러비시(rubbish: 쓰레기)라 지칭하면서 자신들의 따분한 생활을 표현해내기도 한다. 그러나 모든 주부들이 다 그런 마음 상태랄 수는 없다. 어떤 부인들은 빈궁 때문에 직장에 나가 돈을 벌지 않으면 살림을 꾸려 낼 수 없어서 어쩔 수 없이 나가고 있기 때문에, 남편의 월급이나 수입만으로도 유족하게 살아가는 부인네들의 긍지와 자부심도 결코 만만치 않게 보인다.

세례요한이 광야에서 "회개하라 천국이 가까웠느니라"고 외치며 세례를 베풀 때 유대인들은 "네가 누구냐?"고 물음으로 그에게 자신의 신분과 정체성에 대한 설명을 요구하고 들었다. 그때 요한은 "주의 길을 곧게 하라고 광야에서 외치는 자의 소리다"라는 대답으로 자신의 위치를 그리스도와의 관계에서 밝혔다. 실로 놀라운 대답이 아닐 수 없다.

우리는 "누구세요?"라는 질문을 받았을 때 이름 석 자를 대거나 묻는 자에 따라서 친인척관계를 들먹이기도 하고 아무개의 아들, 누구의 형, 누구 엄마 등 때로는 모교까지 들추어가며 장황하게 자기소개를 하고든다. 그러나 요한은 "네가 누구냐?"라는 질문 앞에서 간결하게 표현되어질 수 있는 "제사장 사가랴의 아들 요한이다"는 대답은 입 밖에도 비쳐보이지 않고, 하나님 안에 감추인 자기 자신의 신분만을 확실 명료하게 들어냈는데, 이는 자기 임무와 사명에 대한 당당함이 엿보이는 대답이 아닐 수 없다.

세례요한은 6개월을 일하고 헤롯 왕에게 목 베임을 당한 마지막 선지자였지만, 그는 주의 길을 예비키 위한 6개월을 위해서 30년 동안이란 오랜 세월을 단련과 훈련을 통해 준비해 나온 사람이었다. 세상 저울에 올려놓고 달아보기로 한다면 엄청난 손실이요 희생이 아닐 수 없다. 그러나 예수님은 그를 가리켜 "여자가 나은 자 중에서 세례요한보다 더 큰 자가 없다"고 하실 만큼 칭찬을 아끼시지 않으셨는데, 인간의 생애는 몇 십 년 몇 백 년 사느냐하는 연수에 있는 것이 아니라 어떤 삶을 살았느냐고 하는 삶의 질에 있다고 하겠는데, 삶의 질이라는 것도 그리스도와의 관계에서 만이 평가가 내려진다는 뜻으로 이해되어 진다. 나의 직업이 교원이냐 요리사냐 혹은 가정주부냐 전문직업인이냐가 중요한 게 아니고, 더는 교회 안에서 평신도냐 집사냐 권사냐가 문제되는 것도 아닌, 주님과의 확실한 관계 속에 자기에게 부과되어진 책임과 임무를 성심껏 희생적으로 받들어내는 것만이 우리 모두에게 주어진 과업이 아닐까 싶기만 하다.

2.
변함없는 간구 하나

문화적 충격 (호칭)

　우리나라 사람들은 혈연이나 인척관계가 아닌 학교 선후배와 같은 성씨, 한 동네 사람들은 고사하고 전혀 모르는 사람이라도 몇 번쯤 오고가는 사이에 친분이 두터워졌다 싶으면 기탄없이 호형호제로 부르기를 좋아한다. 때로는 상대방을 높여 존대하는 것인지 아니면 비위를 맞추기 위해서 인지는 모르지만 연하의 사람에게까지도 형씨라고 불러주는 묘한 습관이 있다. 상대방을 이름으로 부르는 경우는 어릴 적 친구나 학우가 아니면 대개는 직명(과장)이나 학명(박사) 그리고 예명으로 불러주는 것이 존경의 표시처럼 상례로 지켜지고 있고, 이에 비하여 서양 사람은 첫 번 만난 모르는 사람이라 할지라도 남녀와 나이 고하를 막론하고 first name (본명)으로 자기소개를 하고 또 본명으로 불리우기를 좋아한다. 과장님이나 국장님이라고 칭하는 경우는 극히 드물고 미스터 김, 닥터 최, 레버런드 이 등의 신분상의 호칭은 공적 혹은 사무적 관계에서 주로 사용되어지고 있을 뿐이다.

　한번은 고부간에 골프를 치는 팀에 내가 끼어들어 간 적이 있었다. 한참 열심히 골프를 쳐나가는데 며느리가 시어머니를 불렀다. 그런데 '마더'라고 부르는 것이 아니라 '슈'라고 이름으로 호칭했다. 어쩌면 내가 잘못 들은 것인지도 모른다고 설마하고 있었는데 두 번째도 역시 '슈'하고 시어머니를 친구 부르듯이 스스럼없이 불렀다. 생소하다 못해 상스럽게까지 느껴져서 시어머니 되는 분에게 물어보았더니 항상 그렇다는 것이었다. 그리고 자기는 '마더'하는 존칭어보다는 '슈'라는 자기 본명으로 불러주는 게 더 자연스럽고 정이 통한다고 설명을 달았다. 시어머니만 이름으로 칭하는가 했더니 시아버지에게도 마찬가지란다. 자식이 감히 아버지의 존함을 부르기는커녕 입에도 올려놓을 수 없었던 우리네의 예절과 풍속에 비하면 이해되지 않는 부분이기도 하다. 그런가하면 의붓자식들은 자기를 길러준 계모나 계부라 할지라도 단연코 어머니 아버지로 칭하지 않고 이름으로만 부른다. 내가 아는 중학교 선생으로 마가렛이라는 여선생이 있다. 일곱 살 때 모친 사별 후 계모를 맞아 계모 밑에서 자랐는데 70먹은 계모를 지금까지도 본명으로만 호칭하고 있다. 자기를 낳지 않았으므로 단연코 이름으로 부를 수밖에 없다는 것이다. 생각에 따라서는 이치에 타당한 합리적 사고방식인지는 모르지만 익숙한 것이 정상처럼 느껴지는 체질 탓 때문인지 듣기에 거북스럽다 못해 이들의 논리적인 의식구조가 조금도 맘에 들지 않는다.

　친구의 어머니를 내 어머니처럼 어머니라 부르고, 동네 할아버지들을 마치 나의 할아버지처럼 할아버지라고 칭하고 드는 두루뭉실한 우리네의 인습과 풍속. 이에 비해 며느리가 시부모님을 호칭할 때나 사위가 장인 장모님을 동네 개 이름을 부르듯이 마구 불러대고 팔순 할머니가 증손자 뻘도 한참 더 되는 코흘리개 아이들에게 '페기' 하고 스스럼없이 자기이름을 가져다 대어주는 철저한 원투원(one to one)의 인간관계인 이네들. 조부모가 손자 얼굴이 보고 싶어 찾아가려고 하면 "가도되느냐"고 허락을 받고 시간 약속을 해야 하고, 마음대로 사탕 하나를 쥐어줄 수 없는 까다로운 예절과 생활습성이 찬바람을 일으키게 할 만큼 이 사람들에게는 '우리'라는 개념보다는 항상 '나'다. 두세 형제들 틈에 끼어 자라면서도 아버지, 어머니를 호칭할 때 우리 어머니, 우리 아버지로 부르는 것이 아니라 나의 어머니, 나의 아버지라 칭하는 철저히 자기중심적인 사고방식과 생활태도가 호칭에서부터 물씬 풍겨나는 느낌이지만, 모든 일의 주체는 자기라는 점에서 책임의식이 장점으로 나타나기도 한다.

유교적 윤리 도덕을 사회 규범과 생활양식으로 삼아 나온 우리네의 문화와 전통 그리고 기독교적 문화권에 속한 영국인들의 생활양식과 풍속 사이에서 맛보고 느끼는 이질감과 생소함이 이곳에서 20년 이상을 살아오고 있지만 아직도 문화적 충격으로 안겨오고 있다.

늦깎이 플레어

　이순을 먼발치에 둔 할머니가 골프를 시작했다. 그것도 운동이라고는 해본 일이 없는 내가 팽팽했던 젊은 시절을 다 보내고 시큰거리는 양 다리를 질질 끌고 다니면서 팔자에 없는 운동을 시작한 데는 그럴만한 충분한 이유가 있었다.

　4,5년전에 골프를 시작하여 맛을 들인 애들 아빠가 어린아이 보채듯이 골프를 배우라고 졸라대다 못해, 죽은 사람 소원도 들어준다는데 제발 자기 청을 좀 들어 달라고 성화를 내고 들기까지 했지만, 가뜩이나 운동을 싫어했던 나는 궁색한 변명만 늘어놓고 버티어 나오고 있는 판인데, 런던에 사는 작은 아들이 휴가 차 집에 놀러왔었다. 예의 그 골프 이야기가 화두에 오르게 되었고 우물쭈물 대답을 찾지 못하고 얼버무리고 앉아있는 나에게 "엄마 더 나이 먹기 전에 심취할 운동 하나를 택하여 배우세요. 그렇지 않으면 20년 후 아주 늙어서 유리창가에 의자를 바싹 붙이고 앉아 바깥세상을 내다보는 것으로 하루 종일 무료하게 시간을 보낼 수밖에 없어요"하고 말끝을 흐렸다. 아들의 입에서 양로원이라는 말이 스스럼없이 흘러나오는 소리를 듣고 당황하지 않을 수 없을 만큼 깜짝 놀랐다. 아빠 엄마가 늙게 되면 자기 집에 모시려고 작정하기 보다는 으레 양로원으로 들어 갈 것을 기정사실처럼 여기고 드는 새로운 발견 앞에 충

격적일 만큼 귀가 질렸던 것이다. 생각하면 생각할수록 섭섭하고 노엽기까지 했던 그 양로원이라는 말 때문에 결국은 골프채를 들기 시작하기는 했다. 그러던 차에 큰 아들이 집에 왔다. 저 녀석은 우리의 노년에 대하여 어떻게 생각하고 있나 마음을 떠보고 싶어서 "혁아, 아빠 엄마가 늙어서 아빠가 먼저 돌아가시고 엄마 혼자 뒤에 남게 되면 엄마는 영국 양로원은 싫고 한국에 들어가서 한국 양로원에 가고 싶구나." 마음에도 없는 소리를 해 보았다. 묵묵히 듣고 있던 아들이 "엄마가 좋아하시는 대로 하세요" 대수롭지 않다는 듯 말꼬리를 흐렸다. "이 녀석도 우리를 모시겠다는 생각보다는 양로원에 들어갈 것을 지당하게 여기고 있구나 싶어 실망을 이빨 사이에 넣고 잘근거리고 있는데, "엄마 꼭 양로원에만 들어가셔야 해요" 입가에 웃음을 흘리며 뒷말을 얼버무렸다.

결국은 더 늙어서 양로원 창가에 의자를 붙이고 앉아 바깥세상만 응시하고 드는 처량하도록 무료한 노년을 보내고 싶지 않아 팔자에 없는 골프를 울며 겨자 먹기로 시작하기는 했지만, 그때 그렇게라도 시작했던 것이 참 다행이었다는 생각에는 변함이 없다.

한국에서는 골프를 친다고 하면 돈이 많은 부자들이나 사회적으로 위치에 있다는 사람들의 단순한 운동이나 취미로서 보다는 다른 목적이 더 많이 가미되어 있는 느낌을 안겨주고 있지만, 여기서는 하루 벌어 하루 먹고사는 노동자들까지도 마음만 먹으면 못할 것 없는 보통 스포츠에 지나지 않는다. 따라서 일반 주택지 부근에는 한 두 개씩 사설 챔피언 코스들이 자리하고 들기 마련이고, 그린피가 아주 헐값인 주머니 용돈만으로도 칠 수 있는 공설 골프장이 놓여 있어서 오히려 스포츠센터에 가서 운동하기보다 더 용이하다고 말 할 수 있다. 정회원이 되면 예약이 필요 없고 당일 행사만 피하여 티오프하면 되고 복장도 의복코드에만 어긋나지 아니하면 굳이 멋을 부리려 신경 쓸 필요 없이 바람과 추위를 막아주고 비를 막아주는 실용성과 유용성을 따라 잘 가려 입을 수 있으면 그만이다.

어쨌든 이렇게 시작한 골프가 어느덧 십 수 년이 되었다. 처음부터 레슨을 받고 골프레인지에서 하루에도 골프 볼을 몇 바구니씩 쳐대는 맹연습을 거치는 일 없이 필드에서 익히고 든 골프라서인지, 아니면 운동신경이 둔해서 인지는 모르지만 거리가 신통찮은 지지부진한 실력이기는 하지만 일주일에 한 번씩은 꼭 남편과 플레이를 하고 영국 레이디스의 정회원이 되어 이곳저곳을 다니면서 친선게임을 할 수 있게 되었다는 것만으로도 큰 소득이 아닐 수 없다. 팔순 노인 할머니들도 매주 열심히 컴피티션에 참가하여 상을 타는 것을 보면 노년에 유리창가에 의자를 내어놓고 앉아 아무 할 일도 없이 무료하게 보내지 않아도 될 것 같아 안심이다.

우리의 삶 속에 깊이 관여하고 계신 예수님

울며 겨자 먹기로 골프를 시작하고 들었던 무렵이었다. 자식들의 부추김에 떠밀려 남편을 따라 다니며 친다기 보다는 오히려 배워간다는 표현이 걸맞았던 무렵 좀처럼 마음이 편치를 못했다. 남달리 예수를 잘 믿고 열심히 섬겨 나온 신앙생활이랄 수도 없으면서 원 라운드를 돌려고 해도 4시간을 잡아먹을 만큼 많은 시간을 빼앗기고 듬이 자책감을 몰아다 주었고, 다른 또 하나는 푸른 풀밭만 찾아다니는 조랑말처럼 여기저기 좀 이름이 있다는 코스를 찾아 돌다보니 연회비 말고도 예상외로 포켓에서 빠져 나가는 액수가 만만찮게 불어났다. 그리고 매주 수요일에 갖게 되는 레이디스 컴피티션에 참가하는 것도 목구멍에 걸린 가시처럼 늘 마음에 걸려들었던 것은 다른 날들처럼 차분히 마음 도시리고 앉아 QT를 해나가기가 그리 쉽지 않았기 때문이었다. 어떤 사람들은 같은 시간에 이것을 하면서 저것도 무리 없이 잘 해내는 여유와 융통성을 내보이는데, 나는 어찌된 셈인지 한 가지 일을 손에 들면 다른 일은 전혀 거들떠보지 못하는 기질도 문제라면 문제가 되었던 것이다.

이래저래 고민 속에 빠져 남들은 그리 좋다는 골프가 즐겁기는커녕 골 치덩어리처럼 옥조이고 들었던 시절, 그날은 수요일 아침이었다. 매주 마다 한 번씩 하는 레이디스 컴피티션이 들어있는 날이기도 했다. 다른 날

보다 좀 일찍 일어난 나는 늘 하던 습관대로 찬송가를 부르고 말씀을 읽은 후 기도를 하는데 환상이 보였다. 흑백 영화처럼 또렷했다. 열 살이 될까 말까 한 사내아이가 큼지막한 점퍼 옆구리 밑에 축구공을 감추고 우리 집 뒷 부엌문을 빠져 나가고 있는데, 당당하게 정면을 보고 걸어 나가지 못하고 아버지에게 들키면 틀림없이 하라는 공부는 안 하고 볼 차러 간다고 야단을 맞을 것이라는 지레짐작 하에 겁에 질린 얼굴을 하고 슬금슬금 뒷걸음질을 치고 있었다. 아들은 아버지의 눈을 피해 몰래 집을 빠져 나간다고 여기고 들었지만 이층 창문을 통해 아버지는 아들을 내려다보고 계셨다. 그런데 그 표정이 노여움이란 눈 씻고도 찾아볼 수 없고 도리어 만면에 흐뭇한 표정을 가득 지으시고 서서 "오늘 내 아들이 친구들과 볼을 차러 가는 날이구나. 이기고 왔으면 좋겠다"싶은 기대감에 들떠 계시는 아버지의 속마음까지 내게 와 닿았을 때, 나는 흥분에 들떠 "하나님 나예요. 저 어린 사내아이가 나예요." 감격의 환성을 지르며 눈을 번쩍 떴다. 그리고 그날 골프를 시작한지 2년 만에 처음으로 언더 파이브라는 나로서는 예상외로 놀라운 스코어와 함께 핸디캡을 깼다.

참으로 놀라운 일이었다. 골프로 인하여 터무니없는 자책감에 빠져들어 이러지도 저러지도 못한 채 가위눌림을 당하고 있는 자녀의 마음을 굽어살피시고 이처럼 생생하게 환상으로까지 아버지의 마음을 드러내어 비추어 보여주시다니, 이건 실로 경이와 경탄이었다.

나는 언제인가 사랑하는 여동생으로부터 이런 편지를 받은 적이 있었다. "언니, 큰 애가 폐렴에 걸려서 지금 병원에 입원해 있어요. 아빠가 회사에서 보너스를 받아 왔었는데 십일조를 안 내었더니 그래서 그런가봐요." 우리는 하나님에 대한 그릇된 개념과 편협한 자기적인 지식으로 이해하며 믿고 있는 것은 아닌지 모르겠다. 마땅히 그래야 할 경우와 때가 있겠지만, 달란트를 땅에 묻어 두었다가 주인 앞에 내놓은 청지기처럼 매사에 하나님을 까다롭고 무서운 분으로 이해하고 드는 것은 아닌지. 그리고 그 이유가 한국교회의 지도자들이 그렇게 설교하고 가르치고 있는 것은 아닌지, 혹은 까다롭고 무서운 아버지 밑에서 자라나온 탓인지는 모르지만 이는 서양 교회들에게서 느끼지 못하고 보지 못한 현상이기도 하다.

우리 한국 교인들은 하나님 앞에 기뻐하고 즐거워하기 보다는 회개와 자책의 눈물을 많이 흘린다. 그래서 예배의 분위기가 엄숙하고 무거운 분위기 속에 젖어들게 된다. 항상 "해주십시오"가 기도의 주된 내용이다. 이에 비하여 영국교인들은 하나님을 너무 가볍게 생각하는 폐단이 있다. "사랑의 하나님"쪽으로만 기울어져서 찬양과 감사가 예배와 기도의 주된 내용으로 자리 잡고 있다는 점은 나쁘다고는 볼 수 없지만, 너무 일방적이고 왠지 예배의 뒤끝이 허심하다는 느낌을 지울 수 없다.

나는 금번 사실을 통하여 지금까지 알지 못했던 큰 것 하나를 체험했다. 우리의 삶 속에 깊이 관여하고 계신 예수님. 자식을 사랑하는 아버지는 자녀의 학습태도에만 관심을 기울이지 않고 건강도 살피시고 친구 사귐과 사회 활동도 주의 깊게 관찰하시며 자녀의 지덕체(智德體) 성장에 큰 기대감을 가지고 지켜내는 가운데 두루 돌보아 주시는 것처럼, 우리들의 하늘 아버지께서도 그러하신다고 하는 사실을 새롭게 경험한 셈이다.

눈물을 흘리신 예수

성경에는 기쁨에 관한 기록이나 "기뻐하라"는 말은 여러 곳에 나와 있지만 "웃으면 복이 온다"는 우리나라 속담과는 달리 웃음과 관계되는 "웃으라"는 기록은 찾아보기 힘들다. 예수님도 "눈물을 흘리시더라"고 우셨던 장면에 대한 기록은 있어도 "웃으셨다"는 말씀은 단 한곳에도 나타나 있지 않다. 오히려 주님은 "우는 자는 복이 있나니 너희가 웃을 것이요"(눅6:21)라고 우는 자들이 복이 있다 하셨고, 뒤이어 "화 있을진저 너희 이제 웃는 자여 너희가 애통하며 울리로다"(눅6:25)고, 웃어야할 상태가 아니면서도 웃어대는 사람들을 불쌍히 여기신 만큼 딱하게 생각하고 드셨다. 내적 진정한 낙과 기쁨이 없는 서글프고 참담한 마음상태에 놓인 사람들일수록 향락을 추구하고 술과 마약을 복용하며 돈이나 물질을 통하여 만족과 기쁨을 취하려고 하는 경향이 있는데, 이런 부류의 무리들을 향하여 착잡하고 민망한 심정을 "화 있을진저 너의 웃는 자여..." 라는 말씀으로 꾸짖으셨던 것 같다.

웃다(laugh)라는 말은 '웃음'의 자동사로서 새국어 사전에는 '입을 벌리고 소리 내어 기뻐하다. 마음의 기쁨을 얼굴에 나타내다'로 풀이되어 있다. 말하자면 기쁘고 즐거운 마음이 폭소나 미소로 표현되어지고 있는데, 간절히 소원했던 일이 이루어지거나 뜻했던 바가 성취될 때 혹은 반

가운 사람을 만났을 때 웃게 된다. 그러나 웃음은 성경에서 말하는 기쁨이나 즐거움(joy)과는 색깔이 다르다. 꼭 좋고 반가워서만 웃는 것이 아니라 헛웃음, 비웃음, 입장이 거북할 때 웃는 웃음 등 계면쩍을 때도 웃고 보기 싫은 사람이 곤경에 빠지면 그게 고소해서 웃기도 하며 아부하는 웃음, 코웃음까지 합치고 들면 12개의 얼굴을 지닌 게 웃음이기도 하다.

예수님께서 "웃으셨다"고 하는 기록이 성경 안에 단 한 번도 들어있지 않다고 해서 주께서 전혀 웃지 않으셨다고는 생각할 수 없다. 우리들처럼 폭소를 터뜨려 호탕스럽게 웃어댔다고는 꿈에도 상상할 수 없지만, 성령의 열매 가운데 사랑과 희락과 화평은 가장 으뜸되는 열매이고 보면 예수님의 마음속 깊은 곳에는 위로부터 오는 잔잔한 기쁨과 평안으로 충만 되어 넘쳐나고 있었을 것이다. 그리고 사랑과 기쁨과 평강이 예수님으로 하여금 "내가 세상을 이기었노라"고 말씀하신 것처럼 수많은 대적자들 가운데서 하나님의 종(servant of God)으로서의 사명을 완수할 수 있는 능력으로 작용하고 들었을 것이다.

시편을 읽어보면 슬픔으로 점철된 절절한 시구들이 많이 나온다. 모질고 준엄한 군인의 마음 어디쯤에 그렇듯 섬세하고 지고한 시심이 숨어 지내다가 때를 타고 줄줄 흘러나왔는지 놀라움을 금치 못할 때가 많은데, 장쾌한 승리의 개가소리에 힘을 얻기도 하지만 눈물과 탄식과 번뇌 속의 간구와 호소가 그때마다 애련한 마음으로 심금을 울려 주곤 한다. 하나님 앞에서 얼마나 많이 울었으면 "눈물이 주야를 내 음식이 되었나이다"고 표현해 냈겠으며 "내가 탄식함으로 곤핍하여 밤마다 눈물로 내 침상을 띄우며 내 요를 적셨나이다"고 했겠는가. 그러나 그는 "울 때가 있고 웃을 때가 있으며 슬퍼할 때가 있고 춤 출 때가 있으며"(전3:4)라고 말했던 현인의 가르침대로 "눈물을 흘리며 씨를 뿌리는 자는 기쁨으로 거두리로다"(시126:5)고 쏟아낸 눈물의 분량만큼 거둬들일 기쁨의 수확을 확신하고 있었다.

많이 울기는 선지자 예레미아도 마찬가지였던 것 같다. '예레미아 애가'는 타이틀 그대로 슬픔과 근심과 탄식으로 가득 차 있다. 그는 "어찌하면 내 머리는 물이 되고 내 눈은 눈물의 근원이 될꼬"(렘9:1)라고 자기 백성 이스라엘의 행음과 악함을 보고 눈물로 탄식하며 슬퍼했다. 우리 주님께서도 육체로 계실 때 "심한 통곡과 눈물로 간구와 소원을 올렸고 그의 경외하심을 인하여 들으심을 입었느니라"(히5:7)고 히브리서 기자는 기록하고 있다.

그러나 하나님의 사람들은 슬픔과 탄식 속에 영구히 감금 당하듯 갇혀 지냈던 것이 아니라, 우는 자의 얼굴에 흘러내리는 눈물을 씻겨 주시는 여호와의 부드러운 손길을 맛볼 수 있었고(사25:8) "마음이 상한 자에게 가까이 하시고 중심에 통회하는 자를 구원하시는"(시34:28) 하나님의 구원을 힘입을 수 있었던 기쁨의 소유자들이기도 했다.

작금 세상엔 남을 잘 웃기는 희극 배우들이 연예인들 중에서도 인기도가 높고 돈을 잘 번다고 하는데, 좋은 재주를 타고 난 것만은 사실이지만 남을 웃기고 자기는 돌아서서 우는 사람들도 적지 않다고 들었다. 그 좋은 본보기가 이미 잘 알려진 곽규석 목사일 것이다. 참다운 기쁨과 즐거움은 사람이 인위적으로 각본을 만들어 깔깔대고 웃게 하는 웃음에 있지 않다. 미국에서는 질병의 70% 이상이 마음에서 생긴다고 보아 치료방법으로 환자들을 자꾸만 웃게 만든다는데, 얼마나 영구성 있는 치료방법인지 의심스러운 점이 없지 않다.

성경은 "여호와를 기뻐하는 것이 너희의 힘이라"(느8:10)라고 했다. "주의 앞에는 기쁨이 충만하고 주의 우편에는 영원한 즐거움이 있나이다"(시16:11)고 시편기자는 주님으로 인한 충만한 기쁨과 영원한 즐거움을 노래했고 또 이사야 선지자는 "여호와의 속량함을 얻은 자들이... 그 머리 위에 영영한 희락을 띄고 기쁨과 즐거움을 얻으리니"(사35:10)라고 죄 속함을 받은 자들의 심령 속에 임한 희락과 기쁨과 즐거움을 표현해 내기도 했다.

세상이 주는 한 순간에 깜짝 숨넘어갈 듯이 좋았다가 돌아서면 공허하고 허전한 구멍만 더 커지는 일시적인 쾌락과 즐거움을 쫓아다니는 사람들을 향하여 야고보는 "죄인들아 손을 깨끗이 하라. 두 마음을 품은 자들아 마음을 성결케 하라. 슬퍼하며 애통하며 울찌어다. 너희 웃음을 애통으로 너희 즐거움을 근심으로 바꿀찌어다"(약4:8-9)고 외쳤던 것을 보면 목 놓아 울고 싶은 슬픈 마음이나 착잡하고 참담한 심정 그리고 답답하고 우울한 가슴을 "수고하고 무거운 짐 진 자들아 다 내게로 오라"고 말씀하셨던 주님 앞에 엎드려 허리띠를 풀고 울어보라고 감히 이 책을 읽는 독자들에게 권하고 싶다. 예수님께서 주신 기쁨만이 영원하고 참된 기쁨이요(요14:27) 주님 발 앞에 꿇어 엎드려 눈물로 예수님의 발을 씻기는 자만이 만면에 화사한 웃음꽃을 가득 피우게 된다고 믿기 때문에 진정한 마음의 안정과 가정의 평안을 구가하시는 분들에게 예수의 발 곁에 서서 울며 눈물로 그 발을 적시 우는 여인이 되어 보시라고(눅7:37-38) 감히 권해드리고 싶은 것이다.

기도가 아니면 이뤄질 수 없는 일

　우연히 해 지난 오래전 신문에서(1990년 7월) 세상이 깜짝 놀랄 기상천외의 사건을 발견했다. 스물 초반의 청년이 어머니를 전깃줄로 목을 졸라 살해했다는 친모살해 사건이 바로 그것이었다. 별스럽게 놀랄만한 기사거리도 아니라는 듯 사회면 하반부에 조그만 글씨로 어린아이 손바닥만큼도 다 안 된 좁디좁은 공간을 차지하고 있었지만, 그 기사가 안겨주는 충격은 실로 엄청났다. 나에게도 범행 청년과 엇비슷한 나이의 스물 중반에 처한 아들이 둘씩이나 있다는 점과 피해자인 어머니가 본인처럼 예수 그리스도를 믿는 독실한 기독교인이라는 사실이 일반 존속살인 사건 내용과는 달리 가볍게 읽고 넘겨 버릴 수 없는 아픔을 몰아다 주었다.

　어떤 이유에서든지 간에 계모도 아닌 자기를 열 달 동안 뱃속에 품고 있다가 낳아서 20년이 넘도록 키워준 어머니를 전깃줄로 목을 졸라 절명케 했다는 천인공노할, 사람의 자식으로서는 감히 상상할 수 없는 악신이 끼었다고 밖에 달리 생각되어지지 않는 살해 사건 앞에서 벌어진 사건 앞에 입이 다물어지지 않을 만큼 기가 막혔다.

　몇 줄 안 되는 단편적인 기사내용만으로 사건의 전모를 이해하고 들 수는 없었지만, 평소에 청년의 마음속에는 어머니에 대한 적개심과 반발심으로 가득 차 있었던 것만은 어렵잖게 가려낼 수 있었다. 20대 초반에 들어선 나이이고 보면 아직까지도 사춘기적의 사회와 기성세대들에 대한 반항심리가 완전히 해소되었다고는 볼 수 없다할지라도 무분별했던 감수성이 강한 충동적 10대의 심리 굴절에서는 일진보 단계에 뛰어 올라선 연령이라고 진단을 내린다면 너무 성급한 판단이 되어질 지는 모르겠다. 어쨌든 청년의 심중 깊숙한 곳에 어머니에 대한 진한 애정이나 고마움 보다는 불평불만이 혐오증과 증오심으로까지 뿌리를 내리고 있었던 듯싶은데 이는 아들의 비신앙적인 생활방법과 태도에 대한 집요한 강요와 성화 그리고 더 나아가 어머니의 말을 듣지 않는 방탕한 아들에 대한 냉대와 무관심이 걷잡을 수 없는 살의를 몰고 온 요인으로 해석되어졌다.

부모들에게는 무슨 욕심 무슨 욕심해도 자식 욕심만큼 큰 욕심이 없다는데, 자식들에 대한 어머니들의 소원과 바램을 열거하기로 한다면 어찌 그 수를 다 헤아릴 수 있겠는가? 그러나 그 무수한 소원들 중에서도 예수 믿는 도를 생명처럼 중하게 여기는 어머니라고 할 것 같으면 내 사랑하는 자식들이 하나님을 믿고 신뢰하는 성경적인 삶을 살아주기를 가장 소원하고 들 것이다. 그런데 자식은 어머니의 마음을 아는지 모르는지 엉덩이에 뿔이 돋친 망아지 새끼처럼 가라는 교회는 안가고 다른 곳으로 빵소나나 치고 주일날 하루 종일 헛짓거리나 하고 돌아다닌다고 할 때, 이를 지켜내는 어머니의 심정이 어찌 편할 수만 있겠는가. 열망이 크면 이에서 받는 상처도 크기 마련이어서 자칫 잔소리가 나오고 고성이 높아질 수밖에 없고, 자기 몸보다 더 사랑하고 아끼는 자식이라 할지라도 뻣뻣하게 자기 고집으로 버티고 나설 때면 주먹다짐을 하고 싶은 심정이 되어짐도 충분히 이해할 수 있는 문제이다.

우리 한국 부모님들은 자식을 분신처럼 여기고 드는 경향이 있다. 물론 좋은 점도 많지만 음성적인 요소로 작용하고 드는 경우도 없잖아서, 자식을 엄연한 인격체로 존중하고 듣기보다는 부모의 종속물처럼 생각하여 부모가 바라고 원하는 대로 해줄 것을 기대한다. 서양 사람들에게는 극히 드문 현상인 자식들을 통해서 자기의 꿈을 성취시켜 보려는 야망과 포부를 우리 한국 부모들은 조금씩이라도 다 품어 지낸다. 그러나 나에게 최선이라고 해서 자식에게도 최선일 수는 없지 않겠는가?

앞에서 말했듯이 나에게도 두 아들이 있다. 이 두 아들들이 갓 서너 살 날 무렵 내가 주님을 영접하게 되었는데, 그 때 하나님 앞에 간절히 바라고 서원한 일이 한 가지 있었다. "아버지, 두 아들 가운데 하나는 세상 직종에 종사하게 할지라도 하나는 당신만을 섬기고 받드는 주의 종이 되게 하옵소서"라고. 그리고 주의 종으로 나는 둘째아들 성이를 스스로 점찍었다. 지금 생각하면 잘못되어도 한참을 잘못된 하나님을 사랑하고 주님의 은총에 너무너무 감사한 나머지 순수한 마음에서 본인이 자란 후에 스스로 결정할 중대한 일을 엄마인 내가 독단적으로 하나님께 서원 기도를 했던 것이다. 아이도 어렸을 적에는 엄마가 "우리 성이는 커서 목사가 되지"하고 물으면 아무 것도 모르고 그저 헤헤 웃으면서 "응"하고 대답하거나 "우리 성이는 커서 무엇이 될까?"하고 물으면 "목사"하고 방글거리기 일쑤였다. 한참을 그렇게 자라더니 중학교에 다닐 무렵쯤 해서 "엄마 나 목사 안 될래. 목사는 따분할 것 같으니 차라리 선교사가 되어 세계를 돌아다닐 거야"하고 말하곤 했었는데, 대학교에 들어갈 무렵 나이에 자기 장래에 대해선 두 번 다시 이야기하지 말라고 강한 반발의식을 나타내고 들었다. 지금은 그 아이가 캠브리지 대학을 우등으로 졸업한 후 모교에서 강의를 하다가 그만두고 외과 시험을 영국에서 일등으로 합격하여 28세에 외과 전문의가 되었다. 이제 내게 이 아이에 대한 바램과 열망이 있다면 하나님께서 어떻게 쓰실 것인가에 대한 한 가닥 큰 기대

속에 지켜내며 주님이 기뻐 쓰시는 인물이 되도록 기도하지 않는 죄를 범치 않을 것을 주님 앞에 다짐한다. 목사의 길로 접어들지는 못하였다 할지라도 우리 주님께서 지상에 계실 때 하셨던 두 가지 사명 중에 하나인 환자치료의 길을 택하여 하나님 앞에 충성되이 섬겨나간다면 이 또한 주님의 사명을 감당해내는 것이라 믿어 의심치 않는다.

마음대로 되어지지 않는 게 자식농사라는 말처럼 믿음의 가정에서 자라난 아이들 가운데 불행하게도 부모의 신앙을 그대로 전수 받지 못하고 곁길로 빗나간 자녀들을 더러 보게 되는데, 성경에 기록된 하나님의 사람들 가운데도 그런 일이 없지 않았다. 엘리의 두 아들들은 그 아버지의 경건한 신앙을 본받지 못한 채 못된 짓을 많이 했고 사무엘의 자식들도 그 아버지를 따라주지 못했으며 다윗왕 역시 자식들을 가르치고 이끄는 데는 실패한 사람이었다. 이스라엘의 역대 임금들 가운데도 아버지는 하나님 보시기에 좋은 왕이었는데 아들은 악한 왕으로 성경에 그 행적이 실려 있는 예가 많다. 원인이야 어디에 있었든지간에 그것은 개인적으로나 국가적으로 하나님의 뜻을 그르친 재앙과 징계를 초래하는 무서운 결과를 빚어냈다.

앞서의 자식의 손에 살해된 어머니의 경우, 아들만이 신앙의 길에서 이탈된 비신자의 노선을 걷고 있었던 것이 아니고 남편 역시 믿지 않는 남편이었던 것 같은데, 남모르는 심적 고통이 컸을 것이다. 믿는 부인과 믿지 않는 남편, 믿는 남편과 믿지 않는 부인 사이에 빚어지는 갈등은 밖에서 보기보다 감당해 내기가 쉽지 않다. 특히 신앙이 뜨겁게 불타오르는 경우라고 할 것 같으면 묵묵히 참고 견디며 지켜내기란 역부족일 만큼 부딪침이 대두되어 질 수 밖에 없다. 그러나 우리 하나님은 모든 위로에 뛰어나신 분으로서 감당치 못할 시험을 허락하지 않으신다.

25년도 다 된 옛날 이야기지만 나의 경우가 꼭 그랬었다. 당시 나의 남편으로 말할 것 같으면 고등학교 적에 물세례를 받고 열심히 성가대에서 봉사하면서 교회에서 잔뼈가 굳어진 자타가 공인하고 드는 소위 굿 크리스챤이라고 불리우는 착실한 교인이었다. 그러나 믿지 않던 내가 주님을 모셔 들인 후 그이와 나 사이에는 전에는 느껴보지 못했던 눈에 보이지 않는 장벽이 두드러지게 나타났는데, 생각의 차이가 너무나 컸다. 자기도 열심히 믿는 교인이었고 보면 교회를 못나가게 똑잡아 박해하고 들지는 않았지만 성경을 읽으면 밤낮 성경만 파고들면 잘 믿는 거냐는 식으로 시비를 걸고, 기도를 하면 일 년에 한두 번 드린 기도일지라도 진심에서 나온 기도여야지 매일 입을 종알거리면 그게 기도인줄 아느냐고 찬물을 끼얹고 신경을 건드려주었다. 정말 고개를 맞대고 더 이상 한 집에서 살고 싶은 생각이 한 톨도 없을 만큼 힘들다고 느껴져서 내 생전 처음으로 남편에게 이혼을 요구하고 들기까지 했다. 서너 살 먹은 사내아이들을 둘씩이나 거느리고 무엇을 어떻게 하겠다는 생각이었는지는 모르지만 하나님께서 보살펴 주시지 않겠느냐는 철부지 같은 마음이 무작정 남편에게 말도 다 안 된 이혼을 생떼를 쓰듯이 쓰고 들었던 것이다. 지금 생각하면 하나님은 이런 나를 내려다보시고 얼마나 웃으셨을까 싶기만 한데, 나를 그대로 놓아두시면 안 되겠다 싶으셨는지 하나님은 내 마음 속에 남편에 대한 전무후무한 사랑으로 역사하고 드셨다. 그때까지 남편을 사랑하지 않은 것은 아니었지만, 저분이 내 남편이다라는 믿음과 신뢰의 수동적 사랑이었지 육체로는 알지 못했었는데, 이런 사랑도 다 있는가 싶도록 머리에서부터 발끝까지 남편에 대한 연모의 정을 불당겨 주셨다. 철부지가 일을 저지를까 염려하여 당신의 은혜로 역사하고 드셨던 것 같은데, 비로소 나는 날이면 날마다 눈물 콧물로 남편의 구원문제를 놓고 하나님께 부르짖기 시작하였고 주위에 있는 믿음의 친구들에게 기도를 부탁하는 것만으로도 양이 차지 않아서 매주 목요일 우리 집에서 내 남편을 위한 기도 모임을 갖기까지 하나님을 붙잡고 늘어졌다.

이 세상 사람들은 기도하지 않아도 형통을 보고 잘 되는 일이 많다. 또 우리 하나님은 그 자녀들을 위해서 구하지 않는 것까지도 내려 주신다. 그러나 기도가 아니면 되어질 수 없는 일이 있다. 영혼구원이 바로 그것이다. 우리가 다 잘 아는 이야기이지만 주색놀이에 깊이 빠져들어 방탕과 향락의 내리막 길에서 헤어나지 못하고 있던 탕자 어거스틴을 절세에 빼어난 신학자와 성인으로 변화시킨 것은 천 마디 훈계와 만 마디 설교에서가 아니었다. 어머니 모니카의 뜨거운 눈물의 기도였다. "눈물의 아들은 망하지 않는다"는 말은 성 어거스틴에게만 적용되는 말이 아니다. 훌륭한 사람들 뒤에는 눈물로 하나님 앞에 간구하는 어머니들이 있었다는 사실을 우리 크리스챤 어머니들은 결코 잊어서는 안 될 것이다.

변함없는 간구 하나

　내 마음 깊으디 깊은 저 밑바닥에서부터 끓어오르는 절절하고도 분명한 기도제목 하나, "내가 어떻게 하여야 하나님을 기쁘게 해드릴 수 있고 나의 하루하루의 삶이 오직 주님만을 높이며 존귀케 할 수 있을 것인지?"에 대한 형용키 힘든 절규에 가까운 간구가 모닥불처럼 지펴오를 때면 스스로 생각해도 기이하기만 하다.

　하늘 영광을 다 버리시고 사람의 몸을 빌려 이 땅에 오신 예수님, 인간의 온갖 힐난과 조소 속에 모진 고통과 번뇌를 치르시며 홀로 십자가 위에 달리신 주님, 그 귀한 보혈의 공로가 거센 물살로 전신에 파고드는 감격의 순간은 말할 것도 없고 주님의 기대와 바램대로 살지 못하고 있다는 회오와 반성 속에서도 여지없이 고개를 쳐들고 일어나 가슴을 휘젓듯 저미고 드는 애절하고도 간절한 희구, 그렇다고 강력한 요구나 구구한 호소력을 피고 드는 것도 아니면서 내 영혼 하나를 완전히 사로잡아 녹이고 드는 성령님의 역사 앞에서 한 겹 두 겹 자신의 에고가 벗겨 나가는 소리를 듣는 듯한 느낌이다.

　인간은 누군가를 사랑하고 사랑을 받을 때 회춘을 만나듯 얼굴에 도화 빛이 감돌고 만상에 대한 마음 문이 활짝 열리다 못해 눈빛이 샛별처럼 영롱해진다. 온몸에서 생기가 철철 넘쳐날 만큼 기쁨으로 가득 차 있고 주위 사람들을 보는 눈과 대하는 행동이 후하고 넉넉해진다. 내게 임한 하나님의 무량한 은총을 깨닫고 온 가슴으로 주님을 뜨겁게 사랑하는 자들의 심령이 또한 이에 비길 바가 아니어서 주님과 사랑을 속삭이는 자들의 몸에서는 그리스도의 단내가 물씬 풍겨난다. 그래서 주님을 모셔 들이고 난 사람들의 얼굴 위에는 생기가 넘실대고 주님의 사랑을 지껄이지 않고서는 배길 수 없어 갑자기 수다쟁이로 변한다. 칠순 할머니라도 앉을자리 설자리 분간 못하는 어린아이처럼 누구한테나 "예수 믿으라"고 예수 이야기만 끌러놓고 말하고, 감수성이 예민한 처녀처럼 곧잘 눈물을 글썽대며 갑자기 부자가 된 것처럼 주고 싶고 베풀고 싶은 충동에 사로잡혀 따사한 온정이 전신에서 넘쳐난다.

근간 며칠에 걸쳐 안이숙씨의 '죽으면 죽으리'를 정신을 빼고 앉아 탐독해냈다. 나치시대에 유대인들을 자기 집에 감추고 보호해 내다가 독일군에게 탄로가 나 지긋지긋한 형벌 속에서 옥살이를 치러낸 작고하신 코리텐 붐여사의 간증(The Hiding Place)을 방불케 한 내용이었다. 열악한 감방 속의 모진 옥고에도 끄덕하지 않고 용기와 패기로 당당히 맞설 수 있었던 결연한 믿음의 자세가 그지없이 부럽게 느껴졌고 "예수 그리스도만이 나의 임금이시오 왕이시다"고 하는 생사를 뛰어넘는 비장한 각오 속의 신앙고백이 통쾌하다 못해 콧등이 시큰해왔다. 사자 떼들이 우글거리고 있는 원형극장으로 끌려들어가는 초대교인들의 순교 장면을 재현해내고 있는 듯한 느낌까지를 몰아다 주어서 간간히 책을 읽다말고 깊은 명상 속에 빨려 들어가기도 했고, 나 자신의 신앙생활이 얼마나 나태하고 안일한가를 새삼 반성하지 않을 수 없는 심정이기도 했다.

믿음의 초창기 시절, 나는 왜 그런 느낌을 안겨받게 되었는지는 모르지만 곧잘 내 자신을 베드로에게 비겨서 생각하곤 했었다. 앉을 자리 설 자리 모르는 어린아이처럼 앞뒤 분간 없이 어디서나 불쑥불쑥 나서기를 잘하는 성급한 성미에 설익은 자신감으로 호언장담을 곧잘 하고 들었던 베드로. "주와 함께 죽을지언정 주를 부인하지 않겠나이다"(막14:31)고 자못 비장한 각오 속에 꿋꿋한 충성심을 다짐하고 들었던 사람이, 불과 서너 시간 후에 어린소녀(비자) 앞에서까지도 채신머리없이 "나는 그를 알지 못한다"고 한번도 아닌 세 번씩이나 거푸거푸 스승을 부인하다 못해 저주까지 하는 비겁성과 허약함이 내 속에도 들어있다고 하는 자신의 실모습을 그때 이미 꿰뚫어 내고 있었음직하다. 인간은 평안하고 안정된 상황 속에서는 베드로처럼 큰 소리를 치고 호기를 부리지만, 생명에 위협을 받거나 위기에 처하게 되면 살아남기 위해서 신의를 헌신짝처럼 버리기 십상이다.

안이숙씨의 책을 열독해 내는 가운데 나는 한마디로 무엇이라고 표현하기 어려운 절절하고도 숙연한 느낌을 안으로 안겨 받았다. 이날 이때까지 안일무사하게 예수를 믿어 나온 자신이 어떻게 감히 그처럼 훌륭한 신앙 인물들 가운데 서기를 꿈엔들 생각할 수 있겠는가만은 생명의 위협을 무릅쓰고 신사참배를 거부하다가 모진 옥고 속에 예수의 흔적을 육신에 채우는 영광스럽고도 성스러운 투쟁의 모습이 지금까지도 끈적한 여운으로 남아도는 느낌이다. 육신의 소욕을 좇아 죄를 범함으로해서 주님을 또다시 십자가에 못박는 부끄러운 죄 된 생실을 떠나 주님을 위하여 매를 맞고 옥에 갇히고 굶주리고 헐벗고 떨게 되는 거룩하고 복된 신앙인의 모습. "육체의 고난을 받은 자가 죄를 그쳤음이니"(벧전4:1)라고 말했던 베드로의 지적에 대한 새로운 이해가 마음을 적시고 들기도 했다. 그러나 육신의 고통과 생명의 위협이 얼마나 끔찍하고 잔인 혹독스러웠으면 왕민도 목사와 같은 꿋꿋한 믿음의 사람도 "가룟 유다가 된 적은 없었지만 베드로가 된 일은 몇 번 있었다고"고 21년이라는 길고 긴 가혹한 옥살이를 함축적인 말로 표현해냈겠는가 싶으면, 감옥이란 곳은 그 담 밑도 얼씬해 본 일이 없지만 지레 긴장감으로 모골이 뾰족 서는 느낌이기도 했다.

응급환자와 만성질환을 앓고 있는 환자와의 사이에는 그 치료방법이 같을 수 없다. 응급환자에게는 시각을 다투어 가며 구급조치를 해 주어야하고, 만성질환자에게는 질환에 따라 적절한 치료를 해야만 한다. 나는 신앙을 지켜내는 선한 싸움도 마찬가지라는 생각을 하게 되는데, 신사참배를 강요받았던 일제시대나 예수를 믿으면 당장 총살을 당하고 마는 6.25 때와 같은 유사시가 질환으로 말하면 이머전시 케이스에 속한 긴급 상태와 같을 것이다. 으르렁 거리는 사자와 같이 생명을 노리며 입을 벌리고 달려드는 적의 위협과 협박 아래 그야말로 죽으면 죽으리라는 초긴장 속의 비장한 각오로 신앙을 사수해내지 않으면 안 되는 때이다. 적당주의와 타성에 젖은 안일한 신앙생활이 발붙일 곳이 없게 되는 그리스도만을 위한 순수하고도 고결한 투사적 정신만이 살아남게 되는 교회가 외부로부터 혹심한 핍박과 탄압을 당하고 받을 때야말로 아름답고 정결한 그리스도의 신부로써 흠 없는 모습을 드러내고 갖추게 된다. 육신은 비록 사경에 놓여 위기의식 속에 갇혀 지낼지라도 영혼만은 맑고 깨끗한 축복의 계기가 되어지기도 하고, 살아서 나와 함께 하시는 생생한 하나님의 안보와 능력을 힘입고 맛보는 은총의 계기가 되어지기도 한다.

작금처럼 탄압도 없고 핍박도 없는 평안하고 안정된 호조건 속에서 예수를 믿어나가는 일이 확실히 좋기는 하다. 그러나 "좋다"는 여기에 암적 요소가 다분함을 알아야 할 일이다. 사탄이 "우는 사자"처럼 자기 정체를 뚜렷이 나타내보이면 지레 피하기도 쉽고 방어해 내기도 어렵잖은데,

"광명의 천사"와 같이 은밀하게 본체를 숨긴 채 유혹의 덫을 던져 그리스도와 진리로부터 이탈된 행동을 도모하는 무서운 음모가 평안하다 안정하다는 이 시대의 취약점으로 작용하고 든다고 하는 점을 결코 간과해서는 안 된다. 신사참배를 거부하다가 옥에 갇혀 고생고생으로 옥살이를 치루어 낸 안이숙씨와 같은 결연한 순교자적 태도로 안일주의와 출세주의, 향락주의와 배금사상과 같은 시대적 우상 앞에 무릎 꿇지 않도록 예수님의 말씀과 같이 정신 바짝 차리고 "깨어서 기도해야 한다"(마26:41). 또 순교자적 신앙 양심으로 하나님 앞에서는 말할 것도 없고 사람 앞에서라 할지라도 정직하고 성실한 자기 모습을 지켜내야 할 일이로되, 무엇보다도 주님께 충성된 종으로써 변질되지 않는 충성심을 늘 안겨 드리도록 노력을 아끼지 말아야 할 것이다.

갈수록 어렵게 느껴지는 전도

작은 아이의 미국친구 C의 부모님들의 내방을 문전에 두고 귀한 두 분께 우리 부부가 안겨드릴 수 있는 선물이 무엇일 것인가, 행복한 고심 중에 빠져있다. 없는 시간에 비싼 여행비를 지불하고 미국에서 예까지 찾아오시는 분들. 5,6년 전에 이미 영국 구경을 다녀가셨다니 관광만이 전 목적일 수 없는 두 분들이고 보면, 어떤 식으로 모셔야 적절한 환대가 되어질 것인지 자못 기대 속에 마음이 쓰인다.

물질적인 풍요로 말하면 영국생활이 미국을 따라 잡을 수 있을 것 같지 않고, 마음으로 잘 해드린다 치더라도 이 또한 석연찮은 구석 많아 염려가 서려난다. 일전에 보내오신 편지 가운데 "아이들에게 모국어를 가르쳐 내지 못했고 신앙심을 심어주지 못한 후회스러움"을 반짝 비춰 보이셨는데, 이번 기회에 주님께 인도해 드릴 수 있다면 바람직하고 유일한 기회가 되어질 것도 같다는 생각을 반추해 본다.

그런데 참 이상한 일이다. 주님을 증거하고 하나님 믿는 도리에 관하여 주고받는 시간이 내게는 둘도 없이 기쁘고 마치 그 일만을 위해서 세상에 출생되어 진 것처럼 보람과 기쁨이 넘쳐나지만, 이 일이 갈수록 힘들고 어렵게 느껴짐은 알다가도 모를 일이다. 철이 지금보다 덜 들었을 적에는 상대방의 기분과 입장을 살펴 고려하고 드는 쪽에서 보다는, 안에서 치밀어 오르는 열기에 떠밀려 만나는 사람들마다에게 전도쪽지를 쥐어주듯이 "예수 믿으라"는 말만을 줄줄 흘리고 다녔다. 제어할 수 없는 끓어오르는 신앙열기 때문이기도 했지만 예수를 믿음으로 해서 내 안에 자리한 이 기쁨과 평안 그리고 세상을 훨훨 날 것 같은 자유함과 사랑 속에 거하기를 바라는 나눔의 마음이 사도 바울의 말씀처럼 "때를 얻든지 못 얻든지"간에 말귀를 트고 들어갈 구멍만 보이면 신앙 이야기부터 끄집어내고 들었고 "네게서 온 편지는 예수 말뿐이어서 답장도 쓰기 싫어지더라"는 친구(지금은 신학교를 졸업하고 전도사가 되었다)의 후일담처럼 부모님들과 형제들에게도 "예수 믿으라"는 부탁 말을 빼면 할 말이 없었다. 전도가 지식과 말에 있는 것처럼 밤새 입씨름을 벌이고 들만큼 "그 집에 가면 예수 소리 밖에 안 나오니 가기도 싫다"는 소문이 나돌기까지 주님 말 빼고는 모든 세상이야기가 허무하고 무의미한 시간 낭비처럼만 느껴지던 때이기도 했다. 정말 그 당시는 하늘도 땅도 온통 예수 한분만으로 가득 차 있는 듯, 눈에 보이는 것과 귀에 들어오는 것이 예수님 외에는 잡히는 것도 생각하는 것도 없었다. 얼마나 설치고 장치고 돌아다녔으면 H 목사님에게 "밥솥에 밥이 부글부글 끓어오를 때 밥이 되어지는 것이 아니라 김이 솔곳이 피어날 때에 밥알이 뜸이 들고 푹 익어가는 법"이라고까지 핀잔을 맞았을 것인지. 어린 나이 적 일이지만 당시에 안겨 받았던 당혹감이 지금도 잊혀지지 않아 부끄럽기도 하다. 목사님의 말씀이 얼마나 창피스럽게 들렸으면 몇 날 며칠을 가슴에 품어지내면서 생각에 빠져들었었겠는가? 그때 스스로 얻어낸 결론이 목사님께서 하나만 아시지 둘은 모르고 계신다고 위안했었던 것 같은데, 밥물이 부글부글 끓어오를 때 밥알이 푹 무르는 것은 아닐지라도 부글부글 끓는 과정을 거치지 않고 솔곳이 뜸이 든다고 할 것 같으면 그것은 절대로 쌀알이 푹 무를 수 없다는 판단 때문이었다. 죽을둥 살둥 모르고 펄펄 끓은 다음에 제 풀에 물이 다 닳아서 뜸이 들어야지 끓지도 않고 김만 뿜어낸다면 결과를 보지 않아도 잘 퍼진 밥이 되어 나올 수 없을 것은 뻔한 사실이 아닌가?

믿음의 나이테가 하나 둘씩 보태짐에 따라 주님을 사모하는 열정이 싸늘하게 식어가고 있다거나 복음에서 마음이 멀어진 것은 아닌데, 전도에 관해서만은 '아시타는' 어린아이처럼 상대방을 의식하게 된다. 십에 하나라도 잘못 신경을 건드려 불쾌하게 만들거나 이질감을 안겨줄까 주춤거리다가 자리를 털고 일어서는 경우가 대부분이고, 무슨 못할 말이라도 꺼내는 것처럼 말꼬리를 빼보이다가 이야기의 줄거리가 곁길로 접어든다 싶으면 제풀에 황망히 거두어들이는 경우도 자주 있는 일이다. "참말은 두려워 차마 말하지 못 하겠다"는 분이 있었는데, 전도에 임한 내 경우가 꼭 그러하다고나 할까? 복음의 핵심인 "모든 인간은 죄인이다"고 하는 "죄인"소리가 꼭 짚고 나가야 할 자리에서 마저도 입 천장에 달라붙어 떨어지지 않아 변죽만 뱅뱅 맴돌기 일쑤이고, 예수님이냐 교회냐 하는 문제가 얼핏 들어 동일한 내용 같지만 때로는 적잖은 무게로 작용하고 틈도 숨길 수 없는 고백이다. 복음 자체가 삶의 획기적 변화를 요구하고 들기 때문에 섣불리 응하고 싶지않는 거부감이 앞서는 것은 당연한 일일 것이요, 성령님의 역사가 아니면 자기 자신이 죄인이라고 하는 사실을 받아들일 수가 없고 설혹 인정하고 든다하더라도 피상적인 관념에 불과할 따름일 터이다. 이런 저런 이유로 해서 나 개인으로는 그룹들을 모아놓고 성경말씀을 가르치고 개개인에게 성경을 풀어 이해시키기는 어렵지 않지만, 구원이나 믿음에 관하여 상대방이 의문을 품고 물어오지 않는 경우에 내 편에서 복음에 관한 말이나 믿는 도리에 관한 이야기를 꺼내어 전도의 문을 트기란 결코 쉬운 일이 아님을 날이 갈수록 피부로 느낀다.

전도하기가 힘들다는 이유 중에 또 하나는, 말만으로 다하지 않는 막대한 책임감을 수반하고 든다고 하는 점도 없지 않다. 하나님은 악한자라도 멸망에 이르기를 기뻐하시지 않고 그 길에서 돌이켜 생명 길로 나오기를 원하신다(겔18:32). "모든 종교는 다 내세를 믿고 선행을 권장하는데 왜 하필 기독교만 믿어야 천국에 갈 수 있다고 하느냐"고 해박한 두뇌적 논리로 따지고 드는 사람들 앞에서 "하나님은 한분이시요 또 하나님과 사람사이에 중보도 한분이시니 곧 사람이신 그리스도 예수라"(딤전 2:5) "내가 길이요 진리요 생명이니 나로 말미암지 않고서는 아버지께로 올 자가 없느니라"(요14:6)는 말씀들을 백번 펼쳐보여도, 그칠 줄 모르는 논지를 펴고 드는 답답함도 당해낼 수 없는 일이기는 하지만, 하나님의 말씀을 끝까지 거부하고 믿지 않을 때 장차에 상대방에게 미칠 화를 생각하지 않을 수 없다는 게 아무에게나 가벼운 마음으로 전도할 수 없는 요인으로 작용하고 들기도 한다. 물론 하나님께서 말하라고 하실 때에는 들을 자는 듣고 듣기 싫은 자는 안들을지라도 단연 외쳐야할 의무가 있다. 그렇지 않으면 외치기를 거부하고 들었던 화가 나에게 미치게 된다고 하나님은 말씀하셨다(겔32:8-9).

사도바울은 "헬라인이나 야만인이나 지혜 있는 자나 어리석은 자에게 다 내가 빚진 자라"(롬1:14)고 말했다. 복음에 빚진 자가 어디 사도바울 한 사람뿐이겠는가? 예수 그리스도의 보혈로 구속함을 입은 자는 모두 다 바울처럼 복음에 빚진 자들이다. 따라서 복음 전파는 믿는 자들의 소명이다. 그러나 성령님께서 메시지를 전하는 자와 듣는 자의 마음 속에 역사하시지 않으면 좋은 결실을 기대하기란 힘들다. 전도하는 것도 중요하지만 전하는 일 못지않게 상대방을 위해서 열심히 기도하지 않으면 안될 이유가 바로 여기에 있다. 이에 좋은 한 가지 예가 유럽에서 제일 먼저 그리스도인이 된 빌립보의 루디아의 경우라 하겠다. 사도바울의 메시지를 듣고 있는 사람은 루디아였지만 그의 마음을 열어 복음을 청종케 하신 분은 주님으로 기록되어 있다. "주께서 그 마음을 열어 바울의 말을 청종하게 하신지라"(행16:14)

하나님께서 행하시는 구속의 역사는 인간이 짚어낼 수 없을 만큼 오묘한 구석이 많다. 요나의 메시지를 듣고 하루에 12만 명이라는 엄청난 숫자가 회개하는 놀라운 역사가 일어났었는데, 요나는 니느웨 성민들을 위해서 전혀 기도한 일이 없었다. 오히려 니느웨 사람들이 멸망 당하기를 바라고 배를 타고 반대 방향인 다시스로 향했던 요나였으나, 그 입에서 나온 회개의 메시지를 듣자 니느웨 성민들은 재옷을 입고 하나님 앞에 끓어 엎드려 왕으로부터 시작하여 모든 백성들이 다 회개했던 것이다. 우리가 전해야하고 외쳐야할 이유가 바로 여기에 있는 것이다. "듣지도 못한 이를 어찌 믿으리요. 전파하는 자가 없이 어찌 들으리요"(롬10:14)라고 말했던 바울은 "믿음은 들음에서 난다"고 했는데, 요나가 좋든 싫든 간에 니느웨 성민들에게 전함으로 해서 회개의 역사가 일어났던 사실을 생각하면 열심히 전해야 한다는 결론에 도달한 듯 싶기도 하다.

3.
패자의 승리

세상을 모르는 사람

우스갯소리로, 없는 재치 가운데 사람 보는 눈썰미 하나 정도는 달고 있는 줄 알았는데, 오늘은 "세상을 모른다"는 소리를 두 번씩이나 거듭 듣고 보니 모호한 기분이 감돈다. 자주 일어나는 일은 아니었지만, 주님을 모셔들인 후에 때로는 일면식도 가진 일이 없는 분의 신앙상태를 꿰어볼 수 있는 희한한 경험을 하기도 했고, 수인사를 건네면서 슬쩍 쳐다본 얼굴에서 다른 사람들은 전혀 느낄 수 없는 어두운 부분들을 끄집어내는 경우도 있었는데, 대개는 앞으로 함께 주님의 일을 해나갈 분이나 (목회자), 깊은 신앙의 교제를 터보고 싶어서 접근하고자 했을 때 주님은 직감력을 통해서 울타리를 치고 드시는 경우가 가끔 있었다. 그런가하면 때로는 당신의 기쁘신 뜻을 위하여 소원을 두시고 행할 때가 많았었는데, 내 마음 속에서 하고 싶어서 죽겠는 일을 행한 후에 돌이켜보면 그것들이 다 하나님의 뜻과 일치된 일이었음이 빈번하게 나타났다. 이러한 체험들을 한번 두 번 경험해내면서 나는 알게 모르게 자기에게서 나오는 생각과 판단까지도 주님으로부터 주어진 계시처럼 속단을 내리고 드는 오류를 종종 범하게 되었는데, 주님께서 내 안에 당신의 기쁘신 뜻을 두시고 간절한 소원을 품게 하시는 것과 스스로가 좋아하는 열망과 욕구 사이에 헷갈려 들어가는 위험성을 발견하게 되면서 자신의 내면의 소리에 조심성을 기하지 않으면 안 됨을 깨닫게 되었다.

　내 딴에는 세상 밖으로 밀려나지 않으려고 매일매일 습관처럼 신문을 구독해 내고, 다른 프로그램은 크게 관심을 기울이지 않지만 TV뉴스만은 하루도 빠뜨리지 않고 열심히 시청해내고 있다. 실없는 소리를 하자면, 즐겨 읽어 나온 뉴스페이퍼만 해도 정보제공에 정통이 나있는 타임스 신문이요, TV뉴스도 BBC1채널만 골라보는데, "세상을 모른다"하니 좀 억울하다는 기분이 들기도 한다. 그것도 30대 초중반의 젊으나 젊은 새파란 유학생들의 입으로부터 스스럼없이 흘러나온 지적들이고 보면 구차스런 자기변명조차 발붙일 곳이 없게 되어버린 느낌이기도 하다. 며칠 전에는 애들 아빠로부터 "천국만 알려고 하지 말고 세상도 좀 알아라"고 하는 핀잔을 듣고, 그게 그런다 싶기도 해서 한참을 생각에 빠려들기도 했다.

　영국에는 각 도시마다 인도에서 이민 온 인도사람들이 많이 살고 있다. 제2세들은 영국학교에서 교육을 받고 서양사상과 문물에 젖어들어 영국인이 되어 가는데, 그 부모들은 옛날 인도에서 살던 때와 똑같은 생활양식을 지금도 그대로 고수해내고 있다. 중국 연변한인사회에서 볼 수 있는 것처럼 영국에 이민 나와 있는 영국계 인도인들이, 본국을 한 번도 떠나 본 일이 없이 줄곧 인도에서만 살고있는 사람들보다 훨씬 더 전 근대적인 사고방식을 지니고 있다는 것이다.

　이러한 퇴보적 현상은 스물 일곱 되던 초봄에 고국을 떠나 그 횟수만큼 영국에 몸담고 있는 나에게도 두드러지게 나타나고 있지 않나 싶은데, 이제 막 영국에 도착한 분들에게는 참신한 쇼크처럼 느껴지기도 하나보다. 1년 동안 가까운 이웃동네에 집을 얻어 살았던 모 대학 여교수가 귀국 후 보내온 첫 편지 가운데 "20년도 더 넘게 영국에서 살아온 의사마님이라고는 도저히 생각할 수 없도록 선물포장지 한 장도 버리지 않고 차곡 차곡 개켜 두셨다가 다시 사용하고 드시는 검소한 생활태도에 놀랐습니 다"라는 내용이 들어있었는데, 식은 밥 한 덩어리도 버리시지 않으시던 친 정어머님의 생활태도가 오늘날까지도 내 핏속에 흐르고 있는 듯하다. 누 가 들으면 믿기지 않을만큼 나는 80년도에 들어서서 한참을 살면서도 내 어머님이 사용하시지 않는 (그때 이미 사용하고 계셨는지도 모르지만) 가정용 전자제품들을 써서는 안될 물건처럼 세탁기는 말할 것도 없고 전 기밥통 하나 갖추지 않고 손빨래로 세 아이들을 키워냈고, 양은 냄비에 밥을 지어 먹으면서도 당연지사처럼 여겼다. 수도꼭지 하나만 틀면 한 겨울 철에도 따뜻한 물에 손 담그고 서서 그릇 씻고 빨래하는 것만으로 도 복되다 여겼고, 힘들고 벅찬 가사 일도 밤낮없이 일 속에 파묻혀 사셨 던 친정어머님께 생각이 미치면 아무것도 아닌 것처럼 느껴졌다. 끼니 걱 정하지 않고 떨어진 옷 입지 않으며 바람 막아주고 비 가려주는 내 집을 지니고 사는 것만으로도 천하에 남부러울 것이 없다는 듯 물질에 허욕을 부리고 탐심을 품을 줄 모르고 살았다. 그러나 그런 중에도 마음은 왜 그렇게 춥고 외로웠던지, 늘 안으로 벗은 듯 허전한 심정이었고 우울하고 암담하기만 했다.

내 나이 서른 살이 되던 해 세상으로부터 차단을 당하듯 외로움에 손 목이 잡혀 예수의 품에 자신을 던지듯 맡기고 들었을 때 "사람이 떡으 로만 살 것이 아니라 하나님의 입으로 나오는 모든 말씀으로 살 것이 라"(마4:4)와 "그리스도 예수의 사람들은 육체와 함께 그 정과 욕심을 십 자가에 못 박았느니라"(갈5:24)의 말씀 앞에서 자신의 삶의 향방을 재정 립하지 않으면 안 되었는데, 나는 또 한 번 사치와 향락은 그 옷자락도 만지지 않기로 생각을 굳히고 들었고, 세상에서 살고 있지만 세상으로 더 붙어 살지 않을 것을 각서를 쓰듯 마음 속에 새겨 넣었다. 대부분의 사람들이 먹고 살기에 급급하고 부와 권력쟁탈에 혈안이 되어있을 때 자신과 싸우는 치열한 영적투쟁으로 살을 깎고 뼈를 갈 듯 전력투구했다 해도 전혀 거짓말만은 아닌 듯 싶기도 하다. 남을 미워하고 원망치 않으려고, 세상물질에 현혹되거나 탐심을 품지 않으려고, 남을 비방하거나 험담하지 않으려고 싸워도 싸워도 잡초뿌리처럼 뽑혀 나올 줄을 모르는 자기와 날마다 혈투극을 빌이다시피 하면서 내 안에 "예수의 형상" 하나만을 빚어내기 위해서 수도원의 수도사라도 되는 듯 기도와 말씀 안에 거하여 세상을 모르고 지냈다 해도 과언은 아니다.

수년 동안 시내 쇼핑 한번을 나가 본 일이 없을 만큼 세상과 담쌓고 살면서 예수 한분만으로도 웬만한 것은 갖출 만큼 갖추어놓고 사는 지금보다 자족하며 기뻐할 수 있었던 것은 주님 안에서 누리고 들었던 마음의 풍요로움과 충족감 때문이었던 것 같다.

세상 말에 '호사다마'라는 표현이 있다. 나의 경우가 꼭 그러했다고나할까? 예수님 한분만으로 외국생활에서 안겨 받는 삭막함과 외로움이 말갛게 걷히고 마음의 풍요와 기쁨만으로 며칠씩 굶어 지내도 배고픈 줄을 모를 만큼 충만해 있을 때, 욥을 시기하고 질투했던 사탄은 나에게까지 공격의 화살을 겨냥하고 들었다. 졸지에 병마의 엄습을 받고 젊으나젊은 나이에 목숨이 턱에 걸려 죽음의 내리막길을 치달릴 줄이야 어찌 꿈엔들 생각해 낼 수 있었겠는가? 꼭 일 년 동안을 제 몸 하나 똑바로 가누지 못하고 식물성 인간으로 누워 지내면서 건강할 때는 깨달을 수 없고 느끼지 못했던 많은 것들을 체험하고 배우게 되었다. 상투적인 표현 같지만 육신의 병고가 몰아다 준 시련과 고통을 통해서 지금까지 알지 못했던 또 하나의 다른 세계를 경험한 듯 싶은데, 그 때 만큼 내 신앙이 극

열하게 테스트를 받아 본적은 전에도 앞으로도 있을 듯 싶지 않다.

하나님을 등지고 세상을 제멋대로 살아 지내던 사람들 중에는 생사의 기로에 놓여 극한 상황에 이르렀을 때 세상의 부와 명예 성공과 권력이 무의미하고 속절없는 허망한 것에 불과함을 깨닫고 새로운 각성의 경지에 이른다는데, 나의 경우는 정반대였다고 할 만큼 자아의 미궁 속만을 헤매고 들었다. 나는 이날 이때까지 하나님 한분밖에 모르고 세상을 살아왔는데, 하나님께서 나를 배신하고 버렸다고 하는 하나님에 대한 원망과 야속한 심정이 뱀 대가리처럼 고개를 쳐들고 일어섰다. 지금까지 갖고 싶은 것도 갖지 않고 하고 싶은 일도 하지 않은 채 참고 견디고 죽도록 수고하고 애쓰고 힘써 나온 지난 반생애가 너무도 원통하고 한스럽다는 자각증상에 침잠되어 도저히 이대로는 눈을 감고 죽을 수 없다고 히스기아 왕처럼 하나님께 등을 돌리고 누워 구구히 울어댔다. 그러던 어느 날 밤이었다. 그날 밤도 나는 자아와 신앙의 갈등 속에 하나님께서 나를 버리셨다고 하는 분노와 슬픔으로 잠을 못 이루고 몸을 뒤척이는데 "보라 사탄이 밀 까부르듯 하려고 너희를 청구하였으나 그러나 내가 너를 위하여 네 믿음이 떨어지지 않기를 기도하였노니 너는 돌이킨 후에 네 형제를 굳게 하라"(눅22:31-32)는 베드로에게 하신 예수님의 경고의 말씀이 뇌리를 스치고 지나갔다. 순간 전기쇼크를 당한 것처럼 정신이 번쩍 들었다. 그 때까지 나는 하나님께서 내게 이 고통을 내려 주셨다고 생각하고 믿기에 이르렀는데, 하나님이 이런 병을 주신 것이 아니라 사탄의 장난이라고 하는 새로운 인식이 한줄기의 빛으로 서서히 내 영혼을 밝히고 들었던 것이다.

돌이켜 생각하면 1,2년 동안의 병고 속의 육신적인 아픔보다 더 진한 심적 고통이 그리고 그 이후부터 내 몸에 붙어있는 청력장애가 내 일생에 획기적인 변화를 가져다 준 듯 싶기도 한데, 한동안 빛을 잃고 어두움 속에 갇혀 하나님과 팽팽히 맞서 난투극이라도 벌리고 들 듯 원망으로 지새웠던 실패의 경험을 맛볼 수 있었던 것을 퍽이나 다행스럽게 느껴질 때가 있다. 변명 같지만 전혀 그런 기회를 타보지 못했다면 지금쯤 나는 신앙의 우월감과 교만심으로 가득차 시험에 빠져 허우적거리는 연약한 형제와 자매들에 대한 사랑의 이해와 안위의 격려보다는 경멸과 질시의 눈으로 바라보는 도도한 신앙인으로 자리를 굳혀내고 있을지도 모른다.,

 "세상을 안다"고 하는 척도를 어디다 두어야 할지 아리송하기만 하다. 세상 돌아가는 정세와 시속에 눈이 밝은 사람들과 우주와 삼라만상의 이치에 대한 해박한 지식인들을 가리켜 세상을 안다해야 할 것인지, 사람 대하는 수완이 능란한 사교계의 재치꾼들이나 자기 잇속을 요리조리 잘 챙기고 드는 약삭빠른 사람들을 가리켜 세상을 잘 아는 이들이라고 해야 할 것인지, 얼핏 판단을 내리기가 쉽지 않다. 그러나 누가 나에게 "세상을 아는 사람"에 대해서 묻는다고 할 것 같으면, 고통을 아는 사람이 참 인생을 알고 세상을 안다고 감히 대답하고 싶다. 그리고 나는 내 몸에 붙어있는 난청을 통해서 예전에는 미처 몰랐던 세상을 조금씩 이해하는 경지에 이르게 되었다고 감히 고백할 수 있을 듯 싶다.

이 은총을

고대 로마가 영국을 침공 함락하였을 당시 군사 주둔지로 삼았었다는 York시는 영국의 북동쪽에 위치하고 있다. 거기엔 1220년부터 시작하여 2세기 반이라는 긴 세월에 걸쳐 지어진 York Minster라는 대사원이 있다. 중세기에 세워진 영국내의 빌딩 중에서 가장 큰 건물이라고 명성이 날 만큼 장엄하고 웅장한 고딕양식의 교회당이다.

영국에 온 후 구경거리란 교회당뿐이라는 듯 St. Paul을 내친걸음으로 해서 명소 무명소 할 것 없이 여기저기 무척 많이도 쫓아다니며 기웃거려 나온 듯싶다. 요크 민스터만 하더라도 손님들의 내방을 받으면 찾아 갈 곳이 거기밖에 없다는 듯 자주 들른 곳인데, 나만의 느낌인지는 모르겠지만 St. Paul이나 West Minster 사원들처럼 세속적 정치색채가 전혀 끼어들지 않아서 한결 종교적인 신선함과 엄숙함을 호흡하게 된다.

"장미꽃이 꽃 중의 꽃"이라면 요크 민스터야말로 '건축물 중의 건축물"이라고 표현될 만큼 건축양식이나 조각 미와는 인연이 먼 문외한의 안목으로 먼발치에서 쳐다만 보아도 압도당할 듯한 거대하고 웅장한 기품과 출중한 예술미에 그때마다 감탄사가 절로 터져난다. 사람에 비긴다면 이목구비가 수려하고 기골이 장대한 장년과 마주 대하고 서 있는 느낌이다. 서쪽 유리창 한 장의 높이가 25미터, 넓이가 10미터에 달하는 거대한 스테인드글라스에 휘황찬란하게 아로새겨진 홍, 황, 남, 청색의 성화들을 탄복하듯 입을 다물지 못한 채 눈으로 좇아 오르다보면 시야가 천정 꼭대기에 머물게 된다. 안경 속에 어스름히 잡혀든 동서남북 사방 벽면에 정교하게 새겨진 조각 미. 말랑말랑한 진흙덩이를 가지고도 저토록 기기묘묘하게 새겨 다듬어 낼 수 없겠다는 찬탄이 단순한 탐미적 아름다움에 압도당하는 경이와 놀라움을 뛰어넘어 인간들의 공교한 재주와 솜씨 속에 하나님의 창조적 지혜가 꿈틀거리는 듯한 신비감마저 들곤한다.

지난번엔 참 이상한 일도 있었다. 한두 번도 아닌 세 차례나 들러 지나간 요크사원. 한때의 황홀한 경외감과 신선한 거룩함이 몰아다준 순간적인 착각이었겠지만, 하나님이 사원 천정 꼭대기에서 휘장으로 두르듯 천사의 두 날개로 실내 건물을 덮고 불꽃같은 눈빛으로 내려다보고 계신 듯한 환영이 스쳐지나갔는데, 그 순간 얼마나 놀랍고 떨리던지 몇 초 동안에 불과한 찰나적 환상이었지만 그이가 "이제 그만 나가자"고 어깨를 잡아끌지 않았다면 천정을 쳐다보고 서있는 자세 그대로 온몸이 딱딱한 석고상으로 화해버렸을지도 모른다는 느낌이 들 정도였다.

리버풀에 가면 스테인드글라스 창문으로 유럽에서 가장 유명하다는 비교적 최근에 지어진 천주교 성당이 있다. 멀리서 바라다보면 원형처럼 보이는 팔각형 건물인데 벽의 측면부위 전체를 벽돌대신에 빛깔도 현란한 스테인드글라스를 부착시켜 지었다. 10년 전에 처음 성당을 구경하려고 교회 안에 들어섰을 때 안겨 받았던 인상은 하나님을 예배하고 기도하는 집이 아니라 도깨비집이나 무당집 같은 느낌이 전신에 파고들었다. 정오의 햇살이 오색찬란한 스테인드글라스에 반사되어 엄숙하고 거룩한 예배 분위기라기 보다는 산란하고 조잡한 고스톱 홀 같은 분위기를 창출해내고 있었기 때문인지도 모른다. 빛이 뚫고 들어갈 수 없는 건물의 중앙

부분은 깊은 암영에 쌓여 어두웠고 가장자리는 울긋불긋한 스테인드글라스의 빛깔이 서로 얽히고설켜 아무리 뜯어보아도 고요하고 안정된 교회 분위기라고 하기보다는 이상한 느낌만을 자아내게 했다. 현실과 환상, 지옥과 천국 사이를 넘나들고 있는 듯한 착각이 엇갈려 든다고나 할까... 아무튼 묘한 기분이었다.

거대하고 웅장한 대사원에 들어설 때면 규모의 장엄함에 놀라기도 하지만 왠지 뭉클한 마음이 되어지곤 한다. 저렇게 빼어난 아름답고 훌륭한 사람의 기술과 재주에 의하여 깎고 다듬어 잘 지어진 성전 안에 거하시기 보다는 하나님의 영으로 세워진 그리스도인들의 마음 속에 임하여 계시기를 기뻐하시는 하나님. "너희가 하나님의 성전인 것과 하나님의 성령이 너희 안에 거하시는 것을 알지 못하느뇨"(고전4:16)라고 하신 말씀이 오늘따라 뭉클한 감사와 함께 두려움과 떨림으로 전신에 휘감겨 드는 듯한 느낌이다.

사람이 무엇이관대 당신의 모양과 형상을 따라 지어주셨고 삼라만상의 아름다운 자연 경관과 하늘의 성스러움까지도 제쳐놓으신 후 사람과 함께 교제를 나누시고 사람 속에 거하시기를 기꺼워하시는지... 동물도 식물도 아닌 인간이 만물 가운데 무슨 탁월한 독보적 존재이기에 모든 피조물을 그들 수하에 붙이신 후 "정복하고 다스리고 지키라"하심으로 당신의 일을 대행시키시는 영광스러움만으로 다하지 않고 "생육하고 번성하며 땅에 충만하라"고 복을 내리셨을 것인지...

그러나 우리 인간은 어떠하였던가? 자기를 존재케 하신 조물주 하나님을 마음에 두고 모시기를 싫어한 패역하고 악덕한 반역자와 부패하고 추악한 원수로 변질되어 하나님을 대적하기에 이르렀으면서도, 내가 언제 하나님을 대적하였느냐고 목에 힘을 주는 철면피요 자기를 지으신 이를 깡그리 무시하고 불신하는 지각없는 목석들이 되어버렸다. 이때도 우리 하나님은 오직 한분 독생자 예수까지도 아끼시지 않고 사람의 몸으로 세상에 보내시어 인간을 위한 대속제물로 삼으셨으니, 그 누가 인간에 대한 하나님의 마음을 헤아려 짚어낼 수 있으랴.

참으로 사람이 무엇이 관대 주께서 저를 알아주시고, 인생이 무엇이 관대 하나님께서 이토록 생각하시는지…잠시 잠깐 동안은 천사보다 못한 곳에 놓아두셨을지라도 장차에는 천사보다 더 승한 하나님의 자녀됨을 허락하시고 밝고 빛난 저 천국에서 하나님의 영광에 거하는 영원한 생명으로 인쳐주신 지대한 은총과 무량한 사랑.

그 중에 또 내가 누구관대 아비가 자식을 불쌍히 여김같이 나를 불쌍히 여기시고 내 눈에 눈물을 씻기시며 마음의 소원을 풀어 빛을 보게 하시는지…"믿는 여자에게 복이 있도다"(눅1:45)하신 말씀이 그대로 이루어져 가고 있는 듯한 느낌이기도 하다.

내 하나님이여, 당신의 은혜로우심과 신실하심을 이 미욱한 인간이 무슨 수로 다 표현하여 낼 수 있겠습니까? 천천 심령과 만만 입술을 주신다 해도 부족할 듯하옵니다. 내 영혼이 날마다 당신의 좋으심만을 우러러 앙축해 낼 수 있사옴이 복중에 복이요, 은혜 중에 은혜임을 아장걸음을 배우는 어린아이처럼 서서히 또박또박 익혀가옵고, 당신을 바라보는 눈빛이 유순한 양처럼 길들여지고 좋고 좋으신 당신의 품성이 전신에 퍼져남은 온유하고 너그러우신 당신께 듣고 배우는 맛들여온 십 수 년 세월 탓인 듯합니다. 수억만 세상 인구 중에 내 이름 석자 기억하여 불러주시고 머리털 한 올에 이르기까지 세심한 관심 속에 배려를 베풀어 주심이 지대하신 당신의 사랑과 은총이 아니고 무엇이겠습니까?

거대하고 웅장한 대사원이라도 하늘이 당신의 보좌요 땅이 발등상이신 크고 크신 하나님을 다 모실 수 없겠거늘, 협잡하고 누추하며 고움도 정함도 없는 이 심령 속에 거하시는 이여, 오늘도 겸손과 온유로 허리띠를 두르시고 죄인 하나를 찾으시려고 지상으로 하강하신 내 주 예수님. 이 비밀이 경이롭고 기이하기만 하여 감개무량타 아니할 수 없고, 인간에게 향하신 당신의 크신 행사와 깊으신 뜻 앞에 머리 조아려 찬양을 아니 드릴 수 없는 심정이기만 합니다.

기도의 능력

시골 어느 교회에 날이면 날마다 하루도 빠지지 않고 새벽기도회에 나와 열심히 기도하기를 끊이지 않는 부인이 있었다. 궁금해 하신 목사님께서 "집안에 무슨 어려운 곡절이라도 있습니까?"하고 물어보았다. 이에 부인이 대답하기를 "저희 집 뒤에 높은 산이 있는데 겨울만 되면 번번이 눈사태가 일어나곤 해서 그 산을 좀 옮겨가 주시라고 기도하고 있습니다"라고 말했다. 기상천외의 대답 앞에 깜짝 놀란 목사님. 민망스럽다 못해 안으로 걱정까지 서려나 "그런 내용의 기도는 하나님께서 들어주실 수 없는 문제이니 눈사태 때문에 가족들의 생명에 위험을 느끼고 계신다면 다른 곳으로 이사를 가십시오"하고 당치도 않는 간구라는 듯 설득력 있는 말로 타이르고 충고를 해서 보냈다. 그러나 순박하고 단순하기만 했던 촌부인은 그 후에도 "만일 너희가 믿음이 있고 의심치 아니하면… 이 산더러 들려 바다에 던지우라 하여도 될 것이요 너희가 기도할 때 무엇이든지 믿고 구하는 것은 다 받으리라"(마21:21-22)는 말씀을 철석같이 굳게 믿고 한 치의 흔들림도 없이 계속 기도하기를 끊이지 않았다. 그러던 어느 날이었다. 새벽기도를 끝마치고 집으로 돌아간 부인의 눈앞에 믿을 수 없는 놀랄만한 기적이 나타나고 있었는데, 그것은 어느 건설회사에서 아파트를 지으려고 산을 헐기 시작한 것이다.

우리는 믿음으로 의롭게 되었고 믿음으로 하나님의 자녀가 되어 성도라 일컬음을 받고 있다. 또 믿음으로 구원을 받았으며 믿음만으로 세상을 살아가야 하고 믿음의 순종만이 하나님을 기쁘게 해드릴 수 있다. 그러나 우리에게 있는 것 같으면서도 없는 게 믿음이라고 하는 사실은 나는 하루에도 몇 번씩 절감한다. 앞서의 촌부와는 달리 내 의식의 한구석에는 아직도 관념적이고 추상적인 경지를 싹 벗어나지 못한 채 믿음의 길을 걷고 있으면서도 평상시에는 그러한 사실을 전혀 인식하지 못하고 지내기 일쑤이다. 그러다가 갑자기 어려운 일이 발등 위에 떨어지거나 특별한 간구제목을 놓고 필사적으로 응답을 받아 내려고 기도할 때면, 자신이 믿음이 얼마나 연약하고 흐물흐물한 보잘 것 없는 믿음인가 하는 점을 통절히 깨닫게 된다. 때로는 어설픈 성경지식이 발에 채이는 거침돌처럼 작용하고, 하나님의 뜻대로 구하지 않고 내 욕심대로 구한 탓인가 싶은 복잡한 의식구조가 나를 꽉 움켜잡기도 한다. 그러나 대개는 인내와 끈기로 끝까지 밀고 나가지 못하고 중도에서 그쳐버리기 때문에 응답을 얻어내지 못한 경우가 있게 됨을 자인하지 않을 수 없다.

"내 이름으로 무엇이든지 내게 구하면 내가 시행하리라"(요14:14) 이는 예수님께서 잡히시기 전날 밤 마리아의 집 다락방에서 만찬을 잡수시면서 사랑하는 제자들에게 주신 약속의 말씀이다. 몇 자 안되는 구절 가운데 "내"라는 표현을 적잖이 세 번이나 사용하고 계시는, 거짓말을 모르시는 주님께서 당신의 신실하심을 두고 맹세하신 약속의 말씀이다.

믿는 자들의 생애는 스스로 노력하여 획득하는 생애가 아니라 날마다 하나님께 구하는 생애이다. 성경에 구하라는 말씀이 자주 나오는데 그 중에서도 예수님께서 가장 많이 쓰셨다.

"구하라"는 말씀은 손끝 까딱하지 말고 입만 벌려 기도만 하라는 의미가 아니다. 먼저 하나님을 의뢰하고 바라고 찾으라는 뜻이다. 한 가지 예를 들어보자. 예수의 육친, 초대 예루살렘교회의 당회장이었던 야고보 선생께서 구하는 문제와 관련된 말씀을 '야고보서'에 여러 번 언급해 놓았는데, 그 가운데 "너희 중에 병자가 있느냐 … 위하여 기도할찌니라"(약5:14)는 말씀이 있다. 이 말씀의 뜻은 병이 나면 약도 쓰지 말고 의사의 치료도 받지 말고 하나님께 기도만 하라는 것이 아니다. 병원에 가서 치료를 받고 약을 쓸지라도 병을 낫게 하시는 이는 하나님이심을 알고, 어떤 방법으로써의 치료이든지 간에 병 낫기를 하나님께 구하라는 의미와 뜻으로 해석, 먼저 하나님을 의뢰하는 마음이 우선되어져야 한다는 말이다.

야고보 선생은 우리가 구하여도 얻지 못하는 원인을 세 가지로 밝혔다. 첫째는 의심하고 구함으로 해서 얻지 못하고(약1:5-6), 둘째는 구하지 않기 때문이요(약4:2), 셋째는 정욕으로 쓰려고 잘못 구하기 때문이라 했다(약4:3).

예수님이야말로 기도로 본을 보여 주신 기도의 선구자이시다. "그는 육체에 계실 때에 … 심한 통곡과 눈물로 간구와 소원을 올렸고"(히5:7)라고 기록되어 있을 만큼 간절하고 절절한 기도를 드리셨는데, 본인을 위해서가 아니라 항상 아버지의 뜻과 영광을 위해서와 당신을 따르는 무리들과 제자들을 위해서 기도하셨다. 지금도 하나님 우편에서 중보기도를 끊이지 않고 하고 계신다.

예수님께서 얼마나 기도를 자주 열심히 하셨는가하면 새벽 미명에 한적한 곳을 찾아가 새벽기도를 하셨고, 그 바쁘시고 피곤한 중에서도 온 밤을 새워 홀로 기도하셨다. 공생애를 시작하시기 위해서 40일 금식기도를 드리신 일과 12제자들을 선택하시기 위해서 밤새 기도하신 특별기도.

그분의 생애는 기도로 출발하여 십자가 위에서 기도로 숨을 거두실 만큼 기도로 일관하셨다. 기도할 시간도 없이 바쁘다고들 말하지만, 예수님보다 더 바쁘게 사는 사람이 이 세상에서 몇이나 될 것인지 싶으면, 물처럼 힘없는 우리들의 신앙생활이 곧 기도 부족에서 오는 무력증임을 자인하지 않을 수 없다.

죽은 지 나흘이나 되어 썩어 냄새나는 송장에게 "나사로야 나오너라"라고 지축이 흔들리는 당당한 권세와 능력으로 생명을 불러일으키셨던 예수님. 우리들의 기도가 하나님께서 들어주실지 안 들어주실지 모르는 불확실성에서부터 출발되어지고 있는데 비하여, 예수님의 기도는 "아버지여 내 말을 들으시는 것을 감사하나이다. 항상 내 말을 들으시는 줄 내가 알았나이다"라고 하는 움직일 수 없는 확실성에 근거하고 있음을 본다.

예수님의 기도는 우리의 기도와는 확실히 달랐다. 우리는 기도를 한다고 하면 "내려주십시오" "고쳐 주십시오" 식의 간구로 일관해 내기가 일쑤인데, 예수님께서는 겟세마네 동산에서의 경우를 제외하면 대개 명령법을 사용하고 드셨다. 천지를 창조하실 때 "빛이 있으라"하시매 빛이 있게 된 것처럼 "나사로야 나오라"고 큰 소리로 불러내셨던 것이다. 이런 모습은 모세에게서도 발견되어지는데, 기도가 곧 능력임을 알 수 있다.

명령식의 기도야말로 담대하고 확고부동한 믿음이 아니면 감히 엄두도 낼 수 없는 기도 방법이다. 또한 성경에 대한 깊은 이해와 평상시에 기도를 많이 하는 사람이 아니면 쉽게 입 밖으로 흘러나오지 않는 기도이다. 그러나 예수 그리스도를 믿는 사람들은 내 능으로가 아니라 성령님을 힘입어 예수 그리스도의 이름과 십자가 보혈의 능력으로 명령하는 기도를 해야 할 때가 있고 또 해야 한다. 병자를 위한 기도나 (예수님은 병자들의 병을 고치실 때 명령의 방법을 사용하셨는데, 대부분의 병이 마귀의 장난이었기 때문이다) 사탄의 유혹을 물리치고 귀신을 쫓아낼 때는 예수 그리스도의 이름으로 명령해야 한다. 말씀에 대한 의혹과 의심의 구름이 몰려올 때도 믿음으로 물리쳐야 하고, 구원을 받고 싶은 사람은 "주십시오"가 아니라 예수님께서 십자가 위에서 이미 완성해 놓으신 구원을 회개하고 "믿습니다"로 받아들이기만 하면 된다. 그러나 기도를 할 줄 몰라서 받지 못하는 경우가 훨씬 더 많다. 욕심으로 구하던지 의심이 생기던지 간에 열심히 기도하다 보면 성령님께서 깨닫게 해 주셔서 올바른 기도를 하게 되고 없는 믿음도 생겨나게 된다. 그러므로 기도는 많이 하고 볼일이다.

하늘 보좌를 움직여 땅 위에 큰일을 했던 사람들은 기도를 많이 하는 사람들이었다. 마틴 루터는 하루에 3시간씩 기도를 했고, 요한 웨슬레는 새벽 4시부터 일어나 기도한 사람이었으며, 죠지 뮬러는 천여 명이 넘는 고아들과 직원들의 생계를 무릎 하나로 해결해 냈다. 사도 바울은 교회들을 위해서 주야로 하나님 앞에 눈물의 간구를 드렸고, 야곱은 온 밤을 지새우며 환도 뼈가 부러지기까지 천사와 씨름의 기도를 했다. 다윗은 하루에 세 번씩 기도했고 (아침, 낮, 저녁), 다니엘도 바벨론에 포로로 잡혀가 높은 관직에 있으면서 하나님의 성 예루살렘을 향하여 창문을 열고 하루에 세 차례나 기도를 드렸다. 우리가 예수 그리스도의 이름으로 날마다 드리는 기도를 하늘에서 천사들이 금대접에 담아 하나님 앞에 바쳐 올리는 장면이 요한계시록에 (계5:8) 나와 있는데, 때가 되면 금대접 속에 들어있는 내용물들이 땅 위에다 쏟아져 이루어질 날이 오게 될 것이다.

우리가 신앙생활을 한다고 하면서도 기쁨도 없고 소망도 없을 뿐만 아니라, 늘 죄만 짓고 사탄의 유혹에서 헤어나지 못할 만큼 무기력한 생활을 하게 됨은 기도가 없거나 부족하기 때문이다. 기도는 타오르는 불꽃과 같은 활력을 지녔다. 예수님은 말씀하시기를 "내가 진실로 진실로 너희에게 이르노니 나를 믿는 자는 나의 하는 일을 저희도 할 것이요 또한 이보다 더 큰 것도 하리니 이는 내가 아버지께로 감이라"(요14:13) 하셨는데, 예수님의 일을 대행해 내는 능력행사와 하나님 나라 전파는 기도로 무장된 사람들을 통해서만 가능을 보게 된다. 기도는 이론이 아니라 실천이다. 해박한 지식도 적용이 없으면 무용지물에 불과하다.

성경말씀을 열심히 읽고 공부하는 일은 가치 있는 중요한 일이다. 그러나 많은 사람들이 열심히 성경을 상고하고 공부하지만 학문으로 종지부를 찍거나 한때의 목마름으로 끝나버리게 됨은 찾고 구하는 참된 기도가 없거나 부족하기 때문이다. 말씀이 기도와 병행되어질 때 비로소 살아있는 능력으로 나타나게 된다. 말씀만도 아니요 기도만도 아니다. 함께 가야한다.

패자의 승리

인간 역사 이래 지구상에서 전쟁이 종식된 적은 단 일 년도 없었다는 게 사가들의 지적이다. 호랑이와 사자가 사납고 포악하다 하지만 그 어떤 잔인무도한 맹수보다도 혹독하고 잔인한 존재가 사람이라고 한다. 인간의 선한 양심이나 높은 품위가 깡그리 망가져버리는 파격적인 표현이기는 하지만 굳이 히틀러를 운운하거나 역사 속에서 더듬어 찾아보지 않아도 르완다나 소말리아의 정치적 반란과 보스니아 전쟁만으로도 이를 부정하지 못할 듯싶다.

벌써 까마득한 구시대의 사건으로 역사의 한 페이지로나 장식하고 들 일반인들의 뇌리 속에서는 차츰 사라져간 일들이기는 하지만, 80년도 중반기는 여기저기서 터져 나오는 민간여객기 피랍사건들과 인질 납치 문제 등으로 전 세계가 공포와 불안 속에 떨고 지내던 시기였다. 수백 수십 명에 달하는 귀중한 인명들을 태우고 창공을 가로지르던 민간인 여객기가 눈 깜짝할 사이에 쥐도 새도 모르게 폭파당하여 그 종적조차도 찾아내기 힘든 아연실색할 참상과 비극을 속수무책 지켜내면서 전 세계가 경악을 금치 못하고 부들부들 떨었었고 무모한 인민들을 억지 죄명을 붙여 인질로 끌어다가 무기로 삼다 못해 비밀리에 죽여 없애거나 감옥에 집어 넣는 천인공노할 사건들이 쉴 새 없이 속출되는 뒤숭숭한 세계정세였다.

어느 쪽으로 뜯어보아도 정당화 될 수 없는 무법행위가 한결같이 애신, 애족, 애국이라는 거룩한 이름의 깃발아래 자행되어지고 있는 비극 상들을 매스컴과 TV를 통해 지켜내면서 하나님은 어느 때까지 인간들의 끔찍 무도한 죄악상들을 바라보고만 계실 것이지 내심 의구심에 사로잡혀 지내던 때이기도 했던 것 같다. 그러나 다행스럽게도 아랍 무슬림 국가들과 이스라엘을 둘러싼 서방 기독교 국가들 사이에 걸프 전쟁까지 발발하여 얽힌 중에 더 얽혀 들어간 중동 문제가 90년도에 들어서면서 점차 완화되어 풀려감은 참으로 기쁜 고무적 현상이기만 했다. 특히 80년도 중반에 무슬림 극단주의자들에 의하여 영국인으로 볼모가 되어 5년 남짓이라는 긴 세월을 감옥에 갇혀 생사가 묘연했던 존 맥하디와 자크만, 브라이언 키만과 테리 웨이트의 자유석방은 감개무량하였다는 한계를 뛰어넘어 내게는 신앙적 뜻깊은 교훈까지를 안겨줄 만큼 많은 생각을 몰아다 주었다.

절망의 손아귀 속에 갇혀 생사존재 여부마저 불분명했던 이네들이 사선을 뛰어넘고 꿈에도 그리던 자유의 몸이 되어 조국의 품으로 돌아와 안겼을 때 영국 백성들은 죽은 자식이 살아서 돌아온 듯 환희와 흥분으로 기뻐 날뛰었다. 80년도 초에 거둬들였던 포클랜드 전쟁에서의 대승리도 이렇게까지는 영국 국민들의 마음을 통째로 사로잡아 흥분의 도가니 속으로 몰아넣지는 못했었다는 인상을 자아낼 만큼 실로 열광적인 대환영을 벌리고 들었었다. 죽었는지 살았는지 종적조차도 묘연했던 인질들의 생존이 확실해지면서 온 나라가 술렁거리기 시작하더니 한사람씩 차례대로 풀려나올 때마다 서로서로 얼싸안고 울고 웃으며 기쁨의 환호성 속에 폭죽을 터뜨리며 날뛰는 국민들을 TV화면을 통해서 지켜내면서 이 나라 국민들이 언제 이같이 큰 기쁨을 밖으로 표현해 낼 때가 있었던가 싶은 느낌이 들기도 했다. 인질문제야말로 온 국민이 하나로 뭉치는 놀라운 정신적 에너지가 되어 왔구나 싶은 감도 없지 않았다. 그러나 무엇보다도 내 관심의 초점은 이 화려하고도 눈부신 승리의 귀환을 위해서 본인들이 할 수 있었던 일이 무엇이었을까 하는 점이었다.

　사실과는 무관한 당치도 않은 스파이라는 어마어마한 죄명을 뒤집어쓰고 쇠고랑에 묶여 빛 한줄기 통과할 수 없는 어둡고 눅눅한 지하 감옥에 갇혀 있어야 했던 일각이 여삼추 같았을 5년 세월. 살아 있다고는 하지만 혀가 있어도 말을 할 수가 없었고, 귀가 있어도 듣지 못하며, 눈이 있어도 보지 못하고, 발이 있어도 걸을 수 없었던 절망 속의 암담한 실존. 거기다가 어느 순간에 불려나가 개죽음을 당할지도 모른다고 하는 풍전등화와 같은 위기적 상황 속의 공포심과 불안감. 누구에게랄 것도 없는 분노와 울분. 이도저도 아무것도 할 수없는 무력감과 좌절감. 그리고 장래를 내다볼 수 없는 막막함 속에 그들은 어떻게 참고 견디며 소망을 잃지 않고 꿋꿋이 자신들을 추슬러 나왔는지 눈썹부터 젖어 들었다. 환한 밝은 미소 속에 국민들의 열광적인 대 환영을 "Thank you"로 답례를 표하고 서있는 장한 모습들은 오랜 옥고에 지치고 초췌한 자태와는 달리 인내 속에 달구어진 용사보다 강한 신념과 용기와 패기가 번뜩이고 있었다. 시련 중에 참고 고난 중에 인내로써 이겨내며 역경에 굴하지 않는 그리스도인들의 의연한 승리의 모습이 바로 저와 같은 유약함 속에 감추어진 강인함일 것이라는 생각이 뇌리 속에 파고들었다. "우리가 사방으로 우겨쌈을 당하여도 싸이지 아니하며 답답한 일을 당하여도 낙담하지 아니하며 핍박을 받아도 버린바 되지 아니하며 거꾸러뜨림을 당하여도 망하지 아니하고"(고후4:8-9)라는 말씀으로 묘사될 수 있는 싸움 한번 해보지 못한 패자들의 승리. 이것이 바로 세상 안에 몸담고 있는 그리스도인들의 지향할 바 예수님의 발자취인 것을 그동안 나는 무척이도 몸으로 부딪히고 왈가왈부 논쟁을 습관처럼 거듭해 나왔다는 새로운 깨달음이 상큼한 감화와 감동 속에 새로운 교훈으로 가슴에 와 닿았다.

세상보다 더 크신 이를 내 안에 모시고 살면서(요일 4:4) 날마다 죽어 지내기만 하면 되는 것을 죽는 것이 그렇게도 힘들고 어려워서 자신의 혈기와 성질대로 움직이는 때가 많았고 참기보다는 몸으로 부딪혀 이겨야만 직성이 풀린다는 듯 팽팽한 자아와 육신으로 세상과 겨루어 돌아다니면서 상처투성이가 되었던 것 같다.

맨체스터에 교회 하나 세워 온 몸으로 받들어 내고 싶었던 나의 반평생 소원이 시작도 해보지 못한 채 반 강제로 포기하지 않으면 안 되었을 때 "이단이다"는 억측만으로도 부족하여 빗발치는 인신공격까지를 받아내면서 억울하고 서럽고 아팠던 심정. 이제 지나놓고 돌이켜보니 그 한 고비를 "나는 죽노라" 싶은 마음으로 십자가를 지듯 예수님처럼 묵묵히 참아 조용히 넘겼다면 하늘에서 받을 상이 많을 것을 그러하지 못했던 일들이 후회 막급한 심정으로 남아돈다. 선한 싸움을 싸우고 의를 위해서 꿋꿋이 설 수 있는 믿음의 의연한 자세가 결코 시비를 가리거나 논쟁이 능사일 수는 없겠지만 어느 한계까지 권면하고 설득시켜서 안 들으면 주께 맡기고 양보하듯 물러서야 되는 건지 그 한계를 긋기가 무척 힘들다.

상품만 가짜가 진짜보다 포장부터서도 더 화려하고 고급스럽게 보여 손님들의 눈길을 사로잡는 것이 아니라, 사람도 마찬가지라는 생각이 들 때가 있고 목회자도 삯꾼 목회자가 성도들로 부터 반짝한 인기를 타고 노는 경우를 본다. 물론 삯꾼목자가 많지는 않겠지만 쌀벌레처럼 그 도시에 한두 명만 끼어 있을지라도 그 지역사회와 신도들에게 입히고 끼치는 피해와 영향력이 크다. 신도들이 말씀에 지식이 없고 영을 분별하지 못할 만큼 미숙한 어린 신앙인이면 참 목자와 삯꾼 목자에 대한 판단력이 서지 않을 뿐만 아니라 이런 어린 초신자들일수록 맹목적일 만큼 목회자를 추종하고 하나님처럼 우대한다. 삯꾼목자는 이런 신도들을 그리스도인을 만드는 것이 아니라 자기 사람을 만들어 좌지우지 자기 영리와 목적을 이루는데 오른팔처럼 사용하고 든다. 이렇게 되어지면 정말 곤란하다. 내가 교회를 떠나든지 목회자를 쫓아내든지 둘 중에 어느 하나를 택하지 않으면 안 되고 본의 아니게 덕되지 못한 현상이 벌어지게 되어 가슴 아픈 일들을 피할 수 없게 된다. 안 믿는 지역민들에게 물의를 일으키고 누를 끼치게 됨도 부끄러운 일이다.

사도 바울은 "나는 날마다 죽노라"(고전 15:31b)고 말한 적이 있다. 그리스도인들의 생애는 힘과 말로 겨루어 싸워 이기는 전투가 아니라, 그리스도와 함께 날마다 죽는 죽음을 통해 부활의 능력으로 자신과 세상과 마귀를 이겨내는 패자의 승리이다. 예수님은 우리의 죄를 짊어지시고 단번의 죽음만으로 승리를 거두셨지만, 우리는 "육체와 함께 정과 욕심을 십자가에 못 박는 일"을 날마다 반복하지 않으면 교만이 꿈틀거리고 자기가 앞서는 혈과 육에 속한 사람이 되어 싸워서 이겨야만 직성이 풀린다. 무슬림 극단주의자들에 의하여 볼모로 잡혀 끌려들어가 열악한 지하 감방 속에 갇혀 지냈던 그네들이 자신의 무죄와 억울함만을 항변하고 길길이 뛰며 석방을 요구하고 들었다면 그들의 운명이 어찌되었을 것인지... 모르면 몰라도 자유의 새 몸이 되어 찬란한 영광을 한 몸에 받으며 친지와 가족들은 말할 것도 없고 온 백성들의 기쁨이 되지는 못했을 것이다. 패자의 승리를 한눈에 보는 느낌이다.

꿈속의 친우

　악몽 속을 방황하다가 새벽잠을 설친 기분이다. 50고개를 넘기고도 한참을 걷고 있는 이날 이때가지도 밤에 꿈을 꾸었다하면 어릴 적 학창시절로 되돌아가 시험 답안지를 쓰느라고 전전긍긍 애를 먹거나, 결혼 전에 잠시 근무했던 초등학교 교사시절의 교장선생님에게 꾸중을 듣고 서있는 꿈이 대부분이다. 꿈속에서는 신나고 기쁜 일은 한 가지도 없고, 학교 다닐 적에 공부를 못한 편은 아니었는데도 컨닝하느라고 진땀을 빼다가 백지로 시험지를 제출하거나 답안지를 절반도 다 쓰지를 못했는데 종소리가 나서 허겁지겁 마무리를 짓는 도중에 수험관에게 시험지를 빼앗기는 경우가 빈번하다. 그런가하면 무단결근을 했다는 이유로 퇴직선고를 받고 쩔쩔매기도 하고, 교장에게 불려가 얼굴이 홍다무가 되도록 훈화를 듣고 서 있다가 눈을 뜨기가 매번인데 오늘 새벽에는 그도저도 아니었다.

　초등학교 6학년 때부터 앞뒷집에서 살면서 둘도 없는 단짝처럼 붙어 다니던 죽마지우나 다름없는 친구가 죽은 꿈이었는데, 그 모습이 어지나 험상궂었던지 모골이 뾰족 일어설 만큼 전율케 하고도 남았다. 꿈에 죽은 시체를 보면 길한 징조라고 한다지만, 3년 동안 복부 암에 걸려 수술을 두 번씩이나 받고도 완치는커녕 더 이상 손을 쓸 수 없을 정도로 온몸이 퉁퉁 부어 절구통처럼 뒤뚱거리던 심각한 병환상태에 놓여있던 친우의 모습이 3년 전의 일이었고 보면, 한낱 기우로만 넘겨버리기에는 현실성이 다분한 꿈이기도 하다. 나는 두해 전에도 이와 흡사한 꿈을 꾼 적이 있었다. 시댁 큰 시숙님의 임종에 관한 꿈이었는데, 가족들이 큰 시숙님의 장례식 날짜를 놓고 서로 의논하는 광경이었다. 2,3주일 전에 시숙님께서 위암에 걸리셨다는 통보와 함께 영국에서 녹용을 구할 수 있으면 구해서 보내달라는 전화를 받고 부랴부랴 중국인 한약방에서 녹용을 사서 부쳐드리기는 했지만, 3개월도 다 못 넘기시고 그처럼 빨리 돌아가시리라고는 미처 생각지 못했었다. 그러나 꿈이 하도 심상치 않아 용태도 알아보고 안부도 여쭈어볼 겸 전화를 걸었다. 때마침 전화를 받으신 분은 넷째 시숙님이셨고 온 가족이 큰 시숙님의 임종을 지켜내고 있는 마지막 순간에 수화기를 들었던 모양이다. 전화기 저편에서 "형님, 영국 동생한테서 전화가 왔어요"하는 말소리와 함께 가족들의 웅성거리는 심상찮은 분위기가 수화기에 잡혀들었고 조금 있다가 "형님께서 지금 막 운명하셨다"는 울먹이는 목소리와 함께 전화가 끊기었다.

내세에 대한 확신이나 주님을 의뢰하는 믿음이 아니고서는 문밖출입은 고사하고 안방 깊숙이 무덤을 파고들어 눕기조차도 힘들어 할 판국에 친구가 무엇이길래 내가 왔다는 소식을 듣고 온몸이 물에 불려놓은 밥풀처럼 풀어질대로 풀어진 모습을 하고 날 만나러 왔던 그녀. 친구들이 미리 귀띔을 해주지 않았다면 중년부인의 비만증 정도로 보아넘길 만큼 비운의 그림자는커녕 오히려 처녀적보다 한결 더 명랑하고 활달해 보이기만 했다. 다른 친구들은 말문을 트고 들어갈 여유도 주지 않고 시종일관 자기 이야기로 끝닿을 줄 모르던 그녀에게서는 시한부 인생의 회한이나 슬픔 같은 연민의 빛은 손톱만큼도 찾아볼 수 없었고 오히려 건강한 친구들보다 삶의 열정으로 부풀어 있는 듯한 느낌까지를 안겨 받았다. 큰 아들이 레지던트 햇병아리 의사인데 며칠 전에는 연애하고 있는 머느리 될 색시를 불러다 놓고 "다른 혼수품은 다 그만두더라도 너희들이 들어가 살 아파트 한 채만은 장만해 와야 할 것이다"고 미리 다짐을 받아 두었노라고, 한자리도 막힌 구석이 없이 털어놓았을 때는 풍문으로만 들어왔던 혼수품에 대한 이야기들이 사실이구나 싶어 어안이 벙벙해졌다. 내가 아는 옛날의 그녀는 말이 많은 편이라기보다는 오히려 말수가 적은 편이었는데, 나이를 먹으면 여자들은 수다스럽고 뻔뻔스러워진다더니 정말 그렇구나 싶어질 정도로 종횡무진 익살을 떨었다.

그녀는 내가 영국에 와서 주님을 영접해드리고 난후 고국에 있는 몇몇 동문들 가운데 제일 먼저 펜을 들어 주님을 증거했던 친구이기도 했다. "아이 너 옛날에 나한테 예수 믿으라고 편지 했었지. 그 때는 예수 소리가 어쩌나 듣기 싫던지 편지 답장도 쓰기 싫더라"던 그녀가 어느새 전도사까지 되어 있었고, 큰 딸 역시 어느 종합병원의 여전도사란다. "먼저 된 자가 나중 되고 나중 된 자가 먼저 된다"는 말씀이 이 친구를 두고 하는 말 같아서 감개가 무량했다. 식당에서 주문해 먹었던 식사가운데 곁들여 나온 메추리알을 집어 들고 "너 알지? 이스라엘 백성들이 광야에서 신물이 나게 먹었던 메추리 고기. 이것이 바로 그 알이란다"하며 내 밥그릇 위에 메추리알 한 개를 올려주던 그녀. 십 수 년 만에 만난 자리에서 실컷 먹고 떠들어 대는 것으로 끝마치려고 하기에 "오랜만에 만났으니 주님께 감사기도라도 드리고 헤어지자"고 했더니 얼굴을 붉히면서 내게 대표기도를 시키던 그녀가 마지막 본 친구의 모습이었다.

우리가 자라던 어린 시절에는 대부분의 가정들이 끼니에 급급할 만큼 가난한 실정들이기는 했지만, 유독 아버지의 직업이 일정치 않아서 끼니를 굶기가 먹을 때 보다 더 잦을 만큼 궁핍한 집안이라서 우리 집에만 오면 시골에서 올려보낸 물고구마를 허겁지겁 먹어대곤 하던 모습이 눈에 훤하다. 제 때에 공과금을 내지 못해 늘 풀죽은 모습을 하고 교무실로 불려 다니기가 일쑤였고, 여행비가 없어 수학여행은 고사하고 졸업앨범 하나를 손에 쥐지 못한 채 간신히 졸업장을 받았다. 영양실조로 키가 유난히 작은, 중학교 밖에 나오지 못한 언니에 비하면 머리가 좋아 공부를 잘하고 선생님들의 신임을 얻은 관계로 고등학교까지 다닐 수 있는 행운을 누린 아이이기도 했다.

옛날에는 가난한 집 애들 중에 수재동이가 많았는데 그녀 역시 가난의 대변인양 반에서 2, 3등을 다툴만큼 성적이 좋은 우등생이었다. 특히 미술 솜씨는 전교생이 다 알아줄 만큼 뛰어났고 필채가 좋기로 소문난 아이여서 아침 자습문제 칠판글씨는 혼자 도맡아 놓고 썼다. 중학 입시를 앞두고 시골에서 올라온 나는 이웃집에 살고 있다는 이유로 그녀의 덕을 톡톡히 보고 자란 셈인데, 그녀의 친구가 곧 내 친구였고 내 친구가 곧 그녀의 친구들일 만큼 항상 실과 바늘처럼 붙어 다녔다. 어느 쪽으로 뜯어보던지 그녀는 나보다 머리가 월등 좋았고 공부 잘한 아이들이 친구들 간에 인기도가 높듯이, 학교에서나 급우들 간에 한몫 하는 아이였다. 이성에 대한 눈도 빨리 떠서 나에게는 늘 언니 격이었는데, 나 혼자라면 감히 엄두도 낼 수 없는 극장이나 음식점 출입도 그녀와 함께 가면 선생님들에게 들킨다 해도 무섭지 않을 만큼 배짱이 든든했고, 남자친구를 만나러 갈 적에도 그녀를 붙이고 가면 겁나지 않았다. 실 연령이 한 살 위이기는 했지만 담이 크고 성품이 시원스러워서 마치 보호자처럼 느껴질 만큼 그녀의 그늘이 컸다. 그녀에게는 고 1,2학년 때부터 터놓고 사귀던 남자친구가 둘 있었는데, 그 중에 하나를 나에게 빼앗기고도 질투심을 드러내거나 삐지기에 앞서 순순히 물러나 줄 만큼 도량이 깊었다고나 할까. 양보심이 후한 듬직한 성품이었던 것 같다.

집안 형편이 워낙 궁해서 대학 진학은 아예 처음부터 꿈도 꿀 수 없었던 그녀는 고등학교를 졸업하기가 바쁘게 몇 달 사이에 곧바로 결혼을 했다. 결혼 후에도 내가 한국을 떠날 무렵까지 처녀 시절의 가난한 땟국을 무슨 유일한 자산처럼 부둥켜안고 살고 있었는데, 한참 후 남도 땅 어느 섬에서 남편이 시무한 분교에서 준교사 노릇을 하고 있다는 편지가 날아와서 무척 반가웠다. 들리는 소식통에 의하면 아무도 원하지 않은 오지 낙도에 파묻혀 세상을 등진 채 두 사람 분의 초등학교 선생 월급을 10년 동안 모아 도시로 나왔다는 거였고 남편이 그녀의 옛 스승님의 알선으로 중고등학교의 도덕교사로 취직이 되어 이제는 간신히 가난을 벗고 살만하다고 했다. 이처럼 가난 속에 어렵고 힘들게 살아온 그녀가 죽기에는 너무나 빠른 중년도 다 넘기지 못한 젊으나 젊은 나이에 시한부 인생이 되어 병 고생 속에 갇혀 지내더니 수장을 당한 시신처럼 온 몸이 퉁퉁 부어 죽은 사체로 새벽꿈에 나타났다. 지난번 마지막 헤어지는 마당에서 내 손을 꼭 잡으면서 "주님께서 내 생애 가운데 하실 일이 남아있으면 수명을 연장시켜 주실 것이요 그렇지 않으면 조만간 데려가실 것으로 안다"고 남의 이야기를 하듯 담담하게 말하던 그녀. 천국에서 다시 만나는 그날까지 내 꿈마다 소싯적 모습으로 찾아와서 시험 답안지를 가르쳐 줄 친구. "사망아 너의 이기는 것이 어디 있느냐 사망아 너의 쏘는 것이 어디 있느냐"라고 했던 사도 바울의 말씀을 떠올리며 우리의 생명과 부활이 되신 주님 앞에 친우의 명복을 빈다.

돌 제단

　딸아이한테서 한통의 두툼한 편지가 왔다. 대나무처럼 꼿꼿한 필체로 겉봉에 쓰여진 글씨만 보고도 그게 누가 보낸 것인지 금방 알아볼 수 있는 눈에 훤히 익은 글씨체다. 한 주일이 멀다하고 걸핏하면 전화기부터 집어드는 아이가 무슨 긴급한 일이 생겼기에 바쁜 시험기간 중에 편지까지 띄워 보냈을까 자못 궁금하다 못해 조급한 마음으로 단숨에 편지를 읽어 내려갔다. 사연인 즉 집에 전화를 걸었지만 그때마다 부재중이어서 급한 김에 두어 가지 기도제목을 써 보낸다는 내용이었다.

　세 아이들이 차례로 집을 떠나면서부터 집안 일에 쏟는 나의 수고와 시간이 절반으로 줄어든 요즈음이다. 시간적 여유가 많고 몸이 편해서 좋다는 느낌보다는 오히려 차곡차곡 후회스러움만 쌓이고 드는 심정이 되어가는 것도 같다. 풍족치 못한 경제사정을 핑계 삼아 영국 사람들은 일년에 한 두 번씩 꼭꼭 다녀오는 여름철 휴가마저도 제대로 데리고 다녀주지 못했고, 엄마의 관심과 시간을 필요로 하고 들었을 때 좀 더 많이 함께 놀아주고 사랑을 쏟아 보살펴 냈어야 옳았을 것을 돈이 드는 일만도 아닌데 뭐가 그리 어렵고 힘들어서 늘 바쁘고 시간이 없다는 핑계로 아이들 키우는 일에 소홀했는지 아쉬움보다 더 진한 미안함과 후회스러움이 마음 한구석에서 서려나는 요즈음이다. 그때는 집에서 아이들 키우는 일을 기쁨과 재미로 삼고 보람으로 여기기 보다는 오히려 구속과 얽매임으로 생각하고 들만큼 지루하고 짜증스러워 힘겹게까지 느껴질 때가 있었던 것 같고, 한평생 애들 뒷바라지나 하다가 그칠 것 같은 답답한 심정이 하루속히 아이들의 생활권내에서 벗어날 수 있기만을 소원했었는데, 지나놓고 보니 애들 자라가는 기간이 눈 깜짝할 사이만큼 빠르다는 느낌도 든다. 지금은 내 쪽에서 아이들과 함께 있고 싶고 시간을 갖고 싶어서 방학이 되어 집에 돌아오면 옷을 사준다하기도 하고 같이 점심을 먹으로 나가자고 구슬러 보기도 하지만 그때마다 옛날에 내가 그러했던 것처럼 시간이 없다 혹은 친구들과 약속이 있다는 핑계를 내세워 다음 기회로 미루기가 일쑤여서 어느새 자식들로부터 한 마장 뒤로 물러가 서있는 허전한 심정이다. 한 가지 다행이라고 할 것 같으면 시험기간이 닥치거나 무슨 일을 결정해야 할 결정의 단계에 놓여있을 때 혹은 공부하는 도중에 힘들고 어려운 일에 부딪칠 때마다 엄마의 기도를 절대적으로 여기고 들만큼 필요로 하고 있어서 그 정도나마 아이들의 삶에 깊이 관여하며 함께 짐져줄 수 있다고 하는 기쁨이다.

　복음서에 요한과 야고보의 어머니를 비롯해서 많은 어머니들이 어린아이를 데리고 예수님께 나와 어루만져 주시기를 바랬던 장면이 나와 있다. 그들은 본인들이 예수님께 축복을 받아서 잘 살게 되기를 원하기 보다는 자식들이 복 받게 되기를 기원했던 것이다. 이것이 곧 자식에 대한 부모의 사랑이다. 어떤 크리스챤 어머니들 가운데는 본인을 위한 기도는 등한히 여기고 소홀히 하면서도 남편과 자식들을 위해서만은 열심히 기도하는 분들도 있다. 자식이 복 받기를 바라고 소원하며 훌륭한 인재가 되어주기를 기원하는 마음은 내세를 바라고 천국을 사모하는 믿는 부모라고 해서 안 믿는 부모들과 크게 다를 바 없다. 하나님을 잘 믿고 열심히 받들어 섬겨내는 신실한 크리스챤 부모들의 의중 속에는 하나님이 아브라함을 생각하시고 다윗과의 약속을 기억하셔서 그 후손들에게 복을 주시고 왕계를 유지시켜 나오신 것처럼 부모의 선한 행실과 굳은 마음을 어여삐 보시고 기억하셔서 자자손손 내리내리 은혜를 입혀주시기를 바라는 마음이 들어 있기도 하다. 하나님은 십계명 가운데 이를 약속하시기도 했다. "나 여호와 너희 하나님은 질투하는 하나님인 즉 나를 미워하는 자의 죄를 갚되 아비로부터 아들에게로 삼사대까지 이르게 하거니와 나를 사랑하고 내 계명을 지키는 자에게는 천대까지 은혜를 베푸느니라"(출20:5-6)고...

　흔히 두고 쓰는 말로 "자식은 부모의 거울"이라고 한다. 부모의 인품과 생활모습을 그대로 본따질러 반영해 낸다는 표현일 것이다. 물론 엘리 선지자나 다윗처럼 신앙이 좋은 사회적으로 훌륭한 부모 밑에서도 탕자와 같은 돌연변이가 생겨날 경우도 없진 않겠지만, 자식을 보면 그 부모들의 제반 사생활을 알 수 있다는 게 일반인들의 공통된 견해이다. 특히 자녀들의 성품형성에 있어서 중요한 기간이 되고 있는 1~5살적 학동기 이전의 어린이들에게 있어서는 아버지의 지도력과 가르침 보다는 어머니의 사랑과 영향력이 절대적이다고 할 만큼 중요한 몫을 차지하고 든다. 작금과 같이 아버지는 아침 일찍부터 직장에 나가 일을 하지 않으면 안 되는 산업사회에서는 자녀들의 양육과 교육문제가 전적으로 어머니의 어깨 위에 얹혀진다고 해도 전혀 틀린 말은 아닐 터이고, 따라서 자식들이 잘 자라주면 어머니가 칭찬을 듣고 잘못되면 어머니 탓으로 여기고 드는 편파적인 추세가 전혀 부당한 편견만은 아닐지도 모른다. 우리 한국이나 일본의 아버지들 보다 비교적 시간적 여유가 많고 가정의 중요성을 직장 앞에 두는 서양에서도 유명인사들의 전기 속에는 "나의 모든 좋은 것은 다 내 어머니로부터 받았다"고 하는 진한 고백의 표현들이 들어있는 것을 보면,

동서고금을 막론하고 자녀들의 성장과정과 인성발달에 미치는 어머니의 영향력에 대해서 그 중요성을 아무리 강조하고 든다고 해도 무리만은 아닐 것 같다. 특히 우리 한국의 대부분의 아버지들의 경우처럼 집에서는 잠이나 자고 식사나 하는 식으로 하루의 모든 시간을 일에 쏟아 붓거나 밖에서의 생활로 끝나버리는 우리네의 아버지들이 자녀들의 지적, 정서적 성장과정과 인성발달에 얼마만큼의 영향력을 끼치고 본을 보여줄 수 있을 것인지 의심스럽지만, 한편 아버지가 계신다고 하는 부(父)의 존재성만으로도 자녀들의 뒤를 든든히 받쳐내는 막강한 뒷심과 바람막이로서의 안정감 내지 가정생활의 균형을 유지시켜내는 대들보와 기둥으로서의 몫이 자녀들에게 있어서 절대적이라 하겠다.

세 자녀들을 키워내는 내 의식의 밑바닥 속에는 남모르는 근심과 걱정이 성애처럼 늘 서려 있었다 해도 전혀 틀린 말만은 아니다. 그것은 이 아이들이 우리 부부만의 자식일 수 없는 하나님의 자녀들이라고 하는 책임감과 어미의 무성의한 교육과 본이 되지 못한 그릇된 생활 방법으로 인해 자기 나라도 아닌 남의 나라에까지 와서 사람노릇을 못하게 된다면 어찌할 것인가 싶은 마음이 채찍이 되어 늘 나를 후려쳤던 것이다. 사람은 자기가 보고 듣고 배운대로 행동할 수밖에 없는데 싶으면 두렵고 떨리기까지 했다.

나는 내 성장과정에서 어머니라는 존재가 쏙 빠져 나갈 만큼 엄마의 애정을 받아보지 못하고 조모의 슬하에서 자랐다. 출생 시부터가 보통 사람들과는 다른 약간 특이했다고나 할까… 우리 어머님이 새댁이었을 당시에는 아직도 출산능력이 그치지 않은 젊은 시어머니들이 더러 있었는데, 나의 할머니의 경우가 그러했다. 어머님이 첫아이를 갖은 시기와 똑같은 때에 쌍나팔을 불 듯 할머님께서도 임신을 하셨고, 그것도 일주일 사이를 간격으로 고부간에 한집에서 애를 낳았다. 조모님이 어머님보다 일주일 먼저 아들을 출산하셨고 꼭 이래 후에 어머님이 첫 딸인 나를 낳은 셈인데, 불행하게도 살았으면 나의 삼촌이 되었을 할머님의 아들은 낳자마자 죽고 할머님은 산후풍이 들어 몸저눕게 되셨던 것이다. 이때부터 할머님은 집안 살림과 밭일을 장손 며느리인 어머님께 맡겨드리고 손녀인 나를 죽은 아들을 대신해서 젖을 빨리며 정을 쏟아 키우셨는데, 나는 8살이 되기까지 할머니의 빈 젖꼭지를 빨만큼 응석받이로 커나갔다. 학교에 갔다가 집에 돌아오면 어머님 대신 할머니를 먼저 찾았고, 집안에서 할머님의 그림자가 안보이면 밭으로 동리로 헤매일만큼 할머님은 나에게 어머니와 같은 존재였다. 그러다가 내가 6살이 되던 해에 아버님과 어머님은 고향을 떠나 도시로 분가하시고 나만 홀로 중학교에 들어갈 나이가 되기까지 시골집에 머물러 조부모님 슬하에서 자란 셈인데, 광주로 올라왔을 때 이웃사람들은 나를 어머님의 시누이로 여기고들 만큼 나는 어머님보다 할머님을 더 좋아하고 따랐고 어머님은 내게 있어서 다정다감한 분이였다기보다는 곧잘 꾸짖고 야단만 치고 들어서 늘 무섭고 피하고 싶은 존재였다. 우리 한국의 어머니들 가운데는 무식하고 사랑의 표현이 거칠어서 꺼떡하면 자식들에게 손찌검을 가하고 하루에도 몇 번씩 "호랭이에게 물려가 뒤질 년"이라는 식의 악담과 저주를 퍼부어대기 일쑤였는데, 이런 환경 속에서 보고 듣고 뼈가 굵어진 나로서 내 어머님과 똑 같은 전철을 밟아내지 않을까 싶은 두려운 마음이 항상 도사리고 있었다.

내 속에서 빠져 나와 먹이고 입히고 가르쳐 길러낸 아이들이라 할지라도 내 자식이 아니고 하나님께서 우리 부부에게 맡겨주신 하나님의 자녀들이라고 하는 생각을 나는 결코 잊어본 적이 없다. 따라서 하나님께서 기뻐 받으시는 그리스도의 사람들로 키워내야 한다는 막중한 책임감과 임무가 어미 된 나에게 주어졌다고 믿어 주님의 기대와 바램에서 벗어나지 않는 아이들을 육성해 내고자 부족한 만큼 더욱 더 노력을 가하고 심혈을 쏟고자 했다. 그러나 자신의 공과 헌신만으로는 도저히 어머니 된 중책을 온전히 받들어 낼 수 없음을 뼈저리게 느낀 적이 한두 번이 아니었고, 그럴 때마다 자식 하나도 제대로 가르치고 기르기에는 역부족이기만 한 나에게 셋이나 주신 하나님께 무수히 무릎을 꿇고 간곡한 간구로 빌지 않으면 안 되었던 것이다. 우리 아이들은 한마디로 기도와 말씀 속에서 자라난 아이들이었다고 말할 수 있을 만큼 아침이면 등교하기 전에 나란히 의자에 앉혀놓고 하나님께 고개 숙이게 하였고, 저녁이면 성경말씀을 읽히우고 두 손을 모으게 했다. 학교공부를 위해서는 과외공부 한번 시켜 본 일이 없고 남들은 다 보낸 사립학교마저도 보내지 못했지만 선택과목을 선정해야 할 경우와 같은 기로 점에 이르러 가정예배를 드리지 않고 자의만으로 결정하고 선택해 본 적이 없을 만큼 크고 작은 아이들의 문제에 있어서 하나님은 유일한 카운슬러가 되어 나오셨고, 오늘을 낳게 한 나의 지혜와 믿음이 되어 주셨다.

어느 날엔가 친구 집을 방문하는 자동차 속에서 그이가 불쑥 "당신은 자식들한테는 참 잘해 잉"하고 말한 적이 있었는데, 단순히 감탄사로만 가볍게 들어 넘기기에는 미묘한 복합적 감정이 엉켜있는 표현처럼 느껴져서 그동안 아이들에게만 쏙빠져 남편에게 두루 신경을 써나오지 못했던 미안감이 서려나기도 했지만, 지금도 아이들을 위한 기도가 남편을 위한 간구보다 더 창창하고 애절하다. 자식들을 위해서 "기도하기를 쉬는 죄"를 범치 않기로 스스로 하나님께 선서하고 맹세나 한 듯 25년을 하루같이 간구해 나온 셈인데, 주님 앞에 가는 그날까지 나는 이 사명만을 위해서 세상에 출생한 사람처럼 날마다 아침마다 자식들을 위한 간구의 돌제단을 쌓아 나갈 것을 스스로에게 다짐하고 또 다짐한다.

들길에서

   들길을 간다. 다정한 벗님네 하나 곁에 붙이지 못한 채 홀로 쓸쓸히 걷는다. "내 벗이 몇인가 하니 수석과 송죽이라"고 읊었던 고산 윤선도씨의 고독 속의 넉넉함이 가슴 쩽하게 안겨 온다. 바람결에 난무하는 머리카락이 정든 이의 손길처럼 부드럽고 감미롭다.

   갑자기 온 몸에서 초가을 포도주가 괴어오르듯이 섬 머슴아 같은 치기가 꾸역꾸역 치밀어 오른다. 나이 쉰을 넘기고도 여직 꺾어질 줄 모르는 한줄기의 동심이 내 몸의 어느 구석에 숨어 지내다가 때를 만난 듯 거센 물살로 치솟아 오르는지 카펫처럼 부드러운 연녹색 잔디밭 위를 대굴대굴 굴러다니고도 싶고 토끼처럼 팔딱팔딱 뛰고 싶은 이 천진난만한 어린애의 심기. 훈훈한 봄기운에 떠밀려 스웨터를 벗어 들일하는 여인네들처럼 허리춤에 질끈 동여매고 파란 하늘을 향하여 팔매질하듯 갑자기 거추장스러워진 핸드백을 벗어 힘껏 내던진다.

   고개를 들어 하늘을 우러러 본다. 만상을 치마폭처럼 포근히 감싸 덮어내고 있는 하늘 저 쪽 끝에 여인네의 속사정 같은 연회색빛 구름 몇 점이 둥실둥실 떠 있다. 부챗살 같은 바람을 타고 드높은 창공을 유유히 넘나드는 저 새떼들. 나도 바람처럼 풀어져서 새처럼 나래를 펴고 세상 끝 닿는 데까지 훨훨 날아가고 싶다는 되지도 않는 사념 속에 잠겨든다.

광활한 넓은 들녘에 홀로 팽개쳐진 듯 외롭게 서있는 한 폭의 그림처럼 고즈넉한 내 모습. 세월에 떠밀려 반평생도 훨씬 더 살아버린 지난 생애를 되돌아보는 마음 속에 많이도 외로웠고 많이도 슬펐고 많이도 아팠다는 애상한 느낌이 눅눅한 땅기운처럼 전신에 파고든다. 하나님 앞에 참되고 거짓 없는 모습으로 한 점 부끄러움이 없기를 전력을 다하여 희원하고 애썼다 할지라도, 종교인의 억지와 가식이 생활의 구석구석에 점박이처럼 박혀나 있음을 외면치 못할 듯싶고, 나태와 이기심이라는 자기를 버리지 못한 행동들이 두루 비춰 보임도 피할 수 없을 듯하다. 타인의 이목과 이웃들의 입질에 구애됨이 없는 자유를 누리고 싶었고 착하고 어진 시골 아주머니처럼 마음 풀고 사는 어수룩하고 단순한 삶이기를 바랬을지라도 헝클어진 인과관계 속에 풀잎처럼 흔들리고 촛물처럼 녹아나는 마음일 때가 많았음을 보게 된다. 이를 적극적으로 대처해낼 수 없는 자신에게 문제가 더 많았던 것도 같고 묵묵히 참고 견디어내는 미덕 안에서조차 어설픈 자기교만과 아집의 그림자를 발견케 되고 강한 정의감과 진리의식에 못미처난 차가운 가슴이 항상 문제였던 것 같기도 하다. 뜻도 이상도 품어내지 못한 속빈 껍데기처럼 바람 따라 물결 따라 세월에 떠밀려 어영부영 살아온 것 같지는 않지만, 마음 한구석에서는 남은 여생을 이런 식으로 살아가서는 안 된다고 하는 자각증세에 묶여 화려한 고민만 되풀이해 나왔다는 느낌을 지워버릴 수 없을 듯 하고 그러면서도 어떻게 어떤 식으로 내 삶을 새롭게 개간하여 일구어 나가야할지 똑 부러지게 잡혀드는 게 없어 조급하고 울적한 심정만으로 문지방을 떠나지 못하고 서성대는 모습이기만 했던 것 같다.

한 가지도 되어지는 일은 없고 답답하고 무거운 마음만 안으로 차곡차곡 쌓이고 들 때면 내가 왜 이 서푼어치의 가치도 발견할 수 없는 고뇌와 번민으로 속을 끓이고 앉아 있어야만 하는가 싶어 이도저도 다 팽개쳐 버리고 여유작작한 심정으로 인생을 즐겨보자고 스스로를 달래보기도 하지만 아무나 인생을 즐겨낼 수 있는 것은 아닌 상 싶다. 고기도 먹어본 사람이 잘 먹고 돈도 써본 사람이 잘 쓴다는 말처럼, 인생도 놀 줄 아는 사람들이 즐길 수 있겠다는 생각이 지배적이다. 그런데 나는 돈 쓰는 배짱이라고는 찬거리 장보는 것 밖에 모르고 자기 옷 한 벌도 백 파운드가 넘으면 못 사 입는 사람이다. 어쩌다가 여자의 허영심이라도 발동하여 불필요한 물건에 현혹되듯 손에 쥐는 날 밤이면 하나님께 죄송해서 밤잠을 설칠만큼 못난 꽁생원의 탈을 여직 벗지 못했고 친구들과 어울려 돌아다니는 맛도 모른다. 여름휴가라는 것도 아이들과 남편을 위해서 따라다니는 입장일 뿐 해도 좋고 안 해도 그만이다 싶은 느낌이다. 그 대신 집안만은 손님맞이를 위해서 준비된 분위기처럼 정리정돈이 잘 되어 있어야 하고 깨끗해야만 직성이 풀리는 자기적 틀 속에 갇혀 지내는 생활의 노예.

자주 있는 일은 아니지만 나는 때때로 "나는 나이고 싶다"는 어설픈 자아의식에 휘말려 들 때가 있다. 주님만이 내 마음의 안식처요 주안에서 발견된 자태만이 참 모습이겠거니 싶으면서도 내 존재의 내부 깊은 심연 속에서는 내가 나이고 싶은 육의 소욕이 돌풍처럼 고개를 쳐들고 일어설 때면 나를 떠받쳐 지탱해 내고 있는 믿음의 방파제가 왕창 무너져 내린 듯한 내면의 붕괴소리가 귓가에 쟁쟁히 들리는 듯한 느낌이기도 하다. 이럴 땐 한동안 농축된 불만의 보따리가 여기저기 터져 나오고, 일상의 무게가 천근만근처럼 자신을 짓누르고 든다. 누구에게 손발이 묶여 지낸 것도 아닌데 숨통이 꽉 막혀든 것처럼 가슴이 답답하고 만사가 짜증스럽고 불만으로 다가서기도 하고 어디론가 멀리멀리 떠나고 싶은 방랑 심리에 몰입되곤 한다. 날마다 먹는 밥이 어느 날 갑자기 신물이 나듯이 30년 동안 하루같이 그 일만을 위해서 태어난 사람처럼 즐겨해 온 밥도 짓기가 싫고 빨래도 청소도 손끝 하나 까딱하고 싶지 않을만큼 무욕구 무기력 속에 침대 속만 파고들고 싶어지다가도 어디론가 휘 쏘다니다가 들어오면 숨통이 트일 것 같은 유폐감. 난청이라는 불구를 끌어안고 지내기는 하지만 그렇다고 의사소통마저 불가능할만큼 꽉 막혀 든 것만도 아닌데, 천근만근 무게를 달고 자아의 미궁 속만을 헤매고 있는 듯한 느낌일 때가 있다.

지난밤에도 된서리 같은 냉가슴이 한차례 쓸고 지나갔다. 펜대를 놀리다말고 아래층으로 내려와 커피포트에 물을 올려놓고 뒷방 라운지로 들어가 커튼을 제켰다. 프렌치 윈도우 창문으로 내다보이는 뒤뜰은 달빛도 없는데 가로등 불빛 아래 대낮처럼 훤히 밝았다. 의자에 턱을 고이고 앉아 창밖을 내다보고 있는 마음이 꼭 길을 떠나야 할 사람처럼 조급증으로 서성대어졌다. 그이가 세상모르고 곤히 잠들어 있는 이 밤에 한마디의 귀띔도 없이 쥐도 새도 모르게 어디론가 훌쩍 떠나 잠적해 버린다면 아침에사 이를 발견하고 그이는 얼마나 놀라 허둥댈 것인가? 초저녁잠만 없는 것이 아니라 새벽잠 까지도 없는 그이여서 언제나 나보다 먼저 일어날 터이고 보면 모처럼 오늘 아침엔 마누라가 부지런을 피운 줄 알고 처음에는 좋아하겠지… 그러나 다음 순간에 조용하고 썰렁한 집안 분위기에 이상한 공기를 느끼게 될 것이고, 한두 번쯤 큰 소리로 불러보다가 부엌과 뒤뜰에서마저도 내 모습이 발견되지 않으면 어떤 기분이 되어질 것인가? 아마 아침 산책이라도 나간 줄로 여기고 기다리다가 혼자 아침을 들고 쪽지 한 장을 남긴 후 보통으로 출근길에 오를 것이다. 그러나 퇴근 후에 집에 돌아와서도 내 모습이 눈에 띄지 않게 되면 그때는 눈앞이 캄 캄하고 가슴이 철렁해지겠지? 경찰서에 신고하고 아이들에게 전화를 걸 고, TV뉴스 시간에는 검정머리에 납작코 코리안 김행님이 드레싱가운 을 입은 채 간밤에 종적을 감추어 버렸다고 뉴스가 나가고 구구한 여론 과 함께 온통 한인사회가 시끌벅적해지겠지... 나는 갑자기 사색이 되어 초조와 걱정 속에 당황해야할 그이와 아이들 그리고 이웃들의 반응을 확 인해 보고 싶기도 하고, 김행님이라는 여자가 이 세상에 살고 있었다는 사실을 드러내고도 싶은 충동심에 휘말려 들었다. 나는 떠나기 전에 진 한 커피부터 한 모금 마셔야할 것 같았다. 그러나 커피는 단숨에 쭉 들이 키기에는 너무나 뜨거웠다. 나는 커피가 식기를 바라면서 서서히 한모금 씩 커피 맛을 처음 보는 사람처럼 조금씩 조금씩 아껴가며 마셨다. 커피 가 거의 바닥을 드러내고 있을 때 나는 뒤뜰로 나섰다. 초여름인데도 밤 공기는 싸늘했고 사과나무 밑으로 이제 막 소담스럽게 피어오르기 시작 한 함박꽃들이 제 몸무게 하나를 지탱해내지 못한 채 고개를 떨구고 서있 는 처량한 모습이 한 눈에 들어왔다. 나는 총총 걸음으로 정원을 가로질 러 차고를 지나 대문 쇠고리를 땄다. 가로등불 아래 사방은 지나가는 자 동차 소리 하나 들리지 않을 만큼 정적 속에 파묻혀 외로움에 떨고 있었 다. 나는 쥐 죽은 듯이 고요한 밤거리를 이리 뛰고 저리 뛰며 자신의 발자 국 소리로 가득 채우고 싶어졌다. 그러나 나는 슬리퍼를 신고 있었다. 제 아무리 안간힘으로 뛰고 굴러도 발자국소리는 내 발밑에서 끝나 버리고, 부드럽고 푸석한 스펀지로 된 슬리퍼. 누구 한사람 눈여겨 주는 이조차 없는 뜀박질을 백 미터도 미처 다 못 뛰었는데 숨이 턱에 걸려 도저히 더 이상 달려나갈 기력이 없었다. 그대로 어느 집 야트막한 벽돌담 위에 주저앉아 헐떡거리는 가슴을 진정시킬 양 심호흡을 들이키고 서 있는데, 저쪽 길모퉁이에서 사람 같은 희끄무레한 물체가 이쪽을 향해 걸어오는 듯이 아른거렸다. 순간 두려움과 공포증이 제어할 수 없는 속도로 엄습해 왔다. 나는 앉은자리에서 벌떡 일어나 집을 향하여 뛰고 또 뛰었다.

오솔길(footpath)을 따라 무성한 사념 속에 파묻혀 길을 걷는다. 연녹색으로 파랗게 물들어 있는 들판이 적요 속에 잠들어 있다. 상큼한 풀 내음이 땅 기운과 함께 달작지근하게 코끝에 와 닿는다. 따사한 햇살 아래서 유유히 풀을 뜯고 있는 목우들. 거기엔 질서와 평화가 넘실대고 있었다. 조화와 순응 속의 대 자연처럼 내 마음도 하나님의 뜻과 자연스레 합쳐질 수 없을 것인지... 풀려날 것 같지 않는 과제를 끌어안고 오솔길을 되돌아선다.

자책감

바람이 몹시 불어치고 빗방울까지 후두둑 떨어지기 시작한 오후였다. 금년 겨울에는 날씨 핑계로 한 번도 골프채를 휘둘러보지 못한 채 긴긴 겨울철을 다 넘겨버리겠다 싶은 우려 심에 떠밀려 파트너도 없이 혼자서 한 코스를 다 돌고 나니 못된 녀석 따귀를 후려쳐준 것만큼 뱃속이 후련해졌다.

진흙탕 속에 떡 고물이 된 구두를 그대로 자동차 부트 속에 집어넣고 돌아올 수가 없어 휴지로 신발에 묻은 흙을 대강대강 닦아낸 후 티슈를 버리려고 쓰레기통을 찾아보았다. 저만큼 한 백 야드 쯤 떨어진 거리에 플라스틱으로 된 거무뒤뒤한 휴지통이 가물가물 눈에 들어왔다. 비는 오고 바람까지 휘몰아치는데 마침 주위에 보는 사람도 없는 것 같고 해서 마음에 좀 걸리기는 했지만 두 눈 딱 감고 휴지를 풀섶에다 슬쩍 던져버렸다. 공중도덕이나 환경정화 운운에 앞서 사소한 일에 진실치 못한, 눈 감고 아웅 하는 부끄러운 소행이 그대로 폭로되는 순간이었다. 그러나 나는 이 우천에 보는 사람만 없어주기를 바라고 거사(?)를 치르고 난 후 손바닥에 묻어난 흙 자국을 닦아내고 섰는데 아뿔싸, 자동차 운전석에 앉아 비가 멎어주기를 기다리고 있던 아저씨 한 분이 손가락을 까닥해 보이며 수인사를 걸어오지 않는가. 순간 부끄러운 치부를 드러낸 듯한 당혹스러움이 모멸감과 함께 쥐구멍이라도 있으면 당장 들어가 숨어버리고 싶은 심정이었지만, 이미 던져버린 휴지를 다시 주워올 수 있는 형편도 아닌 듯해서 아무 일도 없었던 것처럼 천연덕스럽게 씩 웃어 보이는 것으로 답례 아닌 답례를 하고 얼굴이 홍당무가 되어 자동차 속으로 들어오고 말았지만, 난감하기 짝이 없었다.

그러나 그때는 주인 몰래 남의 수박밭에 들어가 수박을 따먹다가 들킨 사람처럼 찜찜하고 얼떨떨한 기분이었을 뿐이었는데, 집에 돌아와서 곰곰이 생각해보니 그게 아니었다. 비록 사소하고 하찮은 일 같으면서도 그 안에 정직치 못한 제반 일상생활이 그대로 묻어나고 있는 사실을 늦게사 깨닫게 된 것이다.

적은 일을 가지고 거창스럽게 확대시키고 드는지는 모르겠지만, 하나님은 살아계셔서 우리들의 일거수일투족을 지켜내고 계신다고 하는 사실을 늘 의식 한구석에 품어 지내고 있으면서도 힘들고 어려워서 못할 일도 아닌 조금만 수고하면 될 일을 가지고 귀찮고 번거롭다는 이유하나 때문에 우선 나 편하고 손쉬운 대로 행동하고 들었던 한심스러웠던 작태가 내 실상인 것을 다시 한번 보는 듯한 느낌이었다. 범사에 하나님께서 보고 계신다고 하는 사실을 조금이라도 믿고 깨닫는 사람이었다면 사람 눈에 발각된 것은 그렇게 부끄럽고 수치스럽게 여기면서 하나님 앞에서는 뻔뻔스러울 만치 태연자약 할 수는 없었을 것이 아닌가?

사람은 속일 수 있어도 하나님은 속이지 못하고, 선악 간에 하나님 앞에 드러나지 않는 행위가 없다고 굳게 믿고 사람 앞에서의 언행이기를 거부하듯 늘 참되고 정직한 모습으로 서기를 원했고 하나님은 신이신임으로 매끄러운 입술과 그럴싸한 외적 행위만으로 판단하시지 않는다고 생각하고 들었었다. 우리가 말하기 전에 중심을 들여다보시고 행동하기 전에 심중에 숨어있는 은밀한 동기와 뜻을 아시며 사상과 생각을 짚어 살피고 계시는 분이심을 내심 기뻐하고 얼마나 마음 든든히 여겨 왔던가? 이웃들의 몰이해와 곡해 속에 갇혀 지내면 지낼수록 하나님을 앞세워 자기 잇속을 챙기고 괴사를 도모하는 사람들에게 휩싸여 오해를 받으면 받을수록 우리의 중심 속 뜻을 살피시고 들여다보시는 하나님만이 나의 유일한 보상과 안위가 되어 오셨다. 그러나 오늘 오후에 드러난 짓거리는 다른 사람들도 그런 식으로 행동하지 않느냐고 하는 자기변명과 핑계에 앞서 해이된 자신의 공중도덕 관념이 곧 구멍 난 신앙생활을 그대로 폭로해 주고 있는 듯해서 때늦은 반성이 자책감을 몰아다 주고 있다. 비단 이 일뿐만이 아니고 공중화장실을 사용할 경우에도 다음 사람이야 어쨌든 간에 나만 볼 일 보고 나오면 된다는 식으로 지저분한 짓거리를 해내고도 전 사람들에게 핑계를 대는 경우도 없지 않다. 물론 불결한 화장실이 전적으로 내게 책임이 있는 것은 아닐지라도 더럽기 때문에 더럽게 사용할 수밖에 없다는 논리적 행위가 결코 잘한 일일 수는 없을 것이다. 내 자동차 속은 어지럽히고 싶지 않아서 껌 종이를 꼬깃꼬깃 조그마하게 작게 접어서 달리는 차창 밖으로 훌쩍 던져버리는 비행. 그것도 뒤에 따라오는 차가 있으면 참고 있다가 아무도 보지 않는다 싶을 때만 해대는 어줍잖은 행동들이 차분히 생각해보니 한두 가지가 아닌듯하다. 나야 교통도덕과 규칙까지를 어기고 들만큼 운전에 자신이 서있는 것도 아니고 또 그럴만한 배짱도 없지만 도로변에 똑똑히 더블 옐로우라인이 쳐있는 것을 보면서도 바쁘다는 이유와 달리 주차할 곳이 없다는 핑계로 들키지만 말아주기 바라는 심정만으로 주차시키고, 추월해서는 안 된다는 로드 사인이 엄연히 붙여져 있는데 자신만만하게 오버테이크를 해대는 실수와 부주의라기보다는 해서는 안 될 줄 알면서도 누가 보거나 지키고 섰는 사람이 없으면 자기 편한 대로 해버리는 인간의 비리와 속성들이 나에게도 무수히 많고 그중에 한 가지가 오늘 오후에 폭로되듯 노출된 셈이다. 남이 보거나 보지 않거나 큰일이나 작은 일에 진실된 마음으로 지킬 건 지키고 할 건 해야 문화인이요 또한 사람 된 도리라 하겠거늘, 남이 그런 행동을 하면 눈살을 찌푸리면서도 똑같은 행위를 자행했었던 자책감이 두고두고 목구멍에 걸려있는 느낌이다.

주님을 갓 믿었을 당시에는 지금보다 나이도 훨씬 연소하였고 하나님에 대한 이해와 성경지식이 없었을 뿐만 아니라 믿음도 뜨겁기만 했지 깊지를 못했을 때였는데도 이렇지는 않았었던 것 같다. 자식들을 키우고 있어서인지 길바닥 위에 굴러다니는 돌멩이나 유리조각이 눈에 띄면 행여 아이들이 길을 가다가 넘어져서 무릎이라도 다칠까 염려하여 줍고 다녔고, 종이 나부랭이나 과자 봉지가 날아다니면 그냥 보고만 지나칠 수 없었다. 또 공중변소를 사용하고 들어야할 경우에는 뒷사람을 위해서 내가 떨어뜨린 휴지가 아닐지라도 주워버리고 앉을 자리도 깨끗이 닦아놓곤 했다. 사람들이 원하고 바래서 착한 일을 도모하고 들기 보다는 자기 자녀들을 즐거움으로 지켜내고 계시는 하늘 아버지께서 기뻐하시고 좋아할 듯싶은 일이면 스스로 신이 나서 즐거운 마음으로 무엇이든지 닥치는대로 하고 들었던 것 같다. 직장생활을 하는 부인 집에 가면 팔을 걷어붙이고 집안을 치워줄 만큼 보통사람들의 생각으론 체신머리 없는 극성 정도로 여기고 들일이나 꼭 저래야만 예수 믿는 사람인가 싶어질 행동들이 지금 생각하면 내 마음일 수만은 없는 성령의 역사였다고 보아진다.

그런데 지금의 내 생활모습은 어떤가? 오랜 세월 속에 퇴색된 의복처럼 풀기도 없고 현란한 빛깔이나 참신한 모양마저도 사라져 버린 채 늙고 찌든 외모만큼 껍데기만 남아있다는 느낌뿐이다.

3.
안방 한담

노스탤지어

딸아이가 밖에 나갔다가 들어오더니 대뜸 하는 소리가 "엄마, 엄마는 어렸을 적에 가지고 놀았던 인형들을 어디다 두었어? 이제 나 주어."하고 턱 밑에 바싹 다가앉으며 느닷없는 말로 보챘다. 자초지종 이야기를 들어보니, 친구 가운데 린다라는 아이는 자기 엄마가 학교 다닐 적에 썼던 묵은 공책들을 성적표와 함께 고스란히 보관하고 있다가 린다가 중학교에 들어가자마자 물려주었다는 것이고, 이웃집에 사는 친구 루이스도 자기 엄마의 인형들을 대물려 받음으로 다 자란 지금까지도 간간이 인형들을 벌려놓고 인형놀이를 하고 논다는 것이다. 또 어느 친구는 팬시 드레스 파티에 자기 엄마가 결혼식 때 입었던 웨딩드레스를 입고 오기도 했다며 사뭇 부러워 죽겠다는 눈치였다.

아이의 이야기를 끝까지 듣고 있던 나는 무언가 잘못을 저질렀어도 크게 잘못을 저지른 사람처럼 난감한 기분이 되어졌다. 이날 이때까지 고국에 머물러 살아가고 있다고 해도 옛날 학교 다닐 적에 썼던 공책들을 지금까지 보관해 두었을 리도 없지만, 한국을 떠나올 때 옷 보따리와 이불 보따리는 올망졸망 싸들고 올줄 알았어도 아이에게 보여줄 추억이 될 만한 소품이라고는 몇 권의 앨범 외에는 아무 것도 소지해내고 있는 것이 없었다. 생각다 못한 나는 그이 방에 들어가서 종이 색깔도 누렇게 변해

버린 옛날 학교 졸업장들과 교사 자격증 한국 패스포트까지, 있는 대로 다 꺼내다 놓고 딸아이 앞에서 되지도 않는 소리로 자랑 아닌 자랑을 잔뜩 지껄여댔다. 한국말로 쓰여진 증서도 읽기는 읽어도 무슨 뜻인지 모르는 아이에게 한문까지 섞여있는 문서들을 까발려 놓고 설명을 해댔자 알아들을 리 없겠지만, 쥐뿔만한 자부심이라도 하나 심어주고 싶어서 궁색한 설명을 달지 않으면 안 되었던 것이다.

나는 이때처럼 지금은 누구의 손에 들어가 쓰여지고 있는지도 모르는 가야금에 대한 생각이 간절했던 적이 전에는 없었던 것 같다. 무엇이든지 지금 당장에 필요한 물건이 아니면 뒷일을 생각하고 간수해 두는 것이 아니라, 웬만한 물건은 필요로 여긴 분이 있으면 주어버리고 그도 저도 아닌 것은 쓰레기통에 집어넣는 못된 버릇 때문에 또 한번 씁쓸한 경험을 맛보는 기분이기만 했다. 지금 와서 후회해야 무슨 소용이 있겠는가만은 그 가야금 하나만이라도 소유해내고 있다면 딸아이에게 얼마나 귀물이 되어지겠는가 싶으면, 비단 오늘뿐만 아니라 가야금에 생각이 미쳐질 때마다 후회막급한 심정이 되어지곤 한다.

당시는 은영이가 아직 출생하지 않았을 때이고 우리 가족은 집 한 칸도 없이 병원관사와 전셋집으로 전전하고 다니던 안정되지 못한 시절이라, 이삿짐 가벼워질 것만 계산하고 귀국하면 더 좋은 악기로 장만하리라는 속셈만으로 상대편에서 요구해 왔던 것도 아닌데 내 쪽에서 손수 런던까지 가져다주는 선심까지 발휘하고 들었었다. 가야금 퉁기는 묘미와 감미로운 음률에 도취할 수 있었다면 허드렛 물건 처리해 버리듯이 자기가 썼던 귀중한 악기를 그렇게 쉽게 처분해 버릴 수 있었겠는가만은 잘 타지도 못한 솜씨에 집에 드신 손님이면 하나같이 가야금 좀 타보라는 요청 앞에 그때마다 곤혹스럽다 못해 런던에 한국관을 세운다는 소식을 듣고 필요적절한 물건이 됨직 싶어 기증한 셈이다. 성공회에서 시도하고 들었던 한국관이 용두사미 격으로 몇 년을 지속해내지 못하고 없어져 버렸다고 하니 더욱 애석한 마음이 짙다.

비단 가야금뿐만이 아니고 큰 아이와 작은 아이가 자랄 때 가지고 놀던 장난감이나 어린이 동화책들과 성경이야기 책들까지도 누구에게 준지도 모를 만큼 다 없애버린 지 오래이고 보면, 늦게나마 각성하고 하찮은 것들 일지라도 버리지 않고 간수해 두었다가 대를 물리는 영국인 부모들로부터 배우고 본받아야 할 것 같다. 자식들에게 크고 값나간 가보만을 유산으로 남겨 줄 것이 아니라 상품으로 치면 서푼어치도 못되는 보잘 것 없는 헐고 망가진 장난감이나 귀 떨어진 커피세트라도 부모의 손때가 묻어있고 숨결이 서려있는 물건들이라면 부모 자식 간에 연결고리가 되어 주기에 충분한 좋은 정신유산이 되어질 듯 싶기도 하다.

그리고 보면 영국이 세계 어느 나라보다도 골동품 문화가 발달되어 대도시뿐만 아니라 시골 구석구석에 이르기까지 골동품 가게들이 즐비하게 늘어서있고 한국의 대갓집들로 지칭이 될 수 있는 옛날에 영주나 지주들이 살았던 마노하우스(manor house)에는 조상대대로 내려오면서 수집해 놓은 유명 화가들의 그림들과 식기, 은제품, 가구 등 수억대에 달하는 골동품들이 집안 가득히 전시되어있는데, 그 집안의 유서 깊은 가보로써의 가치와 의미도 크겠지만 일반 국민들에게 끼쳐주는 정신적 가치와 문화향상에도 지대한 영향력을 발휘하고 들리라고 본다. 우리네 부모들은 토지와 빌딩 같은 재산 유산에 주력하고 든다고 할 것 같으면, 이네들은 정신유산에 더 편중하고 있는 감도 없지 않다.

딸아이를 위해서 이네들의 엄마들처럼 가시적 귀중품들은 소유해내지 못하고 있지만 아이가 어릴 적에 나는 밤이면 밤마다 내 소싯적 성장과정들을 들려줌으로 해서 무엇인가 함께 공유해내고 싶었다고나 할까... 그러나 이는 내 쪽에서 의도적으로 시도하고 들었다기 보다는 아이 쪽에서 심심하고 무료한 날 밤이면 한사코 졸라대는 바람에 그때마다 아직도 손에 잡힐 듯 선연하기만한 옛 추억담들을 들려주곤 했었다.

은영이는 대여섯 살이 되기까지 제 아빠가 당직을 하느라고 집을 비우는 날 밤이면 내 침대를 파고들어 팔베개를 하고 모로 누워 엄마의 어릴 적 자라던 이야기를 몹시 듣고 싶어 했었다. 그럴 때마다 나는 늘 하는 소리가 엄마는 너처럼 구두를 신고 자동차를 타고 학교에 다녀 본 일이 없고, 고무신이 어떻게 생긴 신발인지도 모르는 아이에게 고무신을 신고 때로는 짚신을 질질 끌면서 2마일도 더 되는 먼 길을 걸어 학교에 다녔노라고 주마등처럼 아롱아롱한 옛 이야기들을 들려주면, 눈빛을 반짝이며 이솝의 동화보다도 더 재미있어 하곤 했다. 처음 몇 차례는 듣는 아이보다도 이야기를 들려주고 있는 내 쪽에서 스스로에 취해 아이가 잠들어 있는 것도 모를만큼 즐겁고 감미롭기까지 하더니, 너댓번 반복해 나가는 사이에 심드렁해지다 못해 입이 아파오기 시작했다. 그래서 때로는 싫증도 나고 잠도 오고하면 이야기의 줄거리를 대충대충 건너뛰고 싶어지는데, 그때마다 은영이는 "엄마 거 있잖아. 여름에 학교에 갔다가 집에 돌아올 때 보이들이 뱀을 죽여가지고 꼬리를 들고 뒤쫓아 다니면서 엄마를 겁주며 놀려대던 이야기. 그것은 빼먹었잖아."하고 훤히 꿰어 이미 다 알고 있는 이야기까지를 듣고도 또 듣고 싶어서 졸라대기가 일쑤였다. 몇 년 전 고향을 방문했을 적에는 동네 앞 조그만 개천 앞에서 문득 생각났다는 듯 발걸음을 멈추고 서서 "엄마가 학교 갔다 오면서 더우면 수위밍 (미역 감았던) 했던 폰드(방죽)가 이거야?"하고 물어와서 바로 그렇구나 싶기도 했고, 고향집 앞마당에 들어서서는 "이 집이 어렸을 적에 엄마가 자라던 집이야?"고 확인하고 들기까지 늘 이층 벽돌집들만 보고 살았던 아이라서 집이 작은 중에 더 작아보였던지 TV에서 본 아프리칸 하우스 같다고 말해서 폭소를 터뜨리기도 했다.

엄마는 벽촌 시골에서 낳아 자랐고 그때는 도시에도 지금 같은 인형이나 소꿉놀이 장난감이 없는 때여서 돌담 밑에 앉아 새싹 풀을 뜯어다가 풀각시를 만들어 인형놀이를 흉내 내었고, 돌을 빻아 가루 내어 사기그릇 깨진 밑바닥을 엎어놓고 솥에 시루떡을 앉히듯 하얀 가루 위에 빨간 가루를 돌려가며 앉히곤 했었다. 돌담 위에 소복이 쌓인 고막껍질과 바지락 껍질을 주어다가 호박꽃이나 풀잎으로 나물을 묻쳐 제사상을 차리고, 서방 각시가 무엇인지도 모르면서 오촌 동갑내기 머슴애는 서방이 되고 나는 각시가 되어 놀곤 했었다고 하면 아이는 깔깔대고 웃으며 재미있어 하곤 했다. 지난번 모처럼 오랜만에 고향을 방문했을 적에 옛날 뒷집에 살던 경체라고 하는 한반 아이가 반백이 다된 할아버지 모습을 하고 아직도 그 집에 살고 있었는데, 토방에서 점심상을 받고 앉았다가 고샅길로 들어서는 나를 단박에 알아보고 맨발로 마당을 가로질러 달려나와 두 손을 덥석 끌어 쥐며 "아니 너 정남이가 아니냐?"며 반가워하던 모습을 지켜내던 아이가, 돌아오는 자동차 속에서 "엄마 저 할아버지 하고 친구했어?" 묻기도 했다. 경체하면 생각나는 게 하나 있다.

유독 학교 다니기를 죽을 일만큼 싫어하던 아들 때문에 아침이면 경체 어머니 금산 댁은 손에 작대기를 들고 동네가 떠나도록 소리소리를 지르면서 아들을 쫓아 다닐만큼 애를 먹었다. 그러던 중에 하루아침에는 등교생들 앞에 웃지못할 일이 벌어졌는데, 한사코 학교가기를 싫어하고 뒤꽁무니만을 빼대는 아들을 향해서 금산 댁은 욕설을 퍼부어대며 돌팔매질을 했는데, 어머니의 돌에 안 맞으려고 뒷걸음질을 치다가 결국은 교문

앞까지 다다르고 만 것이다. 지금 생각해도 웃음기 그지없는 한심스러웠다기 보다는 훈훈한 정감까지 물씬 풍겨내는 끈적한 추억들이기만 하다.

　나이 탓일까? 살아온 자국만을 자꾸 파고들며 과거로만 달려가지는 이 마음. 감미롭고 싱그러운 옛 추억담으로 치마를 지어입고 앉아 불망, 향수, 그리움 같은 단어들을 잘근거리며 헛갈린 말만 자꾸 주절대고 싶어지니 말이다.

할아버지와 나

사람들은 소싯적 입맛을 버리지 못하고 늙어서도 어렸을 적에 자주 먹었던 어머니의 음식 맛을 그리워하게 된다. 신 것을 좋아하던 사람이 나이가 들어감에 따라 단 것을 찾는 경우가 있고, 잘 먹던 음식이 갑자기 싫어지는 일이 생겨나기는 하지만 깊게 뿌리박힌 입맛까지 바뀌고 변하는 것은 아니다. 또 자기만이 각별히 좋아하고 즐기는 기호식품이 생겨나기까지에는 거기에 따른 어떤 경로와 계기가 주어졌기 마련이다. 된장찌개를 좋아하는 사람에게는 어머니께서 끓여 주셨던 맛있는 된장찌개가 유래가 되어 결혼 후에도 늘 된장찌개를 찾게 되고, 게젓을 좋아하는 사람은 여름철에 입맛이 없을 때 짭짤한 게발 서너 개로 밥 한 그릇을 다 먹어 치웠던 감칠맛이 두고두고 뇌리 속에 남아서 그 후에도 게젓을 즐겨 찾게 된다.

우리 집에서는 닭요리를 자주 먹는 편이다. 붉은 빛깔의 육류(red meat)속에 발암물질이 함유되어 있다 해서 지레 주의하느라고 닭고기를 즐겨 먹는 것은 아니고, 값이 싸고 비교적 요리하는 시간이 짧다는 이유 말고도 어렸을 적 입맛이 지금도 작용하고 들기 때문인 듯싶다.

내가 자라던 어린 시절에는 일 년 내내 설 명절 때에도 소고기는 먹어 본 기억이 없고 일 년에 한차례씩 동리에서 돼지를 잡아 집집마다 조금씩 나눠 먹었던 기억과 텃밭에서 가꿔 낸 야채들과 생선, 해물들이 주로 밥상에 오르곤 했었던 것 같다.

평상시에 육식을 전혀 하지 않다가 오랜만에 먹어서 그런지는 모르지만, 나는 아무리 먹고 싶어도 돼지고기는 아예 무서워서 입에 대지도 못했었고 어쩌다가 닭고기 몇 점이라도 먹는 날이면 온몸이 두드러기 투성이가 되어 벌겋게 부어올라 곤욕을 치르곤 했다. 그럴 때면 할아버지는 일종의 비방으로 칙간(변소) 앞에 모닥불을 피워놓고 속옷까지 활딱 벗긴 알몸 상태로 타오르는 불길을 넘나들게 하셨는데 불을 뛰어넘을 때마다 마당을 쓸던 싸리비로 내 몸을 쓸어 주시곤 하셨다. 당시의 짜릿하고 시원하던 감각이 지금도 온몸에 감지되어 오듯이 생생한 느낌이기만 하다.

할아버지께서는 장에 가서 닭을 사오시면 닭 모가지를 비틀어서 죽이곤 하셨는데, 그때마다 아직도 뜨끈뜨끈한 간과 콩팥을 할머니와 함께 날고기로 도마 위에서 소금을 찍어 잡수시고 똥창은 가운데를 칼끝으로 쭉 터서 소금으로 문질러 깨끗이 씻으신 후 지푸라기에 감아 살짝 말려두고 닭발은 도마 위에서 탕탕 좆아서 쇠여물 쓰실 때 구워 나를 주시곤 했다. 그 맛이 둘이 먹다가 한사람 죽어도 모를 만큼 별미였는데, 이상한 점은 삶은 닭고기를 먹거나 닭죽을 먹고 난 후에는 영락없이 두드러기가 일어나곤 했었지만 창자나 닭발을 구워 먹을 때는 거뜬했다.

나의 시골집은 초가집이기는 했지만 본채 곁으로 사랑채가 붙어있는 크지도 작지도 않은 ㄱ자형 농가 집이었다. 야트막한 돌담 너머로 넓은 평야가 쭉 뻗어나 있어서 봄으로 황새가 날아와 논 고동을 파먹는 그림 같은 장면을 툇마루에만 올라서면 훤히 내다볼 수 있었고, 아침으로 일어나면 눈을 부비고 샘가로 나가 세수를 했던 것이 아니라 논가로 가서 논물에 얼굴을 씻고 소금처럼 희고 가는 모래알로 이를 닦았다. 눈이 산더미처럼 내려 쌓이는 겨울날 밤이면 먹이를 찾아 뒷산에서 여우가 내려와 어슬렁어슬렁 앞마당을 배회하곤 했었는데, 울음 밑이 엿가락처럼 길기만 했던 나에게 그때마다 할머니는 "여시(여우)가 내려온다"고 겁을 주셨고, 할아버지께서 여우를 쫓는 시늉을 해보였다. 어렸을 적에 나는 이유도 불분명한 심술을 자주 부리곤 했었던 것 같은데 대개는 밤으로 기승을 부렸다. 일 속에 파묻혀 일밖에 모르시는 조모의 (어머니 대신) 관심을 모아들이는 유일한 방법이었던 것 같은데, 한번 울음이 터졌다 하면 거둬들일 줄을 모르고 온 밤을 꼬박 울음으로 지새울 양 물레질 하시는 할머니 턱 밑에 쪼그리고 앉아 꿀꺽꿀꺽 울음을 삼켜가면서 울어대었다. 한참을 울다가 제풀에 지쳐 울음소리가 잦아질 때쯤 되면 "아가 어서 자거라"하시는 할머니의 달래시는 소리가 들려오고, 그러면 나는 이때다 싶어 다시 목청을 뽑아 더 큰 소리로 울곤 했었던 것 같다. 그럴 때면 가끔씩 사랑채에 거하시던 할아버지께서 나를 데려가시곤 하셨는데, 가보면 화롯불에 고구마를 구워놓고 계셨고 재수가 좋은 날 밤이면 달걀껍질에 쌀을 넣어 달걀밥도 해주시곤 하시던 기억이 지금도 선연하다.

일곱 여덟 살 적으로 기억된다. 할아버지는 허리가 아프실 적이면 나에게 허리 밟기를 시키셨는데, 방바닥에 배를 깔고 반듯이 드러누워 날더러 당신의 허리 위에 올라서서 발 뒤꿈치에 힘을 주어 밟아 나가도록 하셨다. 처음에는 할아버지 허리가 상하실까봐 두려워서 조심조심 밟아나가다가도 싫증이 난다 싶으면 허리에 올라서서 깡충깡충 뛰기 시작하였는데, 그때마다 할아버지 입에서는 "아이고 시원하다, 아이고 시원하다"소리가 계속 흘러나왔다.

동네에서 나는 함께 동무하고 놀 친구가 별로 없었다. 마을에는 내 나이 또래의 계집아이들이 많았고 또 한반 친구들도 몇 있긴 했지만, 학교에서 집에 돌아오면 나처럼 할 일 없이 노는 아이들이 없었다. 대개는 애기를 보면서 집을 지키거나 새를 보고 땔감을 하러 다니는 등 저마다 집안 일을 해야 했기 때문에, 나는 밭일을 나가시는 할머니를 따라 다니기도 하고 산으로 나무가시는 할아버지를 따라 나서기도 했다.

나뭇잎이 보들보들 물이 차오르는 봄철이면 할아버지는 뒷 야산에 올라가 소 먹이풀을 베어 오셨는데, 한번은 꼴을 베러 가시는 할아버지를 따라 뒷산에 올라갔다가 파란 산을 진분홍색으로 곱게 물들이고 있는 진달래꽃에 정신이 팔려 심심산중에서 그만 할아버지를 잃어버리고 말았다. 사방팔방을 둘러보아도 할아버지의 모습은 보이지 않고 숲속에서 금방이라도 호랑이가 불쑥 뛰어나올 듯싶기도 하고 귀신이 당장 눈 앞에 나타날 것도 같은 두려움과 공포심에 휩싸여 "한해!"하고 큰 목소리로 할아버지를 불렀다. 그랬더니 온 산이 메아리쳐 "한해!"하고 대답하는 바람에 넋을 잃고 풀섶에 풀석 주저앉아 엉엉 울었던 기억이 지하에 묻혀계신 할아버지를 생각할 때마다 끈적한 여운처럼 다가서는 느낌이다.

학식은 없으셨지만 시골 남정들이 좋아하는 농주 한잔도 입에 안 대실 만큼 술 담배와는 담을 쌓고 사시면서 평생을 정직과 근면을 생명처럼 여기셨던 나의 할아버지. 겨울철이면 덕지덕지 때가 끼어 시커멓다 못해 짝짝 터진 내 손등을 따끈한 쇠여물 물에 오래오래 담가 때를 불려 벗겨주시고, 유난히도 이가 끓어 등어리가 가려워 긁적거릴 때마다 무릎 위에 앉혀놓고 수수깡처럼 꺼칠해진 손바닥으로 등을 쓸어 주시곤 하셨다. 우리 가족이 고국을 떠나면서 마지막 인사차 친정집에 들렀을 때, 떠나는 손녀의 얼굴을 차마 마주 대하실 수 없으셨던지 방문을 여시다 말고 "이제 떠나면 살아생전 나는 네 얼굴을 두 번 다시 못 보겠구나" 터져 나오는 울음이 목에 걸려 채 말끝도 맺지 못하신 채 울먹이시던 할아버지의 마지막 모습이 오랜 세월 속에서도 가끔가끔 떠오를 때면 콧등이 절로 시큰해진다.

안방 한담

금년 초여름 딸기 밭에 갔을 때의 일이었다. 함께 동행했던 K씨가 한참 동안 열심히 딸기를 따서 반은 먹고 반은 바구니에 넣는가 싶더니 (영국의 딸기 밭에서는 얼마든지 따 먹을 수 있고 바구니에 들어있는 것만을 저울에 달아 돈을 지불한다), 저만큼 밭둑에 웅크리고 앉아 무엇인가 열심히 뽑아내고 있었다. 저분이 설마 딸기나무까지 뿌리째 뽑아가는 것은 아닐 테지 싶으면서도 궁금하여 딸기를 따는 척하고 주춤주춤 다가가니, 딸기 밭가에 널브러져 자라나 있는 엉겅퀴를 뽑고 있는 것이 아닌가? 무섭도록 억센 가시를 잔뜩 달고 있어서 섣불리 손댈 수조차 없는, 아무 짝에도 쓸모가 있을 것 같으 바삭바삭 다 말라빠진 앙상한 엉겅퀴. 아니 저런 뼈만 남은 잡초도 다 못된 건초를 어디다 쓸려고 손바닥에 비접이 드는 것도 아랑곳하지 않는 듯 저 고생을 하고 계실까 싶어 자초지종을 물어보니 "신경통에 좋은 약초이다"고 유순하디 유순한 미소 속에 설명을 달았다.

후일에 다른 분을 통해서 살짝 엿들은 이야기이기는 하지만, 부인이 신경통으로 팔목이 시어서 칼질하기도 고통스러워하는 모습을 곁에서 안타깝게 지켜내다 못한 K씨는 인편으로 한국에서 첩약을 부쳐 오기도 하고 본인이 한국에 나갈 적이면 한방약을 지어다가 달여 먹이곤 했다는데,

엉겅퀴 풀이 신경통에 효험이 있다는 말을 주워들은 후부터는 기회가 주
어질 적마다 엉겅퀴를 뽑아다가 저장해놓고 달여서 부인에게 먹인다 한
다.

　자고로 열녀효부 소리는 많이 들어 알고 있지만 애처가의 자리에서도
한 단계 껑충 뛰어오른 세상에 흔치 않는 열부(烈夫)를 때 아닌 곳에서
발견하듯 한 상큼한 감동을 안겨 받았다. 그날사말고 고무장갑을 가지
고 오지 않았는지 맨손으로 뽑고 있었는데, 부인을 사랑하고 위하는 마
음이 아니면 가시비접 때문에 감히 곁에도 얼씬하고 싶지 않는 엉겅퀴를
맨손으로 뽑아대는 그 애틋한 마음의 정성. 일기를 기록으로 남기기 시
작한 35,6년 만에 처음 있는 독한 가뭄 탓인지 뿌리째 뽑혀 나온 것은 거
의 없고 대부분 중간에서 대가 부러진 것을 주섬주섬 모아 플라스틱 쇼핑
백 속에 집어넣고 있는 K씨 앞에 저절로 감탄사가 흘러나가지 않을 수 없
었다.

　집에 가지고 가서 야채를 다루듯이 적당한 길이로 썰어서 정한 물에 깨
끗이 씻어 남비에 꾹꾹 짓눌러 담고 몇 시간이고 계속해서 탕약 끓이듯
이 끓이다가 물이 자작자작하게 줄어들면 하루에 세 차례씩 부인에게 마
시우게 한다는데, 당뇨병으로 고생하고 있는 남편의 건강에 무게를 두고
혹시 외국에 좋은 약품이라도 개발되어 나왔는가 전화를 하고 각별히 식
이요법에 정성을 쏟아붓고 있는 부인은 보았지만, 어린자식을 염려하고
걱정하듯 아내에게 알뜰한 사랑을 쏟아붓고 있는 K씨 같은 남편이 세상
에 또 있을 것 같지 않은 뿌듯한 마음이기만 했다. 병든 아내를 염려하
고 걱정하는 마음이야 보통 우리네 남편들도 다 품어 지내겠지만, 환자
를 보살피고 사랑을 표현해내는 방법상의 차이와 그 심도에 있어서까지
저마다 같다고는 말할 수 없을 듯하다. 나는 한약 계통에 대해서는 전혀

아는 것이 없는 백지상태이기는 하지만 적어도 한약 속에 깃들어 있는 살뜰한 정성과 애정 어린 보살핌을 이때만큼 높이 사고 싶은 적이 없었다.

나는 주위 사람들로부터 가끔 "사모님은 건강에 대해서는 평생토록 걱정할 필요가 없어서 좋으시겠어요"라고 자못 부럽다는 듯 말하는 소리를 들을 때가 있다. 한 집에 내과, 외과, 마취과의 세 전문 의사들이 살고 있으니 (아들들이 아직은 미혼) 병이 무서워서 감히 달라붙지도 못하겠다는 쪽도 있다. 그랬으면 꼭 좋으련만 병마란 담이 커서인지는 모르지만 눈도 귀도 달고 있지 않아서 듣는 것도 보이는 것도 없는지 우리 집에서는 제일 꼭대기 자리인 그분만을 겨냥하고 드는 듯 한 느낌도 없지 않다. 의사들이 엄살 꾼인지 아니면 최 씨들이 엄살을 잘 떠는지는 알 수 없지만, 그이는 몸살이라도 앓는다 싶으면 당장 어떻게 되는 것처럼 끙끙 앓는 소리는 해댄다. 부인을 보면 남편의 직업을 알 수 있다고들 하지만 병에 관한한 가정 건강은 그이가 다 도맡아 봄으로 해서 나는 보통 부인들에게도 못 미처난 일반상식 외에는 새까만 까막눈이다. 그래서 그이가 끙끙 앓는 소리를 내거나 겁난 말을 들으면 혼이 달아날 만큼 간부터 벌벌 떨린다. 그러나 그이는 나와는 정반대이다. 부인이 소처럼 건강해서 다행이기는 하겠지만 어쩌다가 몸살이라도 앓고 드러눕는다 싶으면 안절부절이다. 병세가 염려되고 걱정스러워서가 아니라 신경질이 나서 그렇다니 이쯤 되면 화가 나서라도 이불을 박차고 일어나지 않을 수 없는 심정이 되고 만다. 거기다가 한술 더 떠서 병세를 훤히 꿰어보기 때문에 보통부인들처럼 남편 앞에서 엄살을 떨고 죽는 소리로 겁을 줄 수 있는 입장도 못되어서, 이래저래 혼자 손해만 보고 산다는 느낌도 든다.

기왕에 푸념 아닌 푸념을 쏟아냈으니 한 가지 예를 들어보고 싶다. 의학계통에 문외한인 보통 남편들은 부인이 임신을 하면 그것도 첫 아이일 경우에는 야릇한 흥분과 신비경에 몰입되어 부인에게 각별히 신경을 써준다. 산부인과 의사라고 해서 자기 부인이 아이를 가졌다는 기쁜 소식 앞에 무심할 남편은 없겠지만, 로맨틱한 견지에서 보다는 의학적인 입장에서 이해하고 다루는 경우가 많지 않을까 싶다. 보통 남편들은 평상시에는 부인의 건강에 무관심했을지라도 임신 중에는 주의 깊게 살펴내고 입덧이 나서 먹지 못하고 드러누워 있으면 각별한 관심 속에 자기 아이를 가져준 것이 고맙고 대견스러워 더 사랑스러워한다.

이에 비해서 남편 된 의사들의 심정은 어떤가? 내 남편을 마치 모든 의사들의 대표 격이나 되는 것처럼 말하고 드는 것이 다른 분들에게 결례가 될지는 모르지만 하여튼 나는 나 아닌 다른 의사부인들에게도 동정의 여지가 있다고 믿어진다. 밤낮 밖에서 살겠다는 사람은 한 사람도 못보고 하루 종일 그것도 한 달 두 달만으로 그치는 것이 아니라 4,50년을 하루같이 죽겠다는 사람들만 상대하고 있으니 보통 남편들도 같은 심정이기는 하겠지만 특히 의사남편들은 집에서 만이라도 해맑은 건강한 가족들을 대하고 싶을 것이다. 이래저래 의사부인들은 손해만 보고 사는 셈인데, 병이 들었다 해도 더 이상 엄살을 떨 수 없고 우는 소리를 한다고 해도 겁을 줄 수도 동정을 살 수도 없는 형편과 입장이다. 여기에 한술 더 떠서 이웃 친지들이나 부탁받은 환자들이 입원해 있을 적에는 담당의사에게 병환상태를 묻기도 하고 요청도 하지만, 자기 부인의 경우에는 간섭한다는 인상을 남겨줄까 우려하여 오직 담당의사의 손에 맡겨주고 한 걸음 물러서서 지켜낼 수밖에 없는 입장이 되고 만다.

남들은 나더러 의사 남편을 두어서 조금만 몸이 아파도 이해를 잘 해줄 것이 아니냐고들 하지만, 그쪽에 쭉 낀 사람과 평생을 살다보니 내가 바라는 대로 이해와 동정을 얻어내지 못할 때가 더러 많다. 비록 죽을 병은 아니라고 할지라도 앓고 몸져 누워있으면 걱정스러워 허둥대는 남편의 모습을 보고 싶을 때가 있고, 어리석어 보이도록 겁도 먹고 해야 살아준 보람도 생기고 기쁨도 일어나는 법이지, 기계적으로 혀 밑에 체온기나 쑥 쑤셔 넣고 맥박 짚고 혈압 체크한 후 냉수 한 컵에 알약 몇 알 가져다주는 식의 공식적인 환자 다룸, 그것도 부족하면 주사기로 꾹꾹 삭신이나 쑤셔 내고는 "이제 다 나았다"고 볼기짝이나 툭 치고 마는 애교가 야속스럽게 느껴질 때가 없지 않다.

　머리가 뼈개질 듯 아프고 어지럽다고 하니 늘 하는 버릇처럼 혈압을 재고는 알약 두 알을 가져다주면서 먹으란다. 부인의 신경통 치료에 온 정성을 다 쏟아 바치듯 딸기밭 둑에 웅크리고 앉아 엉겅퀴를 뽑던 K씨가 생각에 잡혀들어 혼자 피식 웃었더니 "꾀병으로 아프다고 했구먼"하고 당신도 마음이 놓인다는 듯 덩달아서 웃고 방문을 빠져 나가고 있는 그이의 뒷모습이 전에 없이 포근해 보인다.

감정의 곡예사 주기율

    문득문득 심장부를 가로질러 검은 망토자락을 펄럭이듯이 찬바람을 일으키고 스쳐지나가는 정체불명의 이 불안감은 과연 무엇일까? 책을 읽다가도 식구들과 얼굴을 대하고 앉아 담소를 나누다가도 피곤에 지쳐 소파에 파묻혀 반쯤 눕듯 꿈속을 배회하다가도 예고도 없이 정수리를 내려치듯 엄습해오는 이 공포감. 한마디로 무엇에 대한 불안이요 두려움인지 조차도 알 수 없는 묘연한 강박감 속에 가위눌림을 당하듯 눌려 지내고 있는 듯싶기만 하다.

    나는 지금 구약성경 이사야서를 끝내고 예레미아서를 읽어 내려가고 있는 중이다. 성경 장수마다에서 목격하게 되는 이스라엘 백성들의 죄에 대한 경고의 말씀이 딱히 어떤 것이라고는 말할 수 없는 가운데서도 흡사 이 모두가 내 자신을 지적하여 책망하고 드는 듯 한 막연한 생각에 휘말려 당장 내 발등 위에 하나님의 징계와 심판이 떨어질 것 같은 공포와 위기의식 속에 파묻혀 지내는 느낌이라고나 할까…

    참으로 알다가도 모를 묘한 일이다. 그렇게 다정다감하게 느껴지던 하나님에 대한 "아버지"라는 호칭이 왠지 입 밖으로 선뜻 떨어지지 않을 만큼 서먹하다 못해 섬뜩한 느낌까지를 몰아다 주는 것 같고, 더 나아가서는 엄하고 무서워서 접근할 수 없는 분이라는 생각에 사로잡혀 있는 듯하다. 절대자 하나님의 위엄과 권능에 대한 경외감에서 오는 두려움과 떨림과는 색채가 다른 달란트 비유의 말씀에 등장하고 있는 (마25장) 한 달란트 받은 종처럼 하나님에 대한 무엇인가 석연찮은 감정이 꾸역꾸역 괴어나는 느낌인 것도 같다. 그러고 보면 내 마음 속 깊디 깊은 곳에는 청소년들의 반항 심리와도 흡사한 하나님께 향한 묘한 감정이 도사리고 있다가 형체도 없이 고개를 쳐들곤 하는 듯 싶다는 감도 없잖다. 하긴 꼭 신앙적인 면에서 뿐만이 아니고 나이가 먹어가면서 심한 건망증 때문에 불안의식에 사로잡혀 지낼 때가 많긴 하다. 학교에 다닐 적에는 응용력에는 빵점이었지만 기억력만은 남달리 뛰어나지는 못했어도 좋다는 소리를 듣고 지냈는데, 아직은 늙어빠진 노인도 아니건만 늙어가는 것도 원통스러울 판에 벌써부터 건망증이 심해서 걱정이다. 날마다 곁에 끼고 사는 성경말씀을 한 구절도 똑 부러지게 외워 내지를 못하고 대개는 두루뭉술하게 기억해 낼 뿐이고 늘 부른 찬송가 가사마저도 헷갈려들기 일수이다. 이층에 벗어놓은 안경을 찾으러 올라가서는 무엇을 찾으러 올라왔는지 몰라 한참을 멍청하게 서 있다가 아래층으로 내려 와서야 아―하고 생각이 떠오르고, 다른 사람과 대화를 나누던 중 꼭 하고 싶은 말이 있었는데 생각이 나지 않아 당황할 때가 있다. 쇼핑목록도 써가지고 가지 않으면 까맣게 잊어먹고, 다른 사람들과의 시간 약속도 더 이상 기억력에 의존할 수 없을 만큼 눈앞에 일기장을 펼쳐놓고 살아야할 형편이다.

그러나 기록만으로는 안 되는 필히 기억력에 의존할 수밖에 없는 일이 있는데, 그게 곧 문단속이다. 나는 문단속에는 병적이라고 할 만큼 신경이 곤두선다. 시장을 다녀오려고 하거나 이웃집을 방문하고 교회에 갈 적이면, 현관문을 꽉 닫았는지 계속 의심 속에 시달리게 되고 확실치 않다 싶으면 한참을 차를 몰고 가다가도 되돌아와서 확인을 해야 마음이 놓인다. 차를 주차장에 주차시켜 놓고 상점에 들어가 물건을 고르다가도 문득 생각이 자동차 문에 미쳐지면 시장바구니를 상점 안에 그대로 놓아둔 채 헐레벌떡 뛰어나가 점검을 해야 안심이 되어지는 것은 약과이고, 한참 골프를 치다가도 문득 자동차문을 안 잠갔을지도 모른다는 생각이 뇌리를 스치고 지나가면 치라는 공 대신에 땅바닥을 후려갈기는 웃지 못할 일이 발생하기도 한다. 부엌 가스 쿠커는 잘 잠겨있는지, 수도꼭지는 그대로 틀어놓고 나오지나 않았는지와 같은 자질구레한 일에 촉각이 곤두서곤 해서 애들 아빠는 정신병원까지 운운하고 들 판이다.

흔히들 어렸을 적 육친 아버지와의 관계가 하나님께 대한 우리의 개념과 의식에 깊은 영향력을 끼치고 든다는 말들을 한다. 걸핏하면 벌을 주고 야단치기를 좋아하는 엄격한 아버지 밑에서 자라난 사람은 하나님을 믿고 난 후 사랑과 은총의 자애로운 아버지로서의 하나님으로 보다는 무섭고 까다롭고 벌주기를 좋아하는 폭군적인 하나님으로 신관이 정립되어 그러한 의식 속에서 신을 믿어간다고 한다. 위의 견해와 주장이 얼마만큼 신빙성 있는 탁견인지는 모르지만 나의 의식과 무의식 세계를 지배하고 드는 현재의 신관을 육친 아버지와의 관계에서 찾아보기로 한다면 무언가 살짝 빗나간 점을 발견하지 않을 수 없지만 긍정해야 할지도 모르겠다.

나의 친정아버님은 까다롭고 무서운 근엄한 분이었다기 보다는 "법 없이도 세상을 살 수 있는 분"이라고 자타가 공인하고 인정할 만큼 정이 많고 선량한 좋은 분이었다. 알콜이라고는 입에도 대시지 않으셨고, 매연하고도 담을 쌓고 사시는 온화한 분으로 한 가지 흠이라고 하면 중년 이후에 득첩을 하셔서 가정 파탄을 몰아다 주셨지만 아버지의 득첩이 내 정신세계에 미치고 든 영향력은 아무것도 없었다. (나는 이미 고국을 떠나 영국에 와 있었다) 다만 내게 본의 아니게 깊은 상처와 흠집을 남겨 주었다고 한다면, 개화되지 못한 당신의 의식구조 속에 가두어 키우시고자 하셨던 고루한 교육방법을 들지 않을 수 없다. 영국의 시인 로버트 브라우닝 씨의 아내 엘리자베스 브라우닝의 친정아버지를 닮아지른 구석이 많으셨다고 생각되는데, 딸자식을 사랑하시면 하실수록 당신 품 안에 품어 내셔야만 직성이 풀리셨던 것 같다. 처녀 적에 아버님께서 내게 자주 들려주셨던 주의사항 중의 하나가 "남자를 조심하라"는 경고였고 "네게 가장 친절을 베풀고 위해주는 남성이 너의 앞날을 불행케 할 장본인이 될 수 있다는 점을 명심하라"는 훈계의 말씀을 밥 먹듯이 하셨는데, 그러고 보면 아버님은 나의 장래문제에 대해서 몹시 불안해하시고 염려가 되서서 늘 통제하고 구속하셨음 직 싶기도 하다.

당신 마음속에서는 네 아들들 보다도 딸자식인 나를 둘도 없이 사랑하시면서도 나를 가르치시고 버릇을 잡아내는 규율과 법도에는 끝도 없이 엄하고 무섭게 다루셨는데, 나의 처녀시절은 한마디로 구속과 억압의 연속이었다. 부모의 감시와 통제의 끄나풀로부터 떨어져나와 단 하루라도 자유자제하고 싶은 염원 아닌 염원이 부모님 몰래 교사 지망서를 제출케 만들었고, 발령이 떨어진지 8일만에사 간신히 허락을 얻어내어 난생 처음으로 집을 떠나보는 홀가분함 속에 자유를 누리게 되었지만, 아버지가 그처럼 염려하시고 경계하셨던 이성에게 빠져들면서 예고도 없이 내 근무처를 찾아오시는 아버지 앞에 반가움보다는 늘 새가슴을 하고 지내야만 했다. 평소에는 스스럼없고 좋기만 했던 아버지가 한 이성을 사귀면서부터 두렵고 무서워 늘 떨리기만 했었는데, 30년 전에 있었던 까마득한 옛 과거사들이 지금까지도 내 의식세계를 장악하고 든다는 말일까?

나는 내 가슴 속에 흡사 청진기를 들이대고 심장의 고통소리를 듣듯이 자신의 내면을 더듬고 살펴 읽어내는 일로 맥을 이어 나온 감도 없지 않다. 한마디로 예수를 믿고 따르는 일보다 더 진귀하고 값진 일이 이 세상에는 달리 존재하지 않는다는 진한 느낌 속에 줄지어 나온 삶인 것 같기도 하고, 많은 사람들은 우리가 한국에 계속 머물러 살고 있다고 하면 상당한 갑부가 되어 있을 것이라고 말들을 하지만 금은보화로는 도저히 살 수 없는 무량한 하나님의 부요 속에 거하고 있다는 자부심을 지워 버릴 수가 없다. 따라서 나의 글은 예수 그리스도의 형상을 닮아가는 성숙을 향한 성장과정에서 날마다 깨닫고 느끼고 경험케 되는 일종의 자기 체험적 신앙고백이요 실패와 좌절, 승리와 소망의 밧줄을 타는 곡예사의 심연으로부터 끌어 올리는 하나님께 향한 창창한 기도 소리와 순례자의 보행 길에서 주워 모은 잡풀 같은 삶의 편린들이라고 감히 표현해도 좋을지 모르겠다.

전에 없이 근간 며칠 동안 시달려 나온 불안감과 공포심만 해도 그렇다. 현대를 '불안의 시대'라고 지칭하고 듣기는 하지만, 내게 근심하고 불안해야 할 이유가 거짓말 보태지 않고 하나도 없다. 일상사 가운데 빚어지는 건망증이나 불필요한 우려심을 제하고 들면 미래에 대한 두려움이나 실존에 대한 불안감, 질병이나 죽음까지도 주님께 맡겨드린 지 오래다. 걱정하고 근심하며 불안한 마음을 갖기로 하면 끝도 없이 많겠지만, 시시때때로 몹쓸 사념들이 뇌리를 파고들 적이면 적신호로 알고 무릎부터 꿇는 습관을 길러 나왔다고나 할까?

한번은 이런 일이 있었다. 무슨 볼일이 생겨서였는지는 모르지만, 토요일로 기억되는데 그이는 아침 일찍 런던을 향해 차를 몰았다. 현관문에서 아이들과 함께 대문을 빠져 나가고 있는 그이를 배웅하고 막 돌아 서는데 "저이를 살아있는 모습으로는 두 번 다시 볼 수 없을지도 모른다"

고 하는 천하에도 방정맞은 생각이 순간적으로 뇌리를 스치고 지나갔다. 아무리 그 생각을 머릿속에서 지워버리려고 해도 떠나 주지를 않고 집요하게 물고 늘어지는 바람에 나는 위층 침실로 들어가 장시간 기도를 했다. 그러나 기도 후에도 미심쩍은 생각은 물러가지 않고 오히려 거센 물살처럼 걷잡을 수 없는 불안감과 공포심까지를 몰고 왔다. 아이들에게 점심을 차려주고 다시 기도를 했다. 잊어버리려고 애를 썼지만 저녁까지도 불안한 생각에 사로잡혀 지내다가 TV를 보고 앉아있는 아이들까지를 불러 앉혀놓고 그이의 신변보호를 위해 하나님께 부르짖으며 함께 기도를 드렸다. 아니나 다를까 아직도 기도가 다 끊이지 않고 계속 중인데 전화벨이 "따르릉-"하고 울려 수화기를 집어 드니 "나는 괜찮으니 염려말어..." 밑도 끝도 없는 모기 소리만큼 가는 목소리가 저쪽에서 들려왔다. 나중에 들은 이야기이지만 M1 모터웨이에서 앞에서 달리던 차가 모터사이클과 충돌사고를 일으키는 바람에 당신은 급정거를 했지만 뒤따라오던 대형 트럭이 그이의 차를 들이받았다는 것이고 다행히 제2차선을 달리던 중이라 잽싸게 1차선으로 핸들을 꺾어 큰 사고는 면했지만 뒷좌석에 태우고 간 히치하이크를 한 두 사람이 부상을 당하여 병원으로 실려가 치료를 받았다는데 골절상이 아니어서 그만하기 다행이었다고 했다. 1차선에서 달려오고 있는 자동차가 없었기에 큰 사고를 면했지 그렇지 않았다면 자동차 망가진 것은 차처에 두고 생명을 부지할 수 없었을 것이라는 사고 당시의 설명을 들었을 때에는 눈앞이 아찔함과 동시에 하나님께 감사하지 않을 수 없는 심정이기만 했다. 이렇듯 때로는 성령님께서 불안의 적신호를 보내주심으로 기도케 하신다는 사실을 그때 배웠다.

우리 모든 여성들에게는 월경이나 갱년기 현상이라고 하는 비정상적일 수는 없지만 결코 정상적인 상태라고만 여길 수 없는 신체적 정신적 증

후군이 붙어 따라다닌다. 보통 때는 별스럽게 느껴지지 않던 남편의 말이 월경 때에는 뾰족한 칼날처럼 찌르고 아이들에게 신경질적으로 꾸짖고 야단치는 경우도 대개는 월경기 때이다. 사람에 따라 개인차가 있기는 하지만 심회가 울적하여 비감스런 감상에 몰입되거나 신경이 예민해져서 곧잘 심기가 끓어올라 아무 것도 손대고 싶지 않는 무욕구 상태에 빠져들거나 우울증 증세를 나타내 보이는 등 갖가지 증상에 미열처럼 시달림을 당한다. 이런 증상이 열두세 살부터 시작되어 쉰이 다 되도록 매달 1회씩 되풀이되어 오다가 쉰 고개를 바라보게 되면 갱년기라는 막바지에 들어서게 되니 이 어찌 작은 일이라고만 여길 수 있겠는가?

갱년기나 월경이 비정상이나 병일 수는 없는 여성이면 누구나가 의무처럼 치러내는 현상이기는 하지만 사탄은 이 기간 동안의 예민하고 섬약한 감정을 겨냥하여 이유 없는 반항심과 소심증을 조작하고 불미스런 작태와 자기도취적 연민 속으로 빠져들게 한다. 또 불안감을 조성하고 근심하고 걱정케 만든다. 교회 여성들의 사소한 감정대립이나 덕되지 못한 추태와 언행들이 모르면 몰라도 월경기에 빚어지는 경우가 많지 않을 것인가 싶으면 이 기간 동안을 잘 넘겨 보낼 수 있도록 성령 안에서 감정의 순화를 꾀하고 주님께 은혜를 구해야 할 듯싶다.

나의 이 정체 모를 불안감만 해도 그렇다. 사탄은 심리적인 약점을 노려 하나님께 대한 의혹과 불신을 조작하고 두려움과 공포감을 불어넣어 나로 하여금 주님으로부터 뒷걸음질 치게 만들고 있을지도 모른다.

고독의 그림자

인간은 나면서부터 '고독'(孤獨)이라는 감기기와도 같은 불치의 병(?)을 끌어안고 세상에 출생했는지도 모르겠다는 생각이 오늘따라 가슴 저 밑바닥에서부터 스멀스멀 피어오르는 느낌이다. 아담으로부터 시작된 인류의 근원 어디쯤에서 고독의 그림자가 뒷발꿈치를 물고 따라 다니게 되었는지? 턱을 괴고 앉아 휘-되돌아 본 50평생이 상한 갈대처럼 외롭고 눈물 난 애상한 모습이기만 하다. 이래서 주님께서는 처음 나를 만나 주실 때 다정다감한 친구처럼 접근해 오셨는지도 모르겠고 쓰린 마음자리를 어루만져 주시듯 "내가 너와 함께 하므로 이게는 더 이상 외롭지 않을 것이다"는 약속을 주신 후 "세상 어디를 가든지 그리스도로 인한 형제와 자매들을 만나게 될 것"을 덤으로 말씀해 주셨는지도 모르겠다. 그러나 인간의 기쁨이 만남에서 비롯된다면, 쓰리고 아픈 상처 입은 가슴 또한 만남이 우리 앞에 진설해 놓은 질척한 슬픔이다.

'나'라고 하는 사람은 하나를 알면 둘은 모를 만큼, 사람 사귀는 면에 있어서도 단순한 구석이 많다. 그래서 사람 사귐에 완벽할 만큼 인사성이 밝고 사교성 풍부한 사람을 보면 섬뜩 무서운 감도 든다. 예수를 믿고 난 후 나에게는 전도하는 사명과 도움을 준다고 하는 목적 외에는 안 믿는 일반 사람들과는 사귐과 교제를 모르고 지낼 만큼 십 수 년 동안을 믿는 사람들에게 쑥 빠져 마음과 정을 다 빼주었다. 피부 색깔도 다르고 피도 섞이지 않은 영국인이나 인도인, 아프리카 흑인을 무론하고 믿는 사람이면 긴 여로에서 지기를 만난 듯 반가웠고, 크리스챤 동포라면 안 믿는 친동기간보다 더 대화가 통하고 마음이 흘러갔다고 해도 과언은 아니다. 어떤 안 믿는 교포들 가운데는 "저분은 예수 믿는 사람들 밖에 모르는 사람"이라고 도장을 찍을 만큼 복음과 관계를 맺는 일 외에는 별 관심이 없었기 때문에, 안 믿는 분들을 저녁식사에 초대하고 사귐을 나누는 일은 어디까지나 이웃된 도리와 의무감 내지 주님을 심어주기 위해서였을 뿐, 우리 부부의 시간과 정열과 마음은 온통 믿는 사람들과 믿는 일에다만 쏟아 바쳤다. 덕분에 일일이 열두 손가락을 다 꼽을 수 없을 만큼 수많은 주의 일꾼들과 형제자매들을 만나고 헤어지는 가운데 끈끈한 그리스도의 사랑과 교제 가운데 성도의 교통이 계속적으로 지속되어지고 있는 것은 사실이지만, 멍들고 상처 입는 아픔을 수없이 맛보면서 지구 끝동네에서 혼자 살고있는 여인처럼 외로움에 갇혀 지내기도 했다.

생판 모르는 사람들로부터 도외시 당할 때보다 가까운 형제와 친구로부터 배신을 당하고 배척을 받을 때 우리는 안으로 더 뼈저린 고독을 맛보고, 사랑하는 남편을 여의고 난 설움보다 함께 사는 남편의 무관심과 냉대가 우리를 더 서럽고 아프게 만든다. 무심하게 지냈던 안 믿는 이웃들로부터 받은 오해와 곡해보다 내 마음을 다 쏟아 기대 속에 사랑했던 교우들로부터 의심을 받고 아픔을 당했을 때의 상처는 치명상에 가까울 정도로 컸다. 잡히시기 전날 밤 골고다 산상에서 번뇌 속에 기도하신 예수님의 심적 영적 고통이 땀방울을 핏방울로 변화시킨 것처럼, 날마다 아침마다 주님 앞에 엎드려 울부짖는 나의 심장은 마치 예리한 칼날로 가슴뼈를 싹싹 도려내는 심한 신체적 아픔까지를 몰아다 주었다.

그러고 보면 고독과 외로움도 여러 가지인 듯싶다. 동거동식하며 하늘나라 전파에 힘을 모았던 친구 가룟 유다에게 배신을 당하여 적에게 팔리시고, 사랑하는 수제자 베드로에게 마저 부인을 당하신 후 오직 한분 믿고 의지하셨던 하나님 아버지로부터 까지도 짤림을 받고 십자가 위에 홀로 높이 달리셨던 예수님. 그 분만큼 진한 고독 속에 정신적 육체적 번뇌와 아픔을 경험했던 사람도 이 땅 위에 달리 더 없을 듯하다.

사도 바울은 또 얼마나 외롭고 고독했던가? "만일 누구든지 너희의 받은 것 외에 다른 복음을 전하면 저주를 받을지어다. 이제 내가 사람에게 좋게 하랴 하나님께 좋게 하랴 사람들에게 기쁨을 구하랴 내가 지금까지 사람의 기쁨을 구하는 것이었다면 그리스도의 종이 아니니라"(갈1:9-10)고 말했던 바울. 예수 그리스도와 복음을 위해서 핍박과 환란과 굶주림과 온갖 역경만으로도 부족해서 교회와 성도들을 위해서 밤낮없이 근심하여 눈물로 기도하고 사랑했지만, 예수님 생시에 열두 제자 중에 하나가 아니었다는 점에서 그가 개척했던 교회 안에서까지도 바울의 사도직을 의심하고 인정하려 하지 않았다. 베드로와는 대조적일 만큼 왜소한 체구에 몸에 병까지 붙이고, 펜은 강했지만 말에는 신통치 못하다고 하는 구구한 여론 속에 예루살렘 교회 교직자들과의 사이에도 교리문제로 물 흐르듯이 부드러운 관계만은 아니었다. 바울은 갈라디아 2장에서 예루살렘교회 당회장 야고보를 비롯한 사도들을 가리켜 "저 유명한 이들"이라는 표현을 두세 번씩이나 반복하여 사용하고 있는데, 듣기에 따라서는 매우 껄끄러운 표현이기도 하다.

이처럼 진리에는 대쪽처럼 곧고 믿음에는 강철처럼 단단했던 사도바울이었지만, 그도 연약한 감성을 지닌 고독의 그림자를 믿음의 아들 디모데에게 띄워 보낸 편지 가운데 아련히 서려있음을 감지하게 된다. "너는 어서 속히 내게로 오라. 데마는 이 세상을 사랑하여 나를 버리고 데살로니가로 갔고 그레스게는 갈라디아로 디도는 달마디아로 갔고 누가만 나와 함께 있느니라"(딤후4:9-11) 이 얼마나 고즈넉한 노장의 외로운 모습인가?

예수 믿는 사람들을 남녀노소를 불문하고 잡아 가두는 혈기 방장했던 젊은 날의 사울의 모습과는 대조를 이룬 백발이 성성한 영어의 몸이 되어 주님께 갈 날이 멀지 않음을 내다보면서 신변정리를 하는 듯한 그의 모습에서는 외로움이 뚝뚝 서려나고 있는 느낌이다.

그래, 우리 모두는 외롭고 적막한 느낌일 때가 많다. 하나님을 믿지 않는 자들에게는 파스칼의 "인간의 영혼은 아무도 채워 줄 수 없는 빈 공간이 있다"는 말처럼, 허무와 공허가 시도 때도 없이 추적추적 찾아와 안기고 주님을 모신 그리스도인들도 가슴 저 밑바닥에 인간의 근원적인 외로움이 착 깔려 있다. 개개인의 감성에 따라서 그 느낌도가 다르긴 하겠지만, 어린애들은 엄마 아빠가 바쁘다는 핑계로 내쳐진 채 외로움을 타고, 중고등 학생들은 부모가 자기들의 심정을 몰라주어서 외롭단다. 청년들은 실연 당해서 외롭고, 부인들은 남편의 무관심에, 남편들은 부인들의 몰이해에, 노부모들은 자식들에게 도외시 당해서 외롭고 서럽단다. 목회자들은 성도들이 이해를 못해주어서 외롭고, 믿는 사람들은 불신자 친구들 가운데… 이래저래 지구촌은 외로운 사람들이 함께 모여 아픔을 당하고 눈물을 삼키면서 성숙의 뜨락을 넓혀가고 있는지도 모르겠다. 가끔씩 즐겁고 정겹기도 하고.

바보의 목청

벌써 2년도 다 된 이야기이지만, 영국의 남쪽 써섹스(Sussex)주 성 마가렛 교회에서 시무하다가 해고당한 안토니 프리만목사(?)의 BBC2 기자와의 인터뷰를 당나귀처럼 귀를 쫑긋해가지고 경청해 낸 적이 있었다. 지금도 기억되는 스크린에 비친 그분의 모습은 하늘에서 내려온 천사의 자태가 저럴까 싶도록 얼굴에서 잔잔한 평화와 안정감이 서려났고 시종일관 온화한 미소 속에 속삭이는 듯한 감미로운 목소리로 인터뷰에 임하고 있었지만, 그의 입에서 흘러나온 내용은 황당무계한 지옥의 소리들뿐이었다.

영국교회의 수준으로 보자면 결코 작은 교회라고만 생각할 수 없는 신도수가 백여 명이 넘는 교회에 10년 이상을 봉직해 나오고 있다는 목회자의 입술에서 "하나님이란 인간의 두뇌에서 창조되어진 개념에 불과할 뿐이고 인간의 마음 속에 잠재하고 있는 선을 대표하고 있을 뿐 그 이상은 아무것도 아니다"라고 하는 대답이 흘러나왔을 때 나의 마음은 지금까지 그분 밑에서 믿음을 받아 나온 신도들에게 미쳐지지 않을 수 없고 착잡한 심정이 되어갔다. 그는 이어서 또 말하기를 주기도문은 자기도 늘 읊어 나오고는 있지만 "졸렬한 자기 영광을 (glorious doggerel) 표현해 낸 한편의 시에 불과하다"고, 자다가도 정신이 번쩍 들 소리를 했고, 예수님의 성령에 의한 동정녀 잉태설을 완전히 부인하고 동시에 "예수는 하나님의 아들이 아니었다"고까지 의연하고 늠름한 태도로 이야기 해 나갔다.

그렇잖아도 1994년 봄에 정년퇴직한 던햄의 성공회 주교 데이비드 젠킨스라고 하는 분이 "예수의 동정녀 잉태설"과 "지옥설"을 완전히 부인함으로 계속 물의를 자아내더니(성경에 완전히 위배된 견해와 믿음을 지녔음에도 성공회 교단에서는 정년퇴직을 하기까지 묵과했다), 얼마 전에는 종교와는 상관도 없는 전직 장관 이녹 파웰까지 "예수는 십자가 위에서 죽은 것이 아니라 유대인들의 손에 의해서 돌에 맞아 죽었다"고 국회를 뒤엎듯 성경의 핵심을 뒤엎기라도 할 듯 타임지에 발표해 놓은 내용을 읽어내면서 착잡한 심정이었다기 보다는 세상 사람들의 눈에 감추어진 베일에 싸인 "예수님의 실존과 본체"를 손으로 만지고 눈으로 보듯이 말씀 그대로를 한 톨의 의심도 없이 생생하게 믿을 수 있는 귀한 믿음으로 내게 역사하고 계신 성령님께 새삼 감사하지 않을 수 없는 심정이었다.

각 촌과 동리로 보냄을 받았던 칠십 인들이 돌아와서 자기들이 했던 일들을 놀람과 기쁨으로 주께 보고하고 들었을 때, 예수님은 하늘의 하나님께 이렇게 감사 기도를 드리셨다. "천지의 주재이신 아버지여 이것을 지혜롭고 슬기 있는 자들에게는 숨기시고 어린아이들에게는 나타내심을 감사하나이다 … 아버지 외에는 아들이 누군지 아는 자가 없고 아들과 또 아들의 소원대로 계시를 받은 자 외에는 아버지가 누군지 아는 자가 없나이다"(눅10:21-22). 그렇다. 성경에 기록된 예수 그리스도에 관한 의심과 논쟁은 결코 금세기의 문제만은 아니다. 그가 하나님의 아들인가 아닌가에 대한 논란과 불신은 예수님 생존 당시에도 끊임없이 도전받았던 성경 각 페이지 마다에 드러나고 있는 기존 사실이 아닐 수 없다. 예수님의 "실존과 본체"에 관한 연구와 관찰은 세기를 타고 내려오면서 종교가들과 신학자들의 중심과제가 되어 관심을 자아내고 있지만, 성령으로 말미암지 않고는 그 누구도 만족스런 해답을 안겨줄 수 없는 개개인의 신앙적 차원에서만이 풀려질 수 있는 믿음의 과제이다.

내가 2천 년 전에 저 유대땅 베들레헴에 탄생하셨다고 하는 예수라는 분을 나의 구주와 왕으로 믿고 받아들이기 전 예수에 대한 성경에 기록된 모든 내용들을 강력하게 부인하거나 논박을 벌이고들 수 없었던 이유 중에 하나는 나와는 비견을 불허할 만큼 학식과 지식에 뛰어난 많은 사람들이 예수에 대하여 의심 없이 믿었을 뿐만 아니라 그를 위하여 목숨을 걸어놓고 온갖 고초와 탄압 속에 섬기며 따랐던 역사적 사실 앞에서 감히 예수가 하나님의 아들이다 아니다를 논하여 스스로 부인할 마음 새가 못되었던 것이다. 그렇다고 해서 성령에 의한 동정녀 탄생을 의심 없이 받아들일 수 있었다거나 성경에 나타난 이적과 기적을 믿을 수 있었던 마음도 아니어서 그저 남의 일처럼 멀찍이 서서 바라다보는 방관자와 같은 태도였다. 그러다가 사랑하는 부모와 형제 친지를 떠나 외로움과 고독에게 손목이 잡혀 누구에겐가 기대고 싶고 의지하고 싶은 이웃의 정에 굶주리고 목말랐던 외롭고 고적한 심정이 추적추적 예수께 다가서게 만들었던 계기로 작용하고 들었다. 굵직한 신학적 난제 속에 빠져 방황할 틈조차도 없었던 것은 성경에 관하여 이렇다 할 아무런 지식을 갖고 있지 못했을 뿐만 아니라 내 의식의 한구석에는 어떤 의미로서든지 간에 자신이 결코 착하고 선한 사람이라고만 말할 수 없다는 막연한 죄의식과 자책감이 항상 도사리고 있어서 쉽게 예수의 십자가 앞에 무릎을 꿇고 승복할 수 있었지 않았나 싶기도 하다.

예수님에 관한 진실성 여부와 성경의 무오성에 대한 믿음의 확실성은 두뇌적인 성경지식이나 이해의 차원 그리고 인간 상식의 한계를 벗어나서 회개를 통한 십자가 보혈의 은총을 체험함으로써만이 가능하게 된다는 사실도 체험을 통해서 알게 되었다.

나는 성경말씀도 몰랐고 하나님의 존재성 여부에 대한 먹구름 같은 의심과 의혹 속에 갇혀 지내면서도 꼭 3일 밤을 아이들을 잠자리에 들여보낸 후 침실 문을 걸어 잠그고 주님 앞에 꿇어 엎드려 자신의 과거 됨됨이를 살펴냈는데, 그 심정이 왜 그리 애통스러운지 남편을 잃은 여인처럼 울어댔다. 지난 과거에 대한 뉘우침과 참회만이 전 요소일 수 없는 왠지 인생에 대한 서러움이 목젖까지 차올라서 콧물 눈물 다 흘려가며 애통했다. 그러나 성령님이 내게 임하시기까지 속죄함에 대한 손에 잡힐 만큼 그 어떤 뚜렷한 확신이 서지 않았고 하나님의 존재성이 도저히 믿기지 않으므로 해서 한동안 마음의 갈등과 방황 속에 시달려 나오면서도 예수를 단념할 수 없었던 것은 지금 생각하면 때가 오기까지 주께서 나를 붙들고 계셨던 까닭이었다고 믿어진다. 그러다가 성령님께서 내 안에 들어오셨을 때 지금까지 품어 지냈던 하나님의 존재성에 대한 불확실성이 일순간에 거짓말처럼 벗겨나감과 동시에 죄 속함에 대한 확신이 말할 수 없는 마음의 기쁨과 자유함을 몰아다 주었었고 성경에 기록된 말씀 한마디 한마디가 곧이 곧대로 믿어질 뿐만 아니라 꿀송이처럼 달기 시작한 것도 이때부터이다. 물론 성경말씀이 이해난하여 참고서적을 무수히 뒤적거리게 되고 "왜 이것은 이렇게 됩니까?"하고 시시때때로 주님께 의문을 제기하고 드는 경우는 많았지만, 그렇다고 부인하고 싶거나 불신에 부딪혀본 적은 감히 한 번도 없다고 말할 수 있을 것 같다.

하겠거니, 간헐적으로 매스컴을 타고 노는 "예수님에 관한 역설"들을 경청해 내는 내 심정이 천치처럼 단순한 마음일 수만은 없다. 내가 믿는 예수와 내가 사랑하는 성경을 공공연히 거부하고 첨예하게 비판하고 드는 인사들을 무슨 혐오물질 대하듯 무조건 거부하고 피하고 싶은 마음도 아니다. "나무다리도 두들겨 보고 건너라"는 속담도 있지 않은가?

잔소리꾼 같지만 그러나 한번 가정해본다. 안토니 프리만 목사와 데이비드 젠킨스 주교의 비판적인 담화내용들이 사실이라고 할 경우, 어쩔 것인가 하는 백해무익한 질문을 잔잔한 호수에 돌을 던지듯이 스스로에게 던져보고 싶은 바람기를 느낀다고나 할까...

"예수"라는 이름 두자를 믿어 온 햇수만큼 내 가슴 골골이 깊은 애모의 자죽으로 온 몸에 문신을 새기듯 아로새겨진 그 이름. 내 영혼을 꽃피우고 내 삶의 근원과 목적이 되신 예수. 아침마다 무릎 꿇고 앉아 간절한 소원으로 아뢰고 하루에도 수 없이 불러보는 내 마음의 찬미가 되신 분.

내 삶을 통째로 휘어잡고 때로는 준열한 채찍으로, 때로는 끓어오르는 열망과 간절함으로 나의 언어가 되고 생각이 되고 행동이 되어 나를 좌우하신 분. 그 분이 설령 하나님의 아들이 아니라 해도, 성령으로 인한 동정녀 탄생이나 십자가 위의 죽으심이 조작된 허위와 기만이라 해도, 그 분 안에서 누려나온 풍성하고 정갈한 지금까지의 삶 자체만으로도 나는 만족하고 기뻐할 듯싶기만 하다.

내 생애의 유일한 가치와 요소가 되신 생명보다 귀하고 소중한 그 분 앞에 나는 스스로 바보가 되고 천치가 되어 온통 예수 한분만으로 기쁨을 삼고 만족을 누리고 싶다는 심정은 어제나 오늘이나 매 일반이다.

나를 나 되게 만드시는 이

    흘러간 세월 속에 형체도 없이 파묻혀 버린 반세기도 더 살아온 지난 생애를 빛깔도 누렇게 퇴색된 사진첩을 눈앞에 펼쳐놓고 한 장씩 한 장씩 음미해 나가듯 감상에 빠져든다. 성급한 결론부터 내리고 들자면, 조금은 지루하고 권태롭다고까지 느껴질 만큼 변화를 등진 무미건조한 느낌을 피할 길이 없다. 가정 안으로 축소된 단조로움만큼 평탄한 쭉 곧은 길목만을 걸어 나온 듯싶기도 하고, 그러면서도 가슴 속에 수백 촉광의 전구를 달고 지낸 사람처럼 날마다 반복된 자기반성과 새로운 각성에의 투명하고 설익어 보이는 세월의 흔적 속에 감사와 찬양의 나날이었음도 부인못할 듯싶다.

    지금까지의 내 일생 가운데 빛깔도 선명한 한두 가지의 변화가 있었다고 하면, 30세가 되던 해 봄 예수 그리스도를 만나 내 생애의 주인과 동반자로 모셔들인 사건을 들지 않을 수 없다. 그리고 또 한 가지는 얼마나 아홉 고개가 넘기 힘들었는지 39세에 이르러 멀쩡했던 귀가 들을 수 없게 된 불운을 들 수 있겠는데, 전자는 보이지 않는 주님의 은총을 힘입어 스스로 결정하여 택한 길이요, 후자는 나의 선택이나 의지와는 무관한 속세 말로 운명(?)에 속한 일이었지만, 이 두 가지 사건이야말로 내 일생을 획기적으로 변화 발전시킨 주된 요소라고 보아도 무방할 듯싶다.

지난 과거야말로 그 사람의 정신적 자산이라고 말들을 하는데, 귀가 내 인생에 미치고 든 영향력은 다음 장에서 따로 피력키로 하고 본장에서는 예수라고 하는 분이 단조로운 내 삶 가운데 들어와 끼치고 입힌 내적 외적 변화에 대해서만 엮어 나갔으면 한다.

내 맘 속에 들어와 나의 주인이 되신 예수님은 새로이 집을 사서 내주한 집주인이 자기의 뜻과 취향에 따라 그 집을 고치고 단장해 나가듯이 내 생애 가운데 당신만의 뜻과 목적을 두시고 새롭게 개조하여 다듬고 꾸며 단장해 나가시기를 내가 그분을 믿고 의지한 그날로부터 시작하여 오늘에 이르고 계신다.

하나님의 치밀한 계획과 놀라운 역사는 내 의식 세계에서부터 드러났다. 자식과 남편과 가정살림살이 외에 자기 생애에 대해서는 한 치 밖도 내다보지 못할 만큼 안으로 꽉 막혀들기만 했던 내가 하나님 안에 감추인 새로운 자기 모습을 발견하고 자아에 눈이 뜨이게 된 것이다. 참으로 놀라운 발견이었고 변화였다고 말할 수 있겠는데, 나는 지금도 안으로 솟구쳐 오르는 사그라질 줄 모르는 열기에 떠밀려 세상을 살고 있는 느낌이다. "그런즉 누구든지 그리스도 안에 있으면 새로운 피조물이라 이전 것은 지나갔으니 보라 새것이 되었도다"(고후5:17)는 말씀이 그대로 내 영혼과 심령 속에 이루어진 것이다. 예전과 똑같이 가정에서 아이들을 키우고 남편을 뒷바라지 하며 살림살이를 꾸려나가는 일상생활에는 변함이 없지만, 짜증스럽다거나 따분하다는 생각이 사라져간 셈이다. 매사 일상생활 가운데서 주님을 섬기고 하나님을 기쁘게 해드린다고 하는 목적을 가지고 가사 일을 하게 되니까, 전에 없었던 기쁨 속에 삶의 의미와 활기가 되살아나는 듯한 느낌이 들기도 하고 이 또한 주님이 맡겨주신 임무와 사명이라고 생각하게 되니 범사에 자발적이라고 할 만큼 적극

적이고 활동적인 모습으로 변화되어 갔다.

내 자신에 대한 새로운 인식뿐만 아니라 자식들과 남편 그리고 삼라만상에 이르기까지 하나님의 안목으로 보고 느껴지기 시작했는데, 특히 자녀들을 바라보고 대하는 안목과 태도에 놀라운 변화가 이루어졌다. 내 자녀들에 대한 변화된 안목은 남의 집 아이들까지도 하나님 안에서 소중한 인격체로 바라보고 대할 수 있는 마음가짐을 심어주었고, 어린아이들을 보면 저 애가 자라서 하나님 앞에 어떤 인물이 될 것인가 하는 기대감으로 안겨오곤 했다. 그러나 무엇보다도 나를 깨우쳐 주시되 아침마다 깨우쳐 깨닫게 하신 진리의 오묘함이 상큼한 충격과 함께 나를 황홀케 만들만큼 기쁨과 생기를 몰아다 주었었다. "주 여호와께서 학자의 혀를 내게 주사 나로 곤핍한 자를 말로 어떻게 도와줄 줄을 알게 하시고 아침마다 깨우치시되 나의 귀를 깨우치사 학자 같이 알아듣게 하시도다"(사 50:4) 이 말씀은 1982년 11월 17일 아침 QT 시간에 주님께서 내게 들려주셨던 말씀이다.

하나님은 내 생애 가운데 당신만의 뜻과 계획을 따라 역사해 나가신다고 하는 팽팽한 믿음이 삶의 기쁨과 열망으로 작용하고 들었고, 자기 형성을 향한 강한 정신적 에너지로까지 나타났다. 그야말로 하루하루가 오뉴월 초목처럼 싱그러웠고 배움의 과정에서 (말씀) 오늘은 주님께서 나에게 무엇을 가르쳐 주시고 어떤 깨달음을 안겨주실 것인지에 대한 기대감 속에 매일 매시가 감격과 경이의 연속인 것처럼 느껴질 판이었다 해도 과언이 아니다.

그러나 주님과의 동행이 늘 평탄대로를 활보하듯 그렇게 쉽고 안일한 길만은 아니었다. 자아발견 속의 성취를 위한 발돋움질은 곧잘 현실이라는 뛰어넘을 수 없는 장벽에 부딪혀 수없이 머리를 찍어대는 실망과 좌절을 안겨 받았고, 때늦게 찾아온 포부와 열망에 상처를 입고 고뇌하는 시간이 많아졌다. 전에 남편이 안겨준 생활비로 밥이나 하고 아이들을 키우며 가정살림을 꾸려나갈 때는 나날이 무료하고 따분하기는 했지만, 시도한 바가 없어서인지 크게 낙담하고 좌절할 일도 없었던 것 같았는데, 아는 친구 집에 놀러다니는 재미 같은 것도 있었고 쇼핑하는 기쁨도 적잖았었는데, 이 같은 것들에는 눈곱만치도 흥미가 없고 어설픈 자기 탐구에 빠져들어 전전긍긍하는 빈도수가 잦아진 것이다. 건너야 할 강물과 올라서야 할 산 준령이 내 앞에 가로놓여 당당하게 앞으로 나갈 수도, 그렇다고 뒤로 물러설 수도 없는 갈등과 좌절을 안으로 곱씹으며 흐르는 세월에 떠밀려 여기까지 걸어 나온 듯도 싶다.

돌이켜 생각하면 철저하게 자기에게 편중되어 외골수적인 편협한 신앙생활을 이끌어 나왔는지 모르지만, 이는 본인이 스스로 좋아서 택해 걷고 있는 내면의 등반이라기보다는 주님께서 나를 이 길로 이끌어 들이셨다고 믿어지는 구석이 많다. 사람이 그리 좋아 사람들 속에서 일하고 숨 쉬며 살고 싶었지만, 주님은 한사코 나를 방구석으로만 밀어붙이고 계시는 듯한 느낌도 없잖다. 내게 향하신 예수님은 참 욕심도 많은 분이시다. 당신만 사랑하고 당신만 믿으며 당신과만의 교제 가운데 이렇듯 붙들어 매시니 말이다. 아니다. 이는 주님께서 나를 쥐고 옴짝달싹 못하게 하시는 것이 아니라, 내 쪽에서 세상은 싫어요, 친구도 별 흥미가 없어요, 당신이 제일이어요, 이제 내 심령은 안식의 포구에 닻을 내렸어요, 붙잡아 주세요... 날마다 애절한 호소로 맥을 이어 나오고 있는 듯싶기도 하다.

그렇다. 모든 관계는 만나님에서부터 비롯되어진다. 사람과의 관계는 말할 것도 없고 하나님과의 관계 역시 예수 그리스도와의 인격적인 만남에서부터 살아있는 참다운 교제의 창구가 열리게 된다. 그러나 모든 관계는 조심스럽게 잘 거두어 가꾸어 내지 않으면 아무리 반갑고 기쁜 만남이라 할지라도 아름다움을 지속해 낼 수가 없다. 하나님과 인간과의 관계도 마찬가지다. 날마다 눈으로 보고 육성으로 듣고 접하는 사람들과의 관계도 끝까지 유지해 내기가 어렵다 하거늘, 하물며 들을 수도 만질 수도 볼 수도 없는 무흠 무결하신 신과 부패하고 흠집 많은 인간과의 관계유지가 어찌 쉽다고만 말할 수 있겠는가? 그러기 때문에 매일매일 QT를 통해서 하나님과의 접촉을 끊이지 말아야 하고 (예배, 기도, 말씀묵상) 주일 성수, 교회 봉사, 성도교제, 전도에도 힘을 쓰고 공을 들여 만남을 키워가야 한다.

인간은 한 곳에 편중하기 쉬운 성질을 지녔다. 열심히 기도하고 말씀 속에 파고 든 성도들 중에는 교제와 봉사 활동에 소홀하는 경향이 나타나고, 교회 일에 열심인 사람들 가운데는 주님과의 은밀한 교제에 허점이 드러나 보이곤 한다. 한 사람이 이것저것을 백방미인처럼 다 해낼 수 없고 또 하나님은 그렇게 요구하시지도 않는다고 할 때, 문제는 주님께서 내게 맡겨주신 사명이 무엇인가 하는 자기사명과의 만남이라 하겠는데, 주께서 내게 맡겨주신 사명이 과연 무엇인가를 알고나 있는지까지도 의심이 들 때가 있다. 주님이 내 심령에 처음 임하셨을 때 한마디로 무엇이라 표현키 힘든 황홀경에 접어들던 순간, 나의 입술에서 흘러나온 첫마디 기도는 "아버지 나를 고국으로 보내주세요. 이 기쁨을 사랑하는 부모 형제와 친지들 그리고 내 동포와 민족들에게 전하여 함께 나눌 수 있도록 고국으로 보내주세요"였다. 세상 축복은 받았다 하면 혼자 쌓아두고 만끽하고 싶은 욕심을 동반하고 들지만 하늘 축복은 다른 사람들과 두루두루 나눠 함께 누리고 싶은 성질을 지녔나 보다. 그런데 나는 여직 사랑하는 사람들에게 그렇게 말하고 싶고 전하고 싶은 하늘 축복과 예수에 대해서 나눌 기회를 얻지 못한 채 기껏 글자 나부랭이만, 그것도 지극히 부분적이고 소극적인 측면에서 만져 나오고 있을 뿐이라는 생각이 추적추적 찾아들 때면, 난감한 느낌을 제어할 길이 없다.

육신의 가시

고린도 후서 12장을 읽어보면 사도 바울의 두 모습이 대조적으로 묘사되어 있다. 비몽사몽간에 삼층 천에 들려올라가 (이스라엘 사람들은 천국이 7층으로 되어있다고 생각함) 말 할 수 없는 하늘의 비밀한 소리를 듣게 되는 황홀하도록 신비한 영적 체험이 1절과 4절 사이에 기록되어 있는가 하면 곧 이어 7절에 사단의 가시를 몸에 붙이고 지내는 인간 바울의 병약한 모습이 그려져 있다.

사람이 아니고 신이라고 할 만큼 독사 뱀에게 손을 물리고도 끄떡하지 않았고, 죽은 사람까지를 살려낼 만큼 희한하도록 놀라운 능력을 행사할 수 있었던 바울. "심지어 사람들이 바울의 손에서 손수건이나 앞치마를 가져다가 병든 사람에게 얹으면 그 병이 떠나고 악귀도 나가더라"(행 19:11-12)라고 성경에 기록되어 있을 만큼 하나님의 능력을 드러냈던 그가 자기 몸에 붙어 있는 가시(병)는 떼어내지 못한 채 평생토록 육신의 고통 속에 갇혀 지냈다고 하는 사실은 인간의 상식과 두뇌로는 납득하기 어려운 부분이기도 하다.

히브리인 중에서도 가장 종교적인 바리새파 가문에 태어나 가말리엘 문하에서 (지금으로 말하면 예루살렘 대학의 명교수) 공부한 구약성경과 희랍철학에 능통했던 바울은 다메섹 가는 노상에서 살아계신 주님을 만나 뵙고 '이방인의 사도'로 부름을 받은 후 예수의 복음과 교회를 위해서 온갖 박해와 탄압 속에서도 생명을 내걸고 애쓰고 수고했다. 또 방언을 비롯해서 다양한 성령의 은사를 받았고 낙원으로 끌려 올라가 하늘의 신비한 체험까지를 골고루 맛보고 경험했던 바울이었고 보면 영적 체험 하나만으로 교만해지기 쉬운데 탁월한 학문적 지식과 교회를 위한 열심, 다양한 성령의 은사와 능력행사 등 그에게는 여러 가지 면에서 자칫 교만에 빠져들기 쉬운 함정들이 두루 많았던 것 같다. 그래서 바울은 1절-4절 사이에 커다란 영적체험을 술회한 후 6절과 7절에서 "여러 가지 계시를 받은 것이 지극히 크므로 자고하지 않게 하시려고 내 육체에 가시 곧 사단의 사자를 주셨으니 이는 나를 쳐서 너무 자고하지 않게 하심이라"고 두 번씩이나 반복해서 "자고하지 않게"하는 표현을 빌려 쓰고 있다. 우리는 그 몸에 붙어있는 가시가 무엇인지 (안질이라고도 하고 간질병이라고 보는 학자들이 있다) 알 수 없지만, 8-11절 사이에서 바울은 하나님의 은혜가 족하다고 말하면서 "이는 내 능력이 약한데서 온전하여짐이라"고 표현하고 들었던 것을 보면 그의 몸에 붙어있는 가시야 말로 한때 혜성처럼 떠올랐다가 스러져 버리는 신비한 체험과는 감히 비견될 수 없는 하나님의 은총이었다. 그러므로 바울을 바울 되게 붙들었던 것은 신비한 영적체험이 아니라 그 몸에 붙어있었던 가시였다고도 보아질 수 있다.

그렇다. "하나님을 사랑하는 자 곧 그 뜻대로 부르심을 입은 자들에게는" 그 어떤 질병이나 신체적 부자유까지도 "모든 것이 협력하여 선을 이루는" 하나님의 선하신 아름다운 목적을 지녔다. 바울의 케이스만으로 미루어보아도 고통에는 하나님만의 분명한 뜻과 목적이 깃들어 있음을 알 수 있다. 하나님은 병마나 신체적 불구, 그리고 어려운 여건들을 통해서 우리를 단련하시고 당신이 원하시고 바라시는 사람으로 만들어 나가신다. 얼마나 많은 신도들이 호조건에서 보다는 악조건 속에서 하나님께 매달리고 하나님의 능력과 안위를 맛보게 되는가? 또 얼마나 많은 사람들이 정상적인 상태에서 보다는 비정상적인 상태에서 교회에 나오고 하나님을 믿게 되는가? 그래서 시편 기자는 "고난 당하는 것이 내게 유익이라 이로 인하여 내가 주의 율례를 배우게 되었나이다"(시119:71)라고 했고, 욥도 그처럼 심한 고통 속에 들어앉아 있으면서도 "나의 가는 길을 오직 그가 아시나니 그가 나를 단련하신 후에는 내가 정금같이 나오리라"(욥23:10)고 했다. 또 베드로는 무엇이라고 말했던가? "너희의 믿음의 시련이 불로 연단하여도 없어질 금보다 더 귀하여 예수 그리스도의 나타나실 때에 칭찬과 영광과 존귀를 얻게 하려 함이라"(벧전1:7)라고 가르치지 않았는가?

예수 그리스도 안에 그늘진 세상은 아예 존재하지도 않는다는 듯 벙긋 피어난 한 송이의 꽃처럼 기쁘고 좋기만 하던 시절. 사단의 질투로 인한 것인지 아니면 선하시고 미쁘신 하나님의 계제였는지, 하여튼 생각지도 못한 병마가 내게 달라붙었다. 흐물흐물 믿어 나왔다거나 잘 믿다가 제풀에 지쳐난 듯 타락의 늪으로 빠져들 겨를도 없이, 승승장구의 길에 올라선 사람처럼 하나님으로 눈을 뜨면 예수로 잠을 잘 만큼 하루 종일 기도와 말씀공부만으로 해를 보내던 시절이었고 보면 설마 하나님께서 사랑하는 자녀에게 심한 병고 속에 드러눕게 하신 후 청력까지 앗아가 버릴 만큼 잃게 하시리라고는 한번 죽었다가 깨어난다고 해도 생각할 수 없는 문제였다. 세상표현을 빌려 쓰자면 아홉 고개를 올라채기가 얼마나 힘들고 어려웠던지 꼭 일 년을 침상에 누워 제 몸 하나를 가누지 못한 채 식물성 인간이 되어 병원과 집 사이를 오락가락했던 시절이었다. 평소에 잔병치레는 고사하고 감기마저도 좀처럼 앓지 않았던 건강이었고 보면 쉬

속히 쾌차될 것이라 생각했는지는 모르지만, 나는 고개 하나도 제대로 가누지 못한 상태에 놓여있으면서도 줄곧 기뻐할 수 있었고, 하나님을 믿고 바람으로 감사와 찬양의 병동생활을 유지해 낼 수 있었다. 그게 나중에는 고쳐달라고 하나님께 매달리지 않아서 낫지 않는다고 신앙의 선배들로부터 꾸중을 듣기도 하고, 회개하지 않는 죄가 있어서 징계를 받고 있다고 하는 호된 비난을 사기도 했지만, 하나님을 의뢰하는 마음에는 한 가닥의 흔들림도 없었다. 세상의 어버이들도 사랑하는 자식이 병들어 고통을 당하고 누워있는 것을 보면 안쓰럽다 못해 차라리 대신 앓아주고 싶거늘, 우리를 위해서 오직 한분 독생자까지도 아끼시지 않고 내어주신 분이 어찌 내 병을 방관시 하고만 계시겠느냐고 하는 한가닥 믿음이 추호도 의심 없이 하나님을 의뢰케 만들었던 것이다.

그러나 1년이라는 길고 긴 병상생활에서 이렇다 할 회복의 조짐도 또 치료의 방법도 찾지 못한 채 2년째로 접어들면서 귀까지 점차 들을 수 없게 되자 탄탄대로를 걷고 있는 줄만 알았던 믿음이 걷잡을 수 없는 내리막길로 빠져들기 시작했다. "건전한 몸에 건전한 마음"이라는 말 그대로 오래도록 몸져 누워있으니 처음에는 아이들이며 남편 그리고 모든 가정사까지도 하나님께 맡겨드리는 심정이더니, 문병 올 때마다 꾀죄죄한 아이들의 입성과 나날이 피곤해 보이는 그이의 모습을 속수무책 가만히 누워서 지켜내야 하는 심정이 말이 아니었다. 내가 저이와 아이들에게 못할 일을 하고 있구나 싶은 죄의식에 사로잡혀 들면서 한동안 잊고 지냈던 왜? 라는 의혹과 온갖 회의적 생각에 사로잡혀 불면증에 시달리는 밤이 많아졌다. "당신 밖에 모르고 당신 한분만으로 만족과 낙을 삼아오던 나에게 이렇게 대우하실 수 있습니까? 당신의 크신 능력을 나타내시고 자비를 베풀어 주십쇼." 원망과 비탄의 깊은 수렁 속에 빠져 육신의 아품보다 더 진한 어쩌면 하나님께 버림을 받고 누웠는지도 모른다고 하는 무너진 마음이 되어 끝없는 질의와 항변을 펼치고 들었을 때, 그분은 자비의 하나님도 능력의 하나님도 아닌 듯 무능하고 무자비한 분처럼 느껴지기까지 했다.

그러던 어느 날 밤이었다. 나는 2층 우리 침실에 붙어 있는 3개의 유리창 가운데 남쪽으로 난 유리 창문은 항상 커튼을 반쯤 열어둔 채 침대 위에 반듯이 누워 별을 바라보기도 하고 달이 뜨는 날 밤은 환한 달빛을 머리에 두르고 잠을 청하곤 한다. 그날 밤은 유난히도 둥근 보름달이 하늘에 둥실 걸려있었지만, 마음의 만월이 사라진지 오래인 나에게 있어서는 오히려 애상한 느낌만을 자아내주고 있어서 설움 같은 슬픔이 꾸역꾸역 치밀어 오를 판인데,나의 고통과 아픔을 조용히 침묵으로 지켜내셔야만 하시는 하나님의 영상이 뇌리를 스치고 지나갔다. 그런데 그 모습이 나보다 더 괴로운 표정처럼 가슴에 와 닿았다. 내게 향하신 하나님의 슬픈 표정을 대하기는 그때가 두 번째였는데 첫 번째는 내가 하나님을 믿지 않고 내 맘대로 세상을 살다가 주님 품에 안겼을 때 그동안 나로 인하여 슬퍼하신 하나님 심정을 전혀 깨닫지 못하고 지낼 판인데 어느 날 하나님께서 그동안 나로 인하여 몹시 슬퍼하셨던 모습을 보여주심으로 회개케 하셨다.

나의 아픔과 고통을 조용히 지켜내고 계시는 하나님의 고통. 나는 하나님께서는 내게 벌을 내리시고 나 혼자 이 아픔을 치루어내고 있는 줄만 알았는데, 그게 아니었다. 내 고통에 함께 참여하고 계시는 하나님의 아픔을 감지하고 볼 수 있는 눈이 열린 것이다. 다시 말하면 내 병 하나를 고쳐내지 못하시는 (어떤 의미로서든지 고쳐주실 수 없는) 무능하신 듯한 무능 속에 감추어진 능력의 하나님의 아픔을 깨닫게 된 것이다.

생각해 보라. 천지만물을 말씀 한마디로 창조하신 하나님. 예수님을 통해서 귀머거리를 듣게 하시고 벙어리를 말하게 하시고 문둥병을 고쳐 주시고 앉은뱅이를 걷게 하신 것처럼 나를 병고에서 일으켜 주시고 못들을 귀를 잘 듣게 해주시는 일은 그분에게 있어서 아무것도 아닐 것이다. 그런데 이처럼 쉽고 간단한 치료 대신에 절망과 비통 속에 빠져 당신을 원망하고 피맺힌 목소리로 밤낮없이 울부짖고 보채대는 자녀의 모습을 잠잠히 바라보고만 계셔야 하는 그 마음이 어떠하시겠는가? 물론 무능하고 무자비한 하나님이시라면 문제는 다르다. 그러나 예수님을 통해서 본 우리들의 하나님 여호와는 우는 자의 눈에서 눈물을 씻기시며 병든 자를 고치시고 연약한 자를 일으켜 세우시는 자비와 긍휼의 하나님이시요 능력과 권능의 하나님이시지 않은가? 이처럼 자비와 긍휼에 뛰어나신 능력의 하나님께서 자기 자녀의 울부짖음과 고통을 묵과하신 채 지켜내신다고 할 때 거기에는 분명한 뜻과 계획이 담겨 있을 것이다. 그리고 당신만의 뜻과 계획을 이루시기 위해서 하나님은 스스로 약하셔야 하고 무자비하셔야만 되셨던 것이다.

아무것도 들을 수 없는 막막하고 답답한 꿈에도 생각지 못했던 귀머거리가 되어 (지금은 보청기의 도움으로 많이 좋아졌다) 무서운 형벌을 치르듯 질병 속에 놓여 지내던 2년 세월을 일일이 다 열거해 낼 수는 없지만, 삶의 보배로움과 건강의 중요성에 대한 새로운 인식 외에 한 가지 큰 소득을 들자면 이로 인하여 동병상련이라는 말처럼 신체부자유자들에 대한 이해의 폭이 넓어졌고 같은 입장에서 사랑할 수 있고 도와주고 싶은 마음가짐을 들지 않을 수 없다. 뿐만 아니라 육신적으로는 귀먹고 병들어 세상 끝 동네에서 혼자 살아가고 있는 듯한 소외와 단절 속에서도 심적으로는 지금까지 외면하고 살았던 세상의 고통에 끼어들어 함께 나누고 있는 느낌이라고나 할까? 이 같은 심정과 자세는 육신적으로 병약하고 불구인 이웃들에게 국한해서만이 아니고 영적으로도 마찬가지라 하겠다. 앞에서도 약술했듯이 나는 주님을 모셔들인 후 단 하루도 속도를 늦추어 본 일이 없었다고 해도 과언이 아닐 만큼 치달려 나온 셈인데, 그런 신앙생활로 죽 계속해 내려왔다면 아마 지금쯤은 영적 교만 속에 들앉아 청천벽력이라는 표현 그대로 비탄의 막바지 길에서 하나님을 원망하며 시험에 빠져 허덕였던 경험은 오랜 세월이 지난 오늘날까지도 내 가슴속에 그대로 박혀있어 지병으로 몸져누웠거나 역경 가운데 처하여 일시적으로 믿음이 약해진 성도들 앞에 판단하는 마음보다는 나 또한 그런 사람임을 깨달아 스스로 겸비하지 않을 수 없는 산 교훈으로 작용하고 있다. 특히 정신적 번뇌와 의혹 속에 파묻혀 잠 못 이루며 몸을 뒤척거리고 있던 어느 날 밤 주께서 "시몬아 시몬아 보라 사단이 밀 까부르듯 하려고 너희를 청구하였으나 그러나 내가 너를 위하여 네 믿음이 떨어지지 않기를 기도하였노니 너는 돌이킨 후에 네 형제를 굳게 하라"(눅22:31-32)는 말씀으로 나를 깨우쳐 주시던 일을 생각하면, 지금의 나의 믿음은 내 믿음이 아니고 주님께서 날 위해 간구하시고 붙들어 나오신 주님의 믿음이라는 느낌마저 든다.

　세상 사람들도 마찬가지이기는 하겠지만 크리스챤들 가운데는 날 때부터 소경된 자를 보고 "누구의 죄 때문이냐?"고 예수님께 물어보았던 제자들의 경우처럼, 불구현상이나 재난과 참변 그리고 역경 속에 갇혀 지내고 있는 이웃들을 대하고 보는 눈이 자기적 선입감으로 가득 차 있다. 뿐만 아니라 욥의 친구들처럼 찬물 끼얹는 말들을 많이 하고 드는데, 회개치 않는 죄 때문이라든지 하나님은 못 고치실 병이 없는데 믿음이 없으니까 낫지 않는다, 기도가 부족하다는 등 어떤 설익은 교인은 "내 귀가 이렇게 되는 것이 곧 하나님의 뜻이다"고까지 말하고 들었다. 이쪽저쪽으로 아픔을 당하면서 신유의 은사를 받으셨다는 저명한 목사님들로부터 안수기도도 받아 보았고 금식기도도 숱하게 했다. 그리고 주님께 받아 낸 응답이 "의인은 그 믿음으로 말미암아 살리라"(합2:4)는 말씀이었다.

그날로부터 15년이라고 하는 결코 짧다고만 볼 수 없는 많은 세월이 흘러 지나갔다. 나는 우리 하나님께서 이 고통스런 난청을 내게 붙여주셨다고는 믿지 않지만, 이를 통해서 당신만의 뜻을 이루어 가신다고 생각한다. 예수 그리스도를 닮아가는 성숙을 향한 발돋움질이 될 수도 있겠고, 난청이 아니면 지금과는 다른 삶을 밟아가고 있을지도 모른다고 하는 생각이 지배적이고 보면 내 생애의 길잡이와 지팡이 노릇을 하고 있는지도 모른다. 하나님은 고통의 창시자가 아니다. 인간 세상에 존재하고 있는 모든 불행은 죄의 소산물이라고 하는 사실 앞에 스스로 위로를 받고 싶다.

독백

창밖에 된 서리가 하얗게 깔려 있다. 저건 '서리'라고 이름 지어 부르기보다는 겹겹이 엉겨 붙은 백설의 결정체이다. 사과나무 가지와 풀잎마다에 설기설기 엉겨있는 은백색 서릿발이 찹쌀가루를 들씌워 기름에 막 튀겨낸 야채 마냥 아삭거려 보인다.

한 여름에는 길을 가던 사람들까지도 발걸음을 멈추고 서서 사진기를 들이대고 싶어 할 만큼 현란한 색채로 주위를 사로잡고 들던 꽃봉오리들이 한 달도 채 제 모습을 유지해내지 못하고 누가 흔들어 대는 것도 아닌데 제풀에 낙화가 되어 무참히 진땅 위에 궁굴고 다닐 때는 속절없는 세상 권력과 명예의 뒤끝을 보고 있는 듯싶더니만, 어느 사이에 한 잎 잎사귀마저 다 떨구고 나서 된서리 속에 으스스 떨고 서있는 모습이 처량하다 못해 눈물겹기까지 한다. 개중에는 아직 채 피워보지도 못한 여리디 여린 꽃봉오리들이 예고도 없이 내려쌓인 된서리 앞에 애처롭게 고개를 떨구고 서 있는 화초들도 눈에 뜨인다.

살아있는 생물들은 제각끔 다 자기표현의 재주와 기술을 타고난다. 소와 돼지 같은 가축이나 들짐승들은 성이 나면 치고박고 물어뜯고 할퀴기도 하며 나름대로 슬픔과 기쁨, 괴로움과 아픔을 표현할 줄도 알고 졸음과 배고픔을 나타내기도 한다. 또 생존을 위한 본능적 자구책을 익혀

적을 방어하기도 하며 위험에도 잘 대처해 나간다. 파충류들과 곤충들은 겨울이면 땅 속에 들어가 겨울잠을 자고 새와 짐승 그리고 인간들은 스스로 안식처를 마련하여 풍우한설을 피하고 가린다. 그런데 유독 초목들만은 집도 짓지 않고 살아남기 위한 잔재주는 고사하고 씨가 떨어진 곳에 평생토록 뿌리를 박고 서서 비가 오고 눈이 내리고 바람이 부는 악천후에도 꼼짝하지 않고 말없이 버텨냄으로 생명을 다한다. 수없이 칼자국을 그어 생채기를 만들어 낸다 할지라도 몸을 사려 움찔거릴 줄도 모르고 반항의 자세는커녕 숨소리 하나도 들리지 않는다.

그러나 제 몸에 이파리 하나 달지 못한 채 홀랑 벗은 몸을 하고 숨결소리 마저도 들내지 않는다 해서 누군들 저 겨울나무를 가리켜 죽었다고 말할 수 있겠는가? 겨울이 지나가고 새 봄이 돌아오면 죽은 듯 묵묵히 서 있는 저 나무에서는 푸릇푸릇한 새싹들이 생명의 찬가를 합창하듯 움터날 것이고, 여름 내내 청청한 잎사귀 밑에 콩알만한 사과를 달고 키워내다가 가을이면 어른 주먹보다도 더 큰 새빨간 열매를 바구니 바구니 안겨 줄 것이다.

그래, 나는 서릿발 속에 파묻혀 있는 저 잔디 풀과 뒤뜰에 심겨진 사과나무들과 배나무에게서라도 강인한 생명력과 굽힘 없는 꿋꿋한 생활자세를 배워야할 일이다. 자연의 섭리와 질서에 따라 피고 지고 열매를 맺었다가 떨구는 순하디 순한 인내와 겸손 속의 순종의 모습을 닮아야 한다. 피조물들이 조물주의 섭리와 뜻을 받들어 내는 데는 저 묵묵한 나무들과 화초들처럼 떠들썩한 웅변술이나 자기 보호책이 발붙일 곳이 없고 얄팍한 감정까지도 색종이 접듯 뒤로 접어두는 자기부정만이 전부인지도 모른다.

그런데 나는 여직 팽팽한 자아대로 꺼떡하면 구구히 울면서 지나가는 바람이라도 붙들고 서서 못난 자기 속 심정을 풀어헤치지 못해서 안달을 피우고 이웃들로부터 한 가닥의 이해라도 얻어내고 싶어서 전화에 목줄을 걸고 하소연 해 나왔다는 느낌도 없지 않다. 누군가 내 등 뒤에다 대고 손가락질을 하며 소곤대는 귓속말 소리라도 한마디 들려오면 속이 상하다 못해 때로는 너무 괴롭고 마음이 아파, 보지도 듣지도 느끼지도 못한 목석이 되고 싶어 했던 적도 더러 있었고, 해명해야만 속이 풀릴 것 같은 충동심에 휘말려 값싼 자기변명에 매달려 나왔던 감도 없지 않다. 이런 나를 하나님은 어떻게 보시고 생각하실지 모를 일이다. 밖에서 동네 아이들과 놀다가 싸움이 터지면 쪼르르 집으로 달려가 어머니의 소맷자락에 매달려 "저 나쁜 녀석들을 혼내주라"고 졸라대고 떼정이를 쓰는 짓거리와 흡사한 행동. 나는 늘 이런 식으로 살아나왔다는 느낌도 든다.

비록 육안으로 볼 수 없고 손으로 만질 수 없는 주님의 존재일지라도 대면하고 앉아 이야기하듯 편안히 몸 풀고 허식 없이 도란도란 엮어 나온 주님과의 대화. 미안스럽게도 나는 예수님께 참 채로 거르듯 아름다운 용어와 고운 말씨만을 골라가며 상냥하고 부드러운 음성으로 간해보지를 못했고 애조 섞인 절절한 목소리가 아니면 제풀에 격한 감정의 호소일 때가 많다. 인간이 절대자 앞에 풀어진 마음을 하고 해답도 없는 질문들과 되지도 않는 불평불만의 보따리를 풀어 헤쳐 놓고 성토를 벌리 듯 집요하게 물고 늘어질 수 있을 것인지는 의문으로 남아돌지만, 끈끈한 애정 속의 신뢰감 정도로 풀이하고 싶다. 주님께서 사사건건 내가 묻고 간할 적마다 해답을 내려 주시지 않을지라도 고주알메주알 마음 속 구석구석에 서려있는 나만의 사연과 의혹들을 주걱으로 긁듯 싹싹 긁어 아뢰다 보면 자신의 잘못 몇 가지도 드러나 보이고 기막힌 오해와 곡해가 한물에 풀려나지는 않는다 해도 한 발짝 물러서서 접어 생각할 수 있는 손톱

만한 아량과 여유가 싹터나는 이득도 있다. 그러나 무엇보다도 사람 앞에서는 차마 입을 벌려 운도 뗄 수 없는 깊으디 깊은 나만의 속사정을 한 톨의 가식이나 숨김도 없이 토로해 내고나면 삼년 묵은 체증이 내려앉은 듯한 홀가분한 심정을 되찾곤 한다.

그래서 나는 내 창문가에서 아침마다 재잘거리는 참새처럼 날마다 순간마다 주님 앞에 속살거리는 버릇을 키워냈다. 나의 사랑을 고백하고 믿음을 고백하며 서럽고 억울한 사연들을 고백한다. 마음이 무겁고 심회가 울적할 때나 천지가 까마득하게 느껴질 때, 근심걱정이 있을 때와 답답한 일을 당할 때 나는 제일 먼저 예수님께 달려간다. 기쁨도 주와 함께 나누고 목매어 오는 감격이나 깜짝 반가운 일, 형편없는 자기 독백까지도 보따리 보따리 풀어놓고 속 풀어진 여인처럼 재잘거리기를 마다하지 아니한다. 남편에게 이야기하면 핀잔이나 주고 내 잘못부터 드러내어 지적하기 일쑤이고, 친하다고 하는 친구 앞에서 흉허물 없이 까발려 놓다보면 "예수 믿는 사람 속도 안 믿는 우리와 다를 것이 없다"는 뒤 추문이나 흘려내기 일쑤이다. 자식들은 어미의 속사정 이야기를 듣고 차분히 앉아 있을 시간도 없고 참을성도 아량도 떨어진 의복처럼 구멍 나 있다. 죽기를 작정하고 하나님께 떼정이를 쓰듯 로뎀나무 아래에서 잠만 자고 있던 엘리야 선지자에게 두 번씩이나 나타나 "일어나 먹으라"(왕상19:4-8)고 어루만지며 권하던 천사의 부드러운 손길이 주어지지 않더라도, 나는 쉼 없이 흐르고, 넘치고, 끓어오르는 가녀린 여심을 주님 앞에 고하여 아뢰기를 마다하지 않을 것이다.

소피의 죽음

　나는 개나 새와 같은 애완동물을 좋아하는 편은 아니다. 특별히 혐오
해야할 이유가 있어서라기보다는 개 치장에 쏟아 부을 시간도 시간이지
만, 곁에 끼고 앉아서 막내둥이를 귀여워하듯 쓰다듬어 낼 만큼 깊은 애
정이 가지 않고 타고난 야성대로 자유롭게 놓아 먹여야할 짐승을 집안
에 꼭 가두어 키운다는 게 안쓰러운 느낌이 들기 때문이다. 그러나 보다
솔직한 고백을 하기로 든다면 집안에 개 냄새를 풍기고 카펫 위에 터럭
을 떨구며 뛰어 다니는 게 귀찮고 꺼림칙스럽기도 하고 특히 강아지 시절
에 똥 오줌가리는 훈련을 시켜내기가 쉽지 않아서 선뜻 개를 키우고 싶은
마음이 내키지 않는다고 해야 할 듯싶다. 마음먹기는 정원에 하얀 토끼
서너 마리쯤 풀어놓아 키우고 싶다는 생각은 수년 전부터 품어 나오고
있지만 남의 집 가든을 파헤쳐 말썽을 부린다기에 엄두도 못 내고 있는
데, 어디서 왔는지 다람쥐 두 마리가 귀한 손님처럼 찾아들어 뒤뜰에서 팔
딱 팔딱 뛰놀며 사과나무 가지를 타고 쪼르르 올라갔다 내려왔다 재롱
둥이처럼 귀염을 토해내곤 해서 지켜내는 기쁨이 사뭇 크다. 우리 집 한
길 건너편에 살고 있는 영국인 친구 집에는 밤이면 여우새끼 한 마리가 뒤
뜰을 어슬렁거리고 있어서 끔찍스러워 죽겠다기에 어렸을 적 시골 집 일이
생각나서 우리 집으로 쫓아 보내라고 했지만 어디 마음대로 되어질 일이

기나 한가?

그런 가운데 아이들의 졸라댐도 있긴 했었지만 애들 아빠의 부추김에 떠밀려 큰 마음먹고 강아지 한 마리를 사 들였다. 스코틀랜드 산 보더콜리로 양치기 개였는데 얼굴 중앙에서부터 시작해서 배딱지까지는 하얀 털이 나 있고 몸둥아리는 새까만 털로 뒤덮인 예쁜 복슬 강아지였다. 이름을 신혼 초에 한국에서 길렀던 개 이름을 그대로 가져다 붙여 소피라고 지어주었다. 소피를 사올 때는 아침저녁으로 운동을 아이들이 시키기로 하고 똥오줌과 밥을 주는 일은 애들 아빠가 맡아 보기로 단단히 다짐을 두고 약속까지 받아 놓았었다. 그러나 처음 5,6개월 동안은 시도 때도 없이 찔찔거리고 다니는 통에 나는 하루 종일 강아지 밑구멍만 지키고 앉아 있어야 할 만큼 강아지 '땜사리'가 되었고, 잠시라도 밖에 나갔다 들어오면 카펫을 뜯어 놓거나 식탁의자 다리를 갉아 놓곤 해서 골치가 아플 지경이었다. 뿐만 아니라 집에 사람만 없으면 이층 침실로 올라가 침대 위에서 늘어지게 낮잠을 자다가 심술인지 장난인지 알 수 없는 이불보를 찢어대기를 무슨 취미처럼 즐겼다. 한번은 소피 혼자 집에 놓아두고 주말여행을 다녀오는 일이 있었는데, 방문들을 단단히 닫아놓고 떠났는데 다음날 돌아와 보니 어떻게 침실 문을 밀치고 들어갔는지 작은 아이 뿐만 아니라 온 집안을 오리 깃털로 난장판을 만들어 놓았었다. 어떻게 화가 치밀어 오르던지 신고 있던 구두 한 짝을 벗어들고 절뚝거리며 위 아래층을 뛰어 다니는 웃지 못 할 희극을 벌리고 들기도 했었다.

한 10년쯤 개를 길러보니 이건 짐승이라기보다는 사람으로 치면 어린 아이와 흡사한 점들이 한두 가지가 아님을 보게 되었다. 혼자된 외로운 사람들 가운데 개나 고양이를 마치 친 자식처럼 곁에 붙이고 다니면서 애지중지 정을 통하여 사는 이유를 알게 되었다고나 할까? 하루 종일 그림자처럼 내 꽁무니를 쫓아다니며 함께 놀아주기를 보채고 드는가하면 원하는 대로 흡족한 사랑을 못 받고 있다 싶으면 엉뚱한 짓거리로 식구들의 관심사를 끌어들이는 작전을 펼치고 들었는데, 현관 입구에다 고의적으로 오물을 쏟아내곤 했다. 누가 밖에 나갔다 돌아오면 어떻게 그렇게 잘 알고 문 뒤에 서서 꼬리를 회회 치며 기다리고 앉아 있다가 문을 열기가 무섭게 뛰어 안기는가 하면 반가움에 못 이겨 끈적지근한 혓바닥으로 얼굴과 손을 핥아내기 일쑤였다. 그러나 개짐승에게도 잘 잘못에 대한 지각이 서 있는 것인지, 카펫을 뜯어 놓았다거나 오물을 깔려 놓았을 경우에는 선뜻 안기지 못하고 의붓자식이 눈치를 살피듯이 식탁 밑으로 파고들어가거나 슬금슬금 위층으로 올라가 몸을 숨겼다. 아침 QT시간에는 내 무릎을 베고 누워 지켜내다가 졸기가 일쑤였고, 한참을 졸다가 참지 못하겠으면 앞발로 내 손을 할퀴기도 하고 그도 안 되면 느끼한 코끝을 내 얼굴에 대고 낑낑 신호를 보내곤 했다.

소피를 키우면서 배우고 깨달은 게 몇 가지 있다. 보통 때는 자기 집에 들어가 가만히 앉아있는 것을 마치 손발이 묶여 지내는 일만큼이나 끔찍이 싫어해서, 아무리 들어가라고 해도 된소리가 나가기 전에는 눈치만 슬슬 살피다가도, 내게 무엇인가 바라는 것이 있으면 들어가란 말을 하지 않아도 제 집에 들어가 가만히 앉아있곤 했다. 내가 부엌에 서서 음식을 매만질 때 주로 그런 행동을 취하곤 했었는데, 이렇게 되면 아직 밥 때가 되지 않았어도 줄줄 알고 기다리고 앉아있는 모습 앞에서 주지 않고는 배길 수 없는 마음이 되어지곤 하면서 하나님 앞에 간구하는 간구자의 태도가 모름지기 소피처럼 받을 것을 기대하고 구할 때는 주시지 않고 배길 수 없으시겠구나 하는 느낌을 안겨 받을 때가 많았다. 그러나 이상한 점은 매 끼니 밥을 주고 집에서 항상 함께 지내고 있어서인지는 모르겠지만, 식구들 중에서 나를 가장 따르면서도 내 말은 전혀 들으려 하지 않았다. 어린 은영이 까지도 "소피 앉아!"하면 두말없이 앉았고 "소피 저리 가!"하면 아무리 가기 싫더라도 방문을 빠져 나가곤 했다. 그러나 똑같은 명령도 내 입에서 떨어지면 눈치만 슬슬 살피다간 딴청을 부리곤 해서 아이들이 뱃살을 쥐고 웃었다. 내 눈과 음성에는 명령자의 위엄과 권위가 서려있지 않아서 소피가 말을 듣지 않는다는 거였다.

그 소피가 지금은 죽어서 까만 플라스틱 백 속에 들어가 뒷 정원 로데드론 그늘 밑에 파묻혀 있다. 그러니까 너댓 달 전인가보다. 어느 날 아침 오른쪽 눈이 뻘개져서 안질로만 생각하고 대수롭지 않게 여기고 들었었는데, 그게 암 병의 시초였던가 보았다. 암이란 병이 죽음을 몰고 오는 무서운 질병인 줄은 삼척동자도 알만한 일이지만, 사람도 아닌 개 짐승에게 까지 달라붙을 줄이야 꿈엔들 생각이나 했겠는가? 그저 눈병이겠거니 하고 안약만 계속해서 넣어 줄 뿐이었는데, 효험은 커녕 충혈된 눈동자를 하얀 각막이 점점 뒤덮어가고 있어서 백내장이겠거니 싶어 수술을 해주었다. 그러나 첫 번 수술 후 또다시 수술을 받아야 했을 때는, 단순한 백내장이 아닐지도 모른다고 하는 생각이 지배적이었지만 달리 더 손을 쓸 방법도 없었다. 그러는 사이에 엉뚱한 꼬리 중간부위에 조그만 종기가 나타나다니 항생제를 먹이는데도 걷잡을 수 없이 퍼져나갔다. 그 냄새가 얼마나 지독하던지 여름날 생선 썩은 냄새는 유도 안 될 만큼 고약했지만, 소피는 아파하는 기색도 없이 여전히 잘 먹고 잘 짖고 꼬리를 치며 온 집을 누비고 뛰어다녔다. 가만히 앉아 지낸다 해도 온 몸에서 생선 썩은 냄새가 코를 찌르고들 판인데, 죽음이 목전에 다가선 줄도 모르고 꼬리를 치고 달라붙으니 그 냄새를 당해 낼 재주가 없어서 붕대로 칭칭 동여매 주다가 어느 날 밤 그이가 꼬리를 잘라 줄 양으로 수술을 시도했다. 그러나 수술대에 올려놓고 마취를 시켜 잠을 재운 후 붕대를 풀고 꼬리에 메스를 대었을 때 암 균이 꼬리뿐만이 아니라 항문 주위에까지 파고 들어가 더 이상 손을 쓸 수가 없을 정도로 병세가 짙어 있었다. 그래 결국은 두 번 다시 깨어나지 못한 채 수술대 위에 반듯이 누워 안락사를 당한 셈이다.

소피가 죽어 뒤뜰에 묻혀 있은 지 반년이 넘었지만, 나는 아직도 소피가 살아있는 것처럼 착각을 느끼고 들 때가 많다. 쇼핑을 갔다가 집에 돌아오면 소피의 존재부터 찾아지고, 한참 글을 쓰다가도 발밑을 내려다보면 그곳에 있어야 할 소피가 보이지 않아 콧등이 시큰해 지곤 한다.

사람은 얼굴 생김새에서부터 목소리에 이르기까지 제 각기 독특한 특성을 지니고 태어나는데, 다른 피조물들은 같은 종류끼리면 생김새에서부터 짖어대는 목소리까지도 왜 그리 복사판처럼 닮아 질렀는지, 길을 가다가도 똑같은 개를 보면 우리 소피가 도망 나왔나 싶어 가슴이 철컥 내려앉고, 옆집 개가 짖어대는 소리를 듣고도 집에 손님이 왔나 싶다가도 그게 아님을 깨닫고 눈시울이 촉촉해진다.

5.
잘 죽는 일

삶보다 죽음이 더 화려했던 야곱

야곱은 바로왕 앞에서 "험악한 세월을 보냈나이다"라는 짤막한 표현으로 자기의 지난 130년 생애를 대변해 낼 만큼, 살아생전 파란만장한 일생을 보낸 사람이었다. 하나님은 "내가 야곱을 사랑하고 에서를 미워했다"(롬9:13)라고 말씀하실 만큼, 야곱이 세상에 태어나기 전 어머니 뱃속에 잉태되었을 때부터 에서를 버리고 야곱을 택하셨지만, 그렇다고 해서 그의 일생이 결코 평탄했거나 순조로웠던 것은 아니었다.

야곱의 불행과 방황은 아버지 이삭이 "큰 자는 어린 자를 섬기리라"신 하나님의 근본 뜻과 계획을 망각하는 데서부터 파생되었고, 세상 서열대로 작은 아들 야곱 대신에 큰 아들 에서에게 장자의 축복을 내려주고자 했던 남편의 의중을 눈치 챈 어머니 리브가가 제동을 걸고 나옴으로 해서 사건이 극대화하게 된다. 지금으로 말하자면 부모의 재산상속을 둘러싼 물질에 대한 욕심과 야망이 야곱으로 하여금 20년이라고 하는 장구한 세월을 사랑하는 어머니의 품을 떠나 외삼촌 집에 은신해 있으면서 팔자에 없는 머슴살이를 하게 되는데, 괄목할 사실은 야곱의 사기적 행위와 허물 가운데서도 하나님은 당신의 뜻을 이루어 가셨다고 하는 점이다.

야곱은 어머니 뱃속에 들어 있을 때부터 하나님께 택함을 받은 사람이었다고 하는 점은 얼핏 듣기에는 복덩어리처럼 생각게 하는 점이 없지 않다. 그러나 그는 하나님께 버림을 받은 형 에서보다도 더 험난한 세월을 살게 되었는데, 이는 우리가 생각하는 복과 성경이 말하고 드는 복의 개념이 같지 않다고 하는 점을 보여주는 일례가 아닐 수 없다. 이와 엇비슷한 예가 예수의 어머니 마리아의 생애 가운데서도 나타나 있다. 가브리엘 천사가 마리아에게 나타나서 했던 말이 곧 "은혜를 받은 자여 평안할찌어다"였다. 그리고 그 후 마리아가 예수를 임신한 후 엘리사벳을 만나러 갔을 때 엘리사벳이 성령의 충만함을 입어 마리아에게 "여자 중에 네가 복이 있으며…"라는 인사말로 그의 복됨을 지적했다. 천사의 말이나 성령에 의한 엘리사벳의 표현을 빌리면 마리아는 하나님께 은혜를 받은 자로써 여자 중에서 가장 복된 여자였다. 그러나 세상 사람들이 생각하고 드는 복의 개념으로 미루어보자면 마리아는 결코 하나님께 은혜를 입은 여자 중에 가장 복된 여자라고 보아지지 않는 구석이 없지 않다. 일찍이 남편을 잃고 청상과부가 되었고, 집안 형편은 가난을 면치 못할 만큼 궁했다. 또 장남 예수는 엄한 죄명으로 참혹한 십자가에 달려 죽어야 했는데, 그 참상을 지켜내고 서 있을 때의 비참한 마음이 어떠했겠는가? "칼이 네 마음을 찌르듯 하리라"(눅2:35)라고 말했던 시므온의 예언이 그대로 적중한 것이다.

우리 한국 교인들 가운데는 복 받으려고 교회에 다니는 사람들이 많다는 말을 자주 듣게 된다. 예수를 믿으면 복을 받게 되는 것은 자명한 사실이다. 그러나 그 복이라는 것이 우리가 생각하고 바라는 만사형통이 아닐 수도 있다. 예수 안 믿는 사람들 중에 예수 믿는 사람들보다 더 부자가 많다. 서울대학생들의 종교상태를 조사해 보면, 모르면 몰라도 그리스도인이 아닌 학생들의 숫자가 그리스도인들 보다 훨씬 더 많을 것이다.

앞에서도 인용한 바 있는 성경 구절이지만 하나님은 말씀하시기를 "내가 야곱을 사랑하고 에서를 미워했다"고 하셨다. 말하자면 "야곱을 택하시고 에서를 버리셨다"는 뜻이다. 그런데도 에서는 부모님을 모시고 평탄한 일생기를 보냈고 재산으로 말해도 결코 야곱에게 뒤지지 않을 만큼 부자였다. 다만 다른 점이 있다면 야곱의 생애 가운데 함께 하셨던 하나님의 역사가 에서의 일생기에서는 쏙 빠져 나가고 없다는 점이다.

야곱은 오늘날의 크리스챤들을 대변하고 있는 듯한 느낌을 안겨줄만큼 물질욕이 강한 사람이었다. 그가 얼마나 복 받기를 간절히 소원했으면 얍복강 가에서 천사와 씨름할 때 환도 뼈가 부러지기까지 물러설 줄도 모르고 "당신이 내게 축복하지 아니하면 가게하지 않겠나이다"고 집요하게 달라붙었겠는가? 뿐만 아니라 야곱은 삼촌 라반의 집에서 머슴을 살아주면서 악착같이 일을 해서 재산을 모았는데, 그 방법이 비상했다. 삼촌과의 사이에 이루어진 품삯 약속이 아롱지고 점 있는 양이나 염소의 새끼는 야곱의 몫이 되었는데, 재산 증식에 대한 그의 두뇌는 참으로 놀라울 만큼 명석했다. 그러나 라반과 그의 아들들도 야곱 못지않게 경제에 약삭빠른 사람들이었음을 보게 된다. 야곱의 품삯을 열 번이나 변역했고 라헬을 열애하고 있는 점을 미끼로 14년이나 무보수로 일만 부려먹었던 것이다.

복을 받아 내는 데는 아버지를 속이고 형을 따돌리는 음흉하고 간교한 야곱이었지만, 사랑에는 오히려 바보스러울 만큼 눈멀고 단순했던 야곱. 그는 사랑하는 여인을 위해 14년이라는 고되고 힘든 머슴살이도 마다하지 않았는데, 라헬이야말로 마음 붙일 데 없는 외로운 야곱을 위해서 하나님께서 준비해 둔 여인이었다고도 볼 수 있다.

이처럼 큰 대가를 지불하고 취한 라헬이었지만, 그의 가정생활은 야곱이 바랬던 만큼 평탄하거나 행복하지 못했다. 라헬은 오랫동안 무자했고, 야곱의 애정이 오직 라헬에게만 쏠림으로 해서 언니 레아와의 사이에 갈등과 마찰이 빈번했던 것이다. 뿐만 아니라 야곱이 부자가 되자 라반의 아들들이 야곱을 의심하기 시작했고, 삼촌 역시 야곱을 보는 눈이 전과 같지 않았다. 처갓집에 얹혀살면서 재산을 불려나가는 야곱의 심중이 얼마나 불편했으리라는 것쯤은 십분 이해가 되어지는 대목이다.

그래서 야곱은 20년이라는 길고 긴 나그네 생활을 매듭짓고 꿈에도 그리던 고향으로 돌아가고자 마음을 굳혀 먹었으나, 막상 떠나려고 했을 때 형 에서가 아직도 복수의 칼을 갈고 기다리고 있을지도 모른다고 하는 불안과 공포를 떨쳐버릴 수가 없었다. 그가 얼마나 형에 대한 두려움과 공포 속에 사로잡혀 있었으면 에서의 마음을 달래어 풀어주기 위해서 예물이라는 명칭 아래 그 많은 염소와 양, 소와 나귀들을 형에게 바칠 수 있었을 것인지… 그러나 그의 고민과 번뇌는 형에 대한 두려움과 공포만으로 다하지 않고, 고향으로 향하던 노중에 사랑하는 아내 라헬을 잃게 되는 슬픔을 치르게 되고 형과의 목을 끌어안는 (화해) 재회의 기쁨도 잠시 잠깐, 하나 있는 외동딸 디나의 사건으로 평생에 씻을 수 없는 엄청난 살상의 비극을 맛보게 된다. 또 여러 아들들 가운데 유독 라헬의 태생 요셉만을 안으로 끼고 돌봄으로 해서 자식들 간에 질투와 반목이 끊이지 않았고 끝내는 요셉을 잃게 되는 슬픔과 아픔을 맛보아야만 했다. 요셉을 잃은 야곱의 마음이 얼마나 애통스럽고 아팠으면 "자기 옷을 찢고 굵은 베로 허리를 묶고 오래도록 그 아들을 위하여 애통하니 그 모든 자녀가 위로하되 그가 그 위로를 받지 아니하여 가로되 내가 슬퍼하며 음부에 내려 아들에게로 가리라"고 성경에 기록되어 있겠는가?

이처럼 고달프고 힘겨운 통한의 일생기였지만, 그의 노년은 젊은 날의 쓰라림과 아픔을 상쇄받기라도 할 듯 사나운 들짐승들에게 찢겨 죽은 줄만 알았던 요셉이 애굽 왕 바로 다음가는 총리대신이 되어있는, 꿈에도 상상할 수 없는 기쁜 일이 전개되고 화목한 가족관계 속에 다복한 노년을 보내게 된다. 특히 임종 직전에 열 아들들과 두 손자들을 불러 모아놓고 믿음의 눈으로 그들의 (후손) 장래를 꿰뚫어 봄과 동시에 한사람씩 일일이 기도해주는 야곱의 모습은 의인의 죽음을 대변해내는 듯싶도록 감동적이기만 하다.

우리 한국 사람들은 죽은 후에 상여 뒤가 길면 복 있는 사람이라고 모두들 부러워하는 경향이 있는데, 그렇기로 친다면 야곱의 일생기는 초년보다 노년이, 생전보다 생후에 누린 존귀와 영광이 눈부실만큼 찬란했다고 평가되어질 수 있을 듯싶기도 하다. 애굽 백성들은 한낱 이방인 양치기 노인의 (애굽인들은 양치는 사람을 천대시하는 풍속이 있었다) 죽음을 애굽 왕족들의 죽음처럼 70일 동안 애도했고 왕실의 장례법을 따라 40일에 걸쳐서 시체에 향 재료를 넣었으며 바로의 모든 신하와 장로들을 비롯해서 수많은 호상꾼들이 상여 뒤를 쫓아 멀리 가나안 땅까지 따라갔다. 실로 이스라엘민족 12지파의 아비다운 장엄한 영광스러운 장례식이 아닐 수 없다.

우리 모두는 자신의 최후가 어떤 모습으로 다가설 것인지 그 누구도 예측할 수 없다. 모압왕 발락에게 이스라엘 백성들을 저주하도록 뇌물을 받은 발람은 하나님의 영에 사로잡혀 오히려 이스라엘 백성들을 축복하게 되는데, 그의 기도문 가운데 "나는 의인의 죽음같이 죽기를 원하며 나의 종말이 그와 같기를 바라도다"(민23:10)는 구절이 들어있다.

그렇다. 의인의 복은 세상 사람들이 말하는 살아서 육신으로 오복을 누리는 것만으로 전부가 아니라 세상 복은 좀 박복했을지라도 죽을 때

참 모습을 드러낸다. "내가 선한 싸움을 싸우고 나의 달려갈 길을 마치고 믿음을 지켰으니 이제 후로는 나를 위하여 의의 면류관이 예비되었으므로 주 곧 의로우신 재판장이 그 날에 내게 주실 것이니..."(딤후4:7-8)라고 목전에 임박해 오는 죽음을 기대와 설래임으로 준비하고 기다리는 바울의 모습이야말로 성도의 귀한 죽음의 자세가 아닐 수 없을 듯하다.

잘 죽는 일(考終命)

　　스코틀랜드의 애버딘 대학에서 신학박사 학위를 취득하신 L목사님께서 (1994년) 불의의 교통사고로 소천 하셨다는 비보는 참으로 가슴 아픈 소식이었다. 짧지도 않은 7,8년이라는 긴 각고 끝에 영예의 학위를 취득하시고 귀국하시기 바로 직전, 대부분의 유학생 가족들이 그러하듯이 이집트 여행을 떠나신 것이 불행히도 마지막 길이 되신 것이다. 사막을 가로질러 횡단 드라이브를 하던 중 모래 속에 파묻혀 있는 바위덩이를 피하려고 핸들을 꺾는다는 게 예기치 못한 사고를 빚게 되었다고 한다. 인간의 무상함과 성취의 허망함이 끈적한 여운처럼 가슴 속에 파고드는 느낌이다.

　　우리나라 사람들이 생각하는 다섯 가지 복중에 제 수명대로 오래 살다가 죽을 때 고통 없이 평안하게 잘 죽는 고종명(考終命)이라는 게 있다. 하나님을 믿지 않는 일반인들에게 있어서는 죽음이란 그 누구도 예측할 수 없는 하나의 운명에 속한다. 사는 일도 제 마름대로 되어지지 않는 세상에 하물며 죽음이 어찌 자기 뜻대로 되어질 수 있겠는가 해서 제 명대로 잘 살다가 고통 없이 편안히 죽기를 기원하고 이를 복으로까지 여기고 드는 듯싶다. 특히 단명이나 객사, 무사사, 횡사 등을 불행의 하나로 생각하고 들었던 관념이 명예스럽지 못한 개죽음이나 바람직하지 못한 불우한 죽음을 신이 내리신 재앙 정도로 믿고 드는 경향까지 있다. 그러나 세상일에는 일반 통념이나 선입견을 깨뜨리고 드는 사건들이 얼마든지 많다. 저런 사람은 차라리 죽어 없어졌으면 본인에게나 주위 사람들에게 훨씬 더 좋을 듯싶은 사람이 지겹도록 오래 살면서 스스로에게는 말할 것도 없고 남에게 해를 입히고 고통만 과중시키는 경우가 있는가 하면, 좀 더 살아야 할 아까운 사람이 졸지에 떠나버리는 비통스러운 상황도 얼마든지 많다.

추도식을 집도하신 P목사님을 통해서 들은 이야기이기는 하지만, 추도식 예배 도중에 졸도하여 병원에 입원해 계신다는 L목사 사모의 깊이를 잴 수 없는 슬픔 속의 참담한 심정이 "차라리 내가 죽고 아버지가 사셨다면 더 좋았을 것을…"라고 말하며 흐느껴 울더라는 9살짜리 막내아들의 오열과 함께 가슴을 후비고 드는 이 순간, 그리스도인들은 가족과 주위 사람들에게 기쁨과 안위를 안겨주는 복된 모습으로 세상을 하직할 수 있도록 기도해야 되겠다는 느낌을 안겨 받고 있다.

일찍이 시편 기자는 "성도의 죽음은 여호와께서 귀중히 보시도다"(시 116:15)라고 천명했고 "하나님은 영영히 우리 하나님이시니 우리를 죽을 때까지 인도하시리라"(시48:14)고 확신 했다. "너희에게는 머리털까지도 다 세신바 되었나니 두려워하지 말라." 이 말씀은 주께서 하신 말씀이다. 위의 말씀들로 미루어보면, 성도의 죽음을 하나님은 값지게 보시고, 하찮은 참새 한 마리가 죽고 살고 또 팔려가는 것까지도 주관하신 하나님께서 죽을 때까지 우리를 보살펴 인도해 가신다는 쪽으로 이해되어진다. 우리의 머리털 하나까지도 다 세고 계실만큼 우리의 삶 속에 세심한 주의와 배려로 다가서고 계신 하나님은 우리의 하루하루를 지켜내시고 인도하실 뿐만 아니라 우리의 생애 전체를 총괄하고 계신다. 따라서 우리의 일생이 하나님께 속한 것처럼, 죽음 역시 하나님께 속해있다고 해야 할 일이다.

이 세상에서 일어나고 있는 잡다한 사건들 가운데 하나님께서 뜻하시지 않고 허락하시지 않는 일이 발생되어지는 경우는 결코 없다. 다만 다름이 있다면 하나님의 뜻과 허락 사이의 차이점이다. 하나님의 뜻은 절대적으로 이루어지고 만다. 그 어떤 수단과 방법으로도 거역하거나 막을 길이 없다. 그러나 하나님의 허락은 하나님의 근본 뜻과는 그 성질이 좀 다르다. 원래는 하나님께서 뜻하시지 않으셨을지라도 그 일이 일어날 수 있도록 내버려 두시는 것을 하나님의 허락이라고 한다. 이 세상에는 하나님의 뜻과는 무관한 일들이 무수히 발생되어지고 있다. 하나님께서 허락지 않으시면 (막으시면) 한 가지 일도 자의적으로 발생되어 질 수 없지만, 하나님은 강권적으로 제압하고 들기 보다는 허락하시는 경우가 허다하다. 예를 들자면 전쟁과 가난, 병마와 살인, 아픔 등과 같은 불행한 참상과 비극은 하나님의 뜻에 의하여 발생되어 지기 보다는 인간의 욕심과 투기, 실수와 무지, 오용 등에 의해서 하나님의 허락 하에 빚어지고 있는 것들이다.

죽음 역시 마찬가지다. 수명재촉이라는 말이 있듯이 하나님께서 부르시지 않는 죽음도 얼마든지 발생할 수 있다. 인간의 실수와 부주의로 인한 참사와 전쟁과 기근, 살인 등이 이에 속한다. 자살 또한 하나님께서 부르시지 않는 하나님의 뜻과는 무관한 범죄행위이다. 인간은 살 권리가 있고 또 자기의 생명을 지키고 보존해야 할 의무가 있다. 그 이유는 이 생명이 내 생명이 아니요 하나님께서 주신 생명이요 하나님의 뜻 수행에 대한 사명과 가족과 사회에 대한 임무와 책임이 생명 안에서만 가능을 보기 때문이다. 뿐만 아니라 인간은 자기 생애를 즐기고 누릴 권리와 함께 이웃에 대한 의무수행을 요구받고 있다. 그래서 일찍이 칸트는 "인간은 의무를 위해서 낳았다"고 말했던 것이다.

어느 날 A집사가 겁도 없이 심야에 운전을 하며 런던을 다녀오겠다기에, 기도를 많이 하고 떠나라고 했더니 껄껄 웃으면서 날더러 그런 것까지도 다 기도하느냐고 반문하듯 물었다. 놀라지 않을 수 없는 반응이었다. 그리스도인들은 큰 일이나 작은 일, 쉬운 일이나 어려운 일을 무론하고 범사에 하나님만 의지하고 바라듯 기도해야 하지만, 특별히 영적으로나 육신적으로 위험이 도사리고 있는 부분에 대해서 더욱 힘써 간절한 마음으로 기도해야 한다. 무슨 일이 벌어져서 다급하고 긴급한 상황에 놓일 때는, 기도하기에는 이미 때가 늦다. 기도를 가장 필요로 할 때는 대개는 기도할 수 없는 상황에 직면해 있을 때이다. 그러므로 우리는 항상 기도해야 하고, 범사에 기도해야 하며, 쉬지 않고 기도해야 한다.

죽음도 삶의 한 모습이요 일부분이다. 하나님의 자녀로서 하나님의 사랑을 받고 은혜를 입은 자의 종말이 개죽음처럼 비참스러운 모습이라면 무엇이 덕 될 수 있겠는가? 또 본인의 부주의와 실수로 귀중한 생명을 잃게 된다면 어다다 대고 무슨 말을 할 수 있겠는가? 야곱처럼 자녀들의 장래를 믿음의 안목으로 미리 내다보고 한 사람씩 일일이 축원기도를 해줄 만큼 여유 만만한 임종을 맞이하지는 못한다 하더라도, 안 믿는 가족들에게 주님을 심어주고 증거할 수 있는 전도의 장이 될 수 있다면, 여호와께서 귀중히 여기시는 성도의 죽음이요 의인의 모습으로서의 죽음일 것이다. 우리는 마지못해서 죽는 그런 모습으로가 아니라 본향에 돌아가는 평온한 얼굴, 평생토록 사모하고 그리던 주님과 대면하게 된다는 기쁨과 설레임의 임종이 되어져야 마땅할 것이다. 이 역시 하나님의 은총 안에서만 가능할 수 있는 큰 축복이 아닐 수 없다. 주의 이름과 배우자와 슬하의 자녀들 그리고 내 자신을 위해서라도 우리는 제 명대로 살다가 고통 없이 잘 죽는 고종명의 축복을 하나님께 간구함이 지혜로운 처사가 아닐는지?

마음의 묵상

외로움이 아직 마음의 변죽에도 와 닿지 않던 내 나이 스물하고 일곱 되던 해 봄. 젊음의 패기와 야망에 떠밀려 지구를 가로질러 횡단했을 때, 사람의 체취가 그리움인 줄을 난생 처음 피부로 느끼듯 감지하게 되었더라. 인간에 대한 그리움이 망울망울 피어날 때면 까닭 없는 설움이 목젖까지 차올라 길 잃은 미아처럼 울고 또 울었어라.

정든 고향 산천과 조국을 등지고 앉아 뿌리 뽑힌 나무처럼 자기 삶 하나를 추스를 기력도 없이 커튼을 드리우고 눈물만을 뿌리고 들 때, 눈 앞에 다가선 인간 탐색에의 눈 뜨임. 자기를 도사려 삶의 목적과 의미를 캐고 인생의 항구한 값어치와 복락을 논하기에 이르렀으니 철학자가 따로 있는 것이 아니구나 싶어지던 때였더라.

살림살이 하고는 담 쌓고 살 여자처럼 잡다한 일상사와 아이들까지도 다 내버려두고 머리를 감싸 쥐듯 골방에 들어앉아 삼일 삼야 식음을 전폐하듯 끝없는 사념 속에 파묻혀 회오와 반성 속에 울고 또 울었을 때에 떠오른 한줄기의 서광. 혼자됨의 막막함과 고적함이 자기발견을 위한 디딤돌이 되어줄 줄이야...

만물 중에 사람됨의 나음이 무엇인가? 선택의 여지조차 발붙일 곳 없이 씨앗이 떨어진 그 자리에 싹을 틔우고 꽃을 피우며 붙박이처럼 터 잡고 앉아 열매를 맺어가는 한 그루의 초목이 되었으면 차라리 나을 듯 싶었고, 푸른 초장을 유유히 배회하며 풀이나 뜯어먹고 젖이나 만들어내는 주어진 본능대로 행동하여 살다가 생각 없이 죽어가는 소나 양 같은 짐승으로 태어났다면 훨씬 더 좋을 듯 싶도록 무성한 사념 속에 침잠되어 부모가 나를 낳아 키워, 스승이 날 가르치고 세월이 이끌어 주던 때의 평안함과 안일함이 벗겨나간 자리에 힘겨운 홀로서기의 3년 세월. 하염없는 눈물을 쏟아내다 못해 제 풀에 지쳐 딸꾹질할 때 하늘에서 떨어졌는지 땅속에서 솟아났는지 형체도 없이 전신에 스며드는 포근하고 상쾌한 마음 한자리. 하나님은 스스로 애통하고 통회하는 자를 찾아 심방 오시는 자애와 포용의 신이심을 난생 처음 온 몸으로 감지하듯 체험케 되었더라.

그분이 날 찾아와 내 영혼에 화사한 사랑의 채색무늬로 곱게 수놓아 지은 정갈한 세마포 옷을 값없이 입혀 주셨을 때에 일시에 쏟아져 내리던 감격과 감명 속의 환희. 이 또한 눈물로 범벅된 감사와 찬양의 경탄이었어라. 찬란한 아침 햇살로 마음 가득히 다가선 신의 은총 아래서 안개처럼 스러지고 흩어져나간 나그네 됨의 울적한 심회와 고독 속의 방황. 한 날에 솟구쳐 오르는 생에 대한 탄탄한 의지와 팽팽한 자신감. 잡초 같은 시름 속에 삶의 모서리마다에 얼룩져 있는 회의와 고독의 그림자가 물러간 자리에 새롭게 차지하고 든 먼 여로에서 고향집에 돌아와 어머니 품에 안기는 듯한 안온한 평강과 비둘기처럼 훨훨 날 것 같은 홀가분함. 중생이 곧 죄로 인하여 잃어버렸던 존재회복의 길임을 깨닫게 되었더라.

텅 빈 항아리처럼 비고 비인 마음에 풍성한 말씀의 성찬으로 찰랑찰랑 채워 실하고 탐스러운 열매를 목적하시고 당신의 모양과 형상을 따라 나를 빚고 다듬어 나가시는 하나님의 손길. 인생의 끝 동네에서 밀폐 당하 듯 폐쇄된 삶을 걸어가고 있는 이 생애 속에 자리 잡고 앉아 더도 말고 당신과의 내밀한 교제만으로 세상의 모든 낙과 만족을 대신하게 하시니 "내가 온 것은 양으로 생명을 얻게 하고 더 풍성히 얻게 하려는 것이니라"(요10:10)는 성경 말씀이 참인 것을 십 수 년을 주님께 손목이 잡혀 걸고 난 후에사 알게 되었어라.

보고 싶고, 듣고 싶고 평생토록 뜨거운 가슴으로 연모의 정을 쏟아내다가 죽어서 길이길이 받들어 모시고 섬겨갈 나의 주여. 내 나이 쉰을 가로질러 한참을 치달려 나온 요즈음에서 아집의 모서리가 떨어져 나간 자리에 유순한 자기 부정의 헌신을 그림자처럼 보게 됩니다. 당신을 내 삶의 유일한 주인으로 모셔 함께 걸어나온 25개년 성상이 결코 짧은 세월만은 아닐 것인데도, 십년이 하루처럼 가깝게 느껴짐은 그때나 지금이나 당신을 향한 목마름 같은 희구의 간망 때문이 아닐까 하옵니다. 내 생애의 갈피 마다에서 숨결처럼 새어나는 절대유일의 나의 주여. 당신 한 분만으로 만족과 기쁨을 삼고 당신으로 배우며 단련을 받고 길들임을 당한 반평생이 더 되는 지난 세월. 이 세상은 내게 있어서 야곱의 머슴살이와 출애굽한 이스라엘 백성들이 가나안 땅에 들어가 안식에 거하기 전 통과해야 했던 광야와 다를 바 없다고 하면서도, 야곱처럼 세상 복락과 물질에 현혹된 삶의 양식과 의식을 탈피하지 못한 채 이스라엘 백성들처럼 불신과 불만, 원망과 의혹에 붙잡혀 내려오고 있는 자신임을 발견하게 됩니다.

함에도, 당신과 마주보고 앉아 지내는 세월의 햇수가 쌓여 가면 쌓여 갈수록 나와 세상과의 사이에 가로질러 놓인 골과 간격이 깊어지고 넓어져서 이해받지 못한 외로움과 하나 될 수 없는 갈등 속에 또다시 세상 밖으로 밀려나와 떨어져 앉은 듯한 느낌일 때가 없잖습니다.

항상 우유만 마시고 사는 어린애를 탈피치 못한, 지혜도 판단력도 없는 부진한 자신의 영적 성장 앞에 막막하다 못해 절박한 느낌 속에 휘말려 들 때도 없잖지만 어린아이가 아버지 무릎 위에 올라앉아 등을 기대듯 당신만을 의지하고 싶습니다. 어제 범한 실수 오늘 또 범하고, 어제 잘못하고 회개한 과오 오늘 또 저지르듯 어줍잖은 신앙. 가나안 땅에 거하고 있는 원주민들을 한꺼번에 싹 밀어붙이듯이 쫓아내지 않고 시간과 여유를 두고 조금씩 조금씩 몰아내주시겠다고(출23:27-30) 다짐하셨던 하나님. 당신의 성품을 닮아가는 나의 인성발전에도 당신은 똑같은 방법을 쓰고 계십니까?

"낮말은 새가 듣고 밤 말은 쥐가 듣는다"는 속담이 있긴 합니다만, 당신은 새와 쥐가 못 듣는 말까지 다 듣고 계신 듯합니다. 친구들과의 사이에 오가는 실없는 말 한마디는 고사하고 남편과만 은밀히 지껄이는 한담까지도 귀담아 들으셨다가 아침이면 여지없이 따지고 드시는 이여. 당신의 말씀은 어찌 그리 살아서 운동력이 있는지, 내 심장을 찌르고 폐부를 가름이 날 센 검보다 더 예리하여 부끄러움과 수치심으로 뻘건 얼굴이 되어지면서도 놀람과 기쁨을 제어할 길이 없습니다.

인생의 고달픔이나 쓰거움 대신에 내 육신에 난청이란 가시를 붙여두시고, 이도 부족하다 싶으면 사람의 가시로 채찍처럼 꾸짖고 책하시는 이여. 당신은 아픔이란 도구를 들어서 내 영혼을 소생시키는 양약으로 쓰시고, 선과 진리의 길잡이로 사용하셔서 악을 선으로 대치하시는 분이십니다.

밧세바와 간음하고 자기의 죄과를 은폐시키기 위해서 둘도 없이 충성되고 성실하기만 한 우리아(밧세바의 남편)를 최전방으로 몰아내어 전사케 했던 다윗왕의 끔찍한 죄과를 용서하여 주시고 "내 마음과 합하는 내 종 다윗"이라고까지 칭하셨던 하나님. 다윗의 혈통을 통해서 만인의 구주가 탄생케 하심으로 그의 왕계를 영영케 하시고, 신약 성경 속에서만도 그의 이름이 58번이나 기록되어 있을 만큼 다윗을 높이신 여호와여. 사람 앞에 이렇다 할 고움이나 잘한 일이 없을지라도 당신의 마음과 합하는 마음 하나 갖고 품어 지내기를 이날 이때까지 전심전력으로 희구하고듬에도 부끄럽고 부끄러운 심정뿐입니다. 사람이 왜 그리 정직하기가 힘들고 바른 말 하기가 어렵습니까? 나는 입술이 부정직한 사람이요, 마음이 깨끗지 못한 인간임을 고백합니다.

인간 세계를 두루 돌아보고 하나님 앞에 선 사단에게 "네가 내 종 욥을 유의하여 보았느냐 그와 같이 순전하고 정직하여 하나님을 경외하며 악에서 떠난 자가 없느니라"고 욥을 극구 칭찬하셨던 하나님. 내가 또한 당신 앞에 순전하고 사람 앞에 정직하기를 바라올지라도 나의 입술은 거짓말로 빨갛게 물들었고 마음은 죄악으로 혼탁하여 잿빛이 되어가고 있다는 느낌을 떨구어 버릴 길이 없습니다.

나의 주여, 세상에 이런 일도 다 있을 수 있나요? 거짓되고 부패한 이 입술에서 거룩하시고 참되신 하나님께 종일토록 감사의 찬미소리가 흘러나는 이 신비스러운 일.

- 내 죄사람 받고서 예수를 안 뒤 나의 모든 것 다 변했네.
  지금 나의 가는 길, 천국길이요 주의 피로 내 죄를 씻었네.
  나의 모든 것 변하고 그 피로 구속 받았네.
  하나님은 나의 구원되시오니 내게 정죄함 없겠네.

나의 주여, 신앙은 모순인가요? "죄가 더한 곳에 은혜가 더욱 넘쳐나는" 전신에 파고드는 이 경탄 속의 신선함. "내게 정죄함 없겠네"의 여덟 글자가 안겨준 무량한 기쁨 말입니다.

주시고 또 주시는 신실하신 하나님

씨를 뿌리면 싹이 나기 마련이다. 발아의 기간이 다소 다를 수는 있지만 일단 씨앗이 땅에 떨어져 박히면 습도와 기온에 따라 발아를 준비한다. 우리가 예수 그리스도의 이름으로 하나님께 드리는 기도도 마찬가지이다. 의심하고 구하거나 정욕으로 구하는 기도, 회개치 않는 죄가 하나님과 우리 사이를 가로막아 상달되지 못하는 기도 외에는 모두 응답해 주신다. 얼마만큼 잘 응답해 주시는가 하면 "우리의 온갖 구하는 것이나 생각하는 것에 더 넘치도록"(엡3:20) 주신다고 했다. "생각하는 것에"라고 말씀하셨으니 우리가 입을 벌려 아직 표현해 내지 못하는 마음 속에 생각만으로 품어내고 있는 부분까지도 아시고 내려주신다는 말씀일터이니, 이 얼마나 넘치도록 후히 주시는 하나님이신가?

이렇게 말하면 듣는 분들 가운데는 반신반의하거나 이의를 제기하고 드는 사람들도 없지 않을 듯 싶기는 하다. 나 역시 기도가 생활화될 만큼 내 생애 가운데 기도가 차지하고 드는 비중이 크다 아니 할 수 없지만, 처음 기도생활을 시작할 때는 참으로 하나님께서 나의 기도를 다 들어주실 것인가 하는 의문과 의혹이 마음 속에서 오락가락했고, 안 들어주신 기도가 많다고 느꼈던 시절이 있었다. 그러나 의지할 곳도 없고 하소연할 사람도 없는 나에게 있어서 주님은 나의 바램의 전부였고 유일한 대화의 대상이셨다. 나의 외로움도 막막함도 아픔도 근심도 걱정도 답답함도 나는 날마다 순간마다 주님 앞에 쏟아낼 만큼 주님을 믿은 후 몸으로 애쓰고 수고하기 보다는 기도에 비중을 두어왔던 듯싶다. 이는 내 스스로가 택한 신앙노선이라기 보다는 주께서 이 길로 밀어붙이고 계시지 않나 싶은 감도 없지 않다.

생각해보라. 나도 다른 어느 보통 교민 부인들처럼 남편과 함께 사업장에 뛰어들어 벌어먹고 살아가야 할 형편이라면 무슨 수로 날마다 말씀을 대하며 차분한 마음으로 기도할 시간을 만들 수 있겠는가? 나 역시 젊은 날에는 다른 부인들처럼 돈도 좀 벌어보고 싶고 밖에 나가 사람도 좀 대해보고 일도 좀 해보고 싶었던 적이 있긴 했었지만, 그때마다 주춤거리지 않을 수 없었던 것은 자녀들 생각보다 기도할 시간을 빼앗기게 될 우려심이 없잖았다. 그렇다고 하루종일 기도만 하고 앉아있는 것은 아니지만, 하루 시간 중에 가장 정신이 맑은 아침 시간에 주님 외에 다른 것으로 시간을 빼앗기고 싶지 않다는 게 나의 소망이다. 주님과 함께 하는 아침 한두 시간이 하루 전체시간에 비하면 지극히 작은 부분에 지나지 않지만, 나의 하루와 내 인생 전체가 여기에 달려있다고 해도 과언이 아닐만큼 내 생활 전역에 미치고 드는 기도의 능력과 위력을 처음에는 몰랐는데, 오랜 세월을 거듭해 나오면서 이제는 알 것 같다. 귀를 못 듣는 것은 차처에 두더라도 귓속에서 티니터스라고 하는 방직공장에 들어 앉아 있는 듯한 쇠바퀴 돌아가는 소리가 24시간 한순간도 끊이지 않고 들려오는 병중을 걸머안고도 늘 기쁘고 활기찬 삶을 유지해 낼 수 있는 것은 성령의 능력이요, 이는 기도를 통한 주님과의 접촉 때문이라고 감히 믿고 싶다.

야고보 선생은 "너희가 얻지 못함은 구하지 아니함이요"(약4:2하)라고 말했듯이 우리가 구하지 않기 때문에 얻지 못할 뿐이지, 우리들의 하나님은 구하는 자에게 다 내려주시는 후한 하나님이시다. 성경에 "구하라"는 말씀을 얼마나 많이 하셨고, 또 구하는 자에게 응답해 주실 것을 누누이 약속하고 계시지 않은가? 그런데도 나의 뚫리지 않는 귀처럼 응답을 받지 못한 기도가 우리 각자에게는 한두 가지씩 꼭 있다. 왜 그런가? 물론 "Yes"만이 응답이 아니고 "No"도 응답이기는 하다. 그런데 "Yes"도 아니고 "No"도 아닌 채 미지수로 남아 있는 기도도 있게 된다.

나는 우리의 영적축복이 아직 응답받지 못한 미지수에 걸려있다고 믿고 싶은 사람 중의 한 사람이다. 하나님은 우리의 기도를 시기와 때를 따라 적절하게 이루어 주시지만, 때로는 더디 이루어 주시거나 당신 앞에 설 때까지 보류하고 계신 기도가 있는데, 이로 인하여 우리는 더욱 더 간절한 마음으로 기도하게 되고 찾고 기다리며 하나님만 바라게 된다. 하나님은 더디 내려주시는 기도를 통해서 사랑하는 자녀들을 당신의 허리춤에 묶고 계신다. 이것이 우리가 하나님 앞에서 누리는 가장 큰 축복 중의 하나라고 말하고 듣는다면 궤변 아닌 궤변이 될 것인가?

우리 한국 학부모들이 염려하고 근심하는 문제 가운데 하나가 곧 자녀들의 교육문제로 일류대학에 집어넣고자 하는 점일 것이다. 나는 다른 일로는 이웃 사람들의 부러움과 청송을 사보지 못할 만큼 부자도 아니고 성공한 사람도 못되지만, 주님의 은총으로 자녀들 때문에 턱없는 칭찬을 듣기도 하고 부러움을 사기도 한다. 사람들은 내게 어떤 특별한 자녀교육 방법이 있는가 하여 가끔 질문해 오는 분들도 계시지만, 솔직히 말해서 과외공부를 시켜본 일도 없고 사립학교에도 보내지 못한 형편이었고 보면 하루하루의 학교생활을 위한 기도 외에는 달리 아이들 공부에 관여해 본 일이 없다고 하는 실망스런 대답 밖에 나갈 길이 없다. 그러나 우리 자녀들에게 내려주신 하나님의 축복을 더 좀 정확하게 피력하자면, 나의 기도 때문이 아니라 좋으신 우리 하나님께서 이미 작정하시고 예비해 놓으신 것들을 구했을 뿐이고 주신 이는 하나님이시다.

한 가지 예를 들어보자. 우리 딸아이는 두 오빠들과는 달리 학교 성적이 뛰어나지 못해서 대학 입시를 앞두고 은근히 걱정을 많이 했다. 대학입시 시험에 해당하는 A레벨 평균점수는 30점 만점에 24점으로, 그만하면 어떤 대학에나 충분히 들어가고도 남는 점수였다. 그런데 문제는 평균점수가 아니라 개별과목에서 수학 성적이 보통선(C)을 넘지 못하여 불합격이 되고 말았다. 단 지망학과를 건축과에서 도시계획과로 바꾸면 받아주겠다는 단서가 붙기는 했지만, 아이는 막무가내로 싫다는 거였다. 이차 지망을 런던대학으로 했는데, 거기도 가기 싫고 일 년을 재수하기는 더더욱 싫다고 버티고드니 어떻게 해야 좋을지 앞길이 그저 막막하기만 했다. 그날 저녁 아이와 나는 말씀을 펴놓고 하나님 앞에 무릎을 꿇었다. 어떻게 해서인지는 모르지만 "너희는 마음에 근심하지 말라 하나님을 믿으니 또 나를 믿으라"(요14:1) 말씀으로 딸아이와 함께 나누고 기도를 드렸다. 다음날은 주일날이었는데, 똑같은 말씀으로 목사님께서 설교를 하셨다. 그리고 그 다음 월요일 아침 나의 QT 성경본문이 "내 이름으로 무엇이든지 내게 구하면 내가 시행하리라"(요14:14)는 말씀이어서, 아이와 나는 소망을 가지고 하나님께 간절히 구하고 또 구했다. 그 후 이틀 후에 은영이는 두 명의 추가 후보생 중에 한명으로 뽑혀 바라고 원하던 학교(Mackintosh School of Architecture)에 들어가게 되었으니…

큰아이 적에도 마찬가지였다. 학과 공부보다 더 어렵고 까다롭다는 C 대학의 인터뷰 (구두시험) 때의 일이었다. 아이가 구두시험에 응하고 있는 30분을 우리 부부는 학교 주차장에 차를 세워놓고 기도하기 시작했다. 그러나 내 입술에 올려진 말은 간절한 도움을 청하는 간구가 아니라 성경말씀 한 구절이었다. "누구든지 저를 믿는 자는 부끄러움을 당하지 않으리라"(롬10:11). 나는 이 말씀 한 구절을 아이가 구두시험을 끝마치고 자동차 속으로 들어와 "엄마 무슨 그런 소리를 계속 반복하고 있어?" 하고 물을 때까지 읊조렸던 것이다. 실로 우리 하나님은 당신을 믿고 바라는 자에게 부끄럼을 당하지 않도록 도와주시는 분이시었다.

그러나 둘째아이의 경우는 좀 달랐다. 대학교 진학문제를 놓고 의견이 분분했던 것이 아니라, 중학교를 우리도 남들처럼 사립학교에 보내고자 했을 때 학비문제 때문에 우왕좌왕 결정을 내리지 못하고 한동안 근심 속에 파묻혀 지낼 적의 일이었다. 그날은 토요일 아침이었던 것으로 기억되는데, 가정예배를 통해서 성이의 학교문제를 결정하고자 성경 찬송가를 들고 작은 아이의 방문을 들어서는데 "여호와께서 요셉과 함께 하시므로"라는 말씀이 강하게 내 가슴 벽을 질타하고 들었다. 하나님께서 요셉과 함께 하시므로 그는 가는 곳마다 사람들로부터 신임을 얻고, 사람의 방법으로가 아닌 하나님의 뜻으로 애굽의 총리대신이 되어 애굽인들과 야곱집안을 7년 대흉년으로부터 구출했던 사실은, 굳이 사립학교에 가는 것만이 능사가 아님을 깨우쳐 주셨다. 결국 성이는 사립학교를 포기하고 국립학교를 다녔지만 형의 뒤를 이어 C대학을 걱정도 없이 들어갔고 우등으로 졸업한 후 모교에서 해부학을 강의하면서 외과수련의 과정을 밟아 전국에서 1등으로 외과전문의(F.R.C.S.) 시험에 합격하는 영광을 누리기도 했다. 지금은 Dr에서 Mr가 되어 뇌신경외과를 전공하고 있으니, 실로 우리 하나님의 신실하심이 눈물겹도록 고마울 뿐이다.

우리 하나님께서 나의 기도를 들어주신 일이 비단 아이들의 학교문제만은 아니었다. 지금 우리 가족이 이사 들어 살고있는 이 집을 살 때에는 어려운 여건 가운데서도 형통의 길로 인도해주셨던 것이다. 우리가 영국에 와서 두 번 집을 옮겼는데, 병원관사 생활을 청산하고 처음으로 내 집을 마련하여 이사를 든 후 3개월도 다 못되어서 집값이 배로 뛰었다. 그 집에서 한 11년쯤 살다가 지금 살고 있는 이 집으로 옮긴 직후 또 한 번 집값이 하늘 닿게 뛰었다. 이렇듯 우리 하나님은 그 자녀들에게 손해를 면케 하시고, 주시고 또 주시는 분이심을 믿는 횟수가 쌓이면 쌓일수록 응답의 횟수도 눈덩이처럼 불어감을 통해 경험케 되었다. 그러나 이 모든 것 위에 뛰어난 기쁨은 세 아이들이 현재까지는 한결같이 신앙생활을 잘 해주고 있다는 점이다.

지금 나의 가장 큰 기도제목 중의 하나는 큰 아이와 둘째 아이의 결혼 문제로, 믿는 자부를 맞아들이는데 초점이 모아지고 있다. 부잣집 딸도 바라지 않고, 학벌이나 용모보다는 하나님의 자녀로써 원만한 가정에서 자라난 건강한 자부를 맞이할 수 있기를 오늘도 내 주님 앞에 두 손을 모은다.

천사의 말

-천사의 말을 하는 사람도 사랑 없으면 소용이 없고 심오한 진리 깨달은 자도 울리는 징과 같네 하나님 말씀 전한다 해도 그 무슨 소용 있나 사랑 없으면 소용이 없고 아무 것도 아닙니다

이상한 일이다. 난생처음 불러본 찬송가처럼 생마늘을 깨물어 삼키듯 따가운 이 가슴과 걷잡을 수 없는 추세로 흘러내리는 눈물 줄기.

눈으로 보아 눈의 어여쁨이요, 귀로 들어 귀에 달콤함이라. 마음으로 불러 심령의 끓어오름이 이 같을진데 전신으로 파고드는 성령님의 위력인들 얼마나 클 것인가?

나는 고린도전서 13장에 기록되어 있는 사도 바울의 "사랑 예찬론"을 읽어 내려갈 때마다 실로 놀라움을 금치 못하겠는 심정일 때가 많다. 사도행전 8장 3절과 9장 1-2절 사이에 나타난 인정이나 사정과는 담쌓고 사는 듯 살기가 등등하여 남녀노소를 무론하고 닥치는 대로 잡아다가 옥에 집어넣던 청년 사울의 놀라운 변화의 모습이 고린도전서 13장에서 피부로 감지하듯 물씬 전달되어 오기 때문이다. 멀리 서있기만 해도 화기가 느껴지는 훨훨 타오르는 불꽃같은 사랑이라기보다는, 잿 속에 파묻혀 있는 불씨와 같은 사랑. 그 사랑이 너무도 진지하고 강인하여 오히려 있

는지 없는지 모를 만큼 소리도 들리지 않는 그의 사랑관은 실로 깊이 조차도 가늠을 불허하는 듯 싶기만 하다. 사람의 심성과 인품이 얼마나 고매하고 깊어지면 "모든 것을 참으며 모든 것을 믿으며 모든 것을 바라며 모든 것을 견디느니라"고 말하고 가르칠 수 있는 경지에까지 도달할 수 있을 것인지…어설픈 남녀 간의 사랑은 발붙일 곳도 없고, 인간이 줄 수 있는 사랑 가운데 가장 강하고 뜨겁다는 모성애와도 비견될 수 없는, 부정적인 측면이나 회의적인 생각은 찾아볼 수 없고 오직 소망과 믿음의 긍정적이고도 낙관적인 강한 정신력과 따뜻한 감성이 물씬 배어나는 느낌이다.

사도 바울은 고린도전서 13장 "사랑장"을 통해서 자신의 모습을 적나라하게 그려내고 있다는 인상이 짙다. 그는 1-3절 사이에 사랑의 부재론에 대해서 언급하고 있는데, 사랑이 없으면 인간의 달변이나 방언, 예언, 심오한 진리에 관한 지식이나 세상 학문(지식), 믿음, 구제, 희생적 섬김이 아무 것도 아니라고 말하고 있다. 이는 예수를 만나기 이전의 자기 자신을 그대로 표현해 내고 있는 듯한 느낌을 자아낸다.

사도 바울에 대해서는 "육신의 가시"라는 제목 하에 잠깐 약술한 바가 있긴 하지만, 그는 누구보다도 방언을 자주 말했고, 성령의 다양한 은사를 받은 영적 체험이 깊은 분이었다. 하나님 안에 감추인 비밀한 복음에 관한 문제까지도 훤히 꿰어낼 만큼 하늘의 비밀한 지식과 세상학문에도 둘째 가라면 서러워할 만큼 탁월한 학식인이기도 했다. 또 교회와 예수 그리스도의 복음을 위해서 자비량 선교사로서 자기 몸을 내어줄 만큼 헌신적이었고 모든 사도들 중에서 "믿음의 사도"로 일컬어질 만큼 믿음의 사람이었다. 그럼에도 사도 바울은 사랑이 없으면 자기의 영적 체험과 은사, 지식과 학문, 믿음과 헌신이 소리 나는 구리와 울리는 꽹과리에 불과

하고 스스로에게 아무 유익이 없다고 천명하고 있는 것이다. 이 얼마나 놀라운 발견이요 깨달음인가?

많은 사람들이 바울의 사랑장을 이해하기 어렵다고 말한다. 바울은 예수 그리스도의 은총과 사랑에 자기의 실존을 건 사람이었다. 그가 말하고 가르쳤던 사랑이 감정적인 인간애가 아니었음은 두말할 나위가 없다. 선인과 악인, 의로운 자와 불의한 자를 구분하시지 않고 한결같이 햇빛과 비를 내려주시는 하나님의 아가페적인 사랑을 논하고 있는 것이다. 우리가 아직 죄인 되었을 때 예수의 사랑을 필요로 여기지도 않았고 받을 만한 가치도 없을 때 우리를 위해서 십자가 위에 높이 달려 돌아가신 예수 그리스도의 사랑. 그것을 말하고 있는 것이다.

사도 바울은 고린도전서 12장에서 성령의 다양한 은사를 말하고 14장에서 방언과 예언에 대해 설명을 가하는데 그 중간 13장에다 사랑의 "최고론"을 삽입시켜 놓았다. 바울은 12장 마지막 절에 "너희는 더욱 큰 은사를 사모하라 내가 또한 제일 좋은 길을 너희에게 보이리라"고 말한 뒤 13장에서 사랑 예찬론을 펼치고 든다. 그리고 14장 1절에 다시 "사랑을 따라 구하라"고 가르치고 있는 것을 보면 "더욱 큰 은사와 제일 좋은 길이 곧 사랑"임을 쉽게 알 수가 있다. 그리고 13장 마지막에서 바울은 "예언도 폐하고 방언도 그치고 지식도 폐한다"고 말하면서, 이 모든 것이 부분적이요 일시적인 것에 불과 하지만 사랑은 언제까지 떨어지지 않는다고 설명한 후 "그런즉 믿음 소망 사랑은 항상 있을 것인데 그 중에 제일은 사랑이라"고, 사랑의 최고론을 부르짖고 있는 것이다.

사도 요한은 "하나님은 사랑이심이라"(요일4:8)고 말함으로 사랑이 곧 하나님의 본질임을 밝혔다. 성령의 은사인 지혜의 말씀, 지식의 말씀, 믿음, 병 고치는 은사, 능력 행함, 예언, 영분별, 방언, 방언 통역은 제 아무리 신통력을 지닌 놀라운 은사라 할지라도 주님의 몸 된 교회를 섬기는데 사용하는 도구로써 우리가 지상에 살고 있을 동안 필요에 따라 내려주신 것에 불과하다. 따라서 하늘나라에서는 전혀 필요가 없게 된다. 그러나 성령의 열매인 "사랑과 희락과 화평과 오래 참음과 자비와 양선과 충성과 온유와 절제"는 하나님의 품성으로 그리스도인들이 평생토록 힘쓰고 애써 성령님의 도움 아래 우리 안에 채워나가야 할 예수 그리스도의 모습인 것이다. 성령의 은사(Gift of Holy Spirit)는 말 그대로 하나님께서 성령 받은 자들에게 무상으로 내려주시는 선물이라면, 성령의 열매(Fruit of Holy Spirit)는 예수 그리스도의 형상을 닮아가는 천국 백성의 자질 양성이라고 보아 틀림이 없다.

지금 우리 한국에 가정주부들이나 나이 드신 분들을 상대로 해서 평생교육이 실시되고 있다는 말을 들었다. 예수를 믿기 시작하면 그날로부터 그리스도의 학교에 입학하여 평생토록 예수학교의 만년학생이 된다. 예수의 제자로서 주님을 본받고 닮아가는 산교육, 다시 말하면 하나님의 자녀와 천국시민으로서 갖추어야할 성품과 자질을 쌓아가게 된다. 앞에서 언급한 9가지 성령의 은사가 하나님으로부터 주어진 선물이라면, 9가지의 성령의 열매는 예수의 학교에 입학된 그 날부터 성령의 도움 아래 그리스도인들 각자가 예수의 발자취를 따라가는 삶의 현장에서 맺어나가야 하는 열매들이다.

하찮은 들풀들도 가을이 되면 씨앗을 맺는다. 그리스도 안에서 신앙 연륜이 쌓이면 이에 걸맞는 알곡의 결실이 드러나야 할 터이다. 2,30년을 예수학교에 몸담아 주님으로부터 가르침을 받아 나오면서도 항상 저학년에만 머물러 지내는 부진한 신앙상태라면 스승이 되신 주님을 무슨 낯으로 뵐 수 있겠는가?

내 스스로 학생들을 가르치는 선생의 입장에서 느끼게 된 사실 가운데 하나는 아무리 그 아이가 귀엽고 부모들과도 각별히 잘 아는 절친한 관계 속에 놓여있다 할지라도 아이가 학과진도에 너무도 뒤처지니까 처음에는 어떻게 하든지 부모님들과의 사이를 생각해서라도 잘 가르쳐 성적을 올려보려고 애를 썼지만, 결국은 포기하는 상태에까지 도달하게 되는 경우가 있었음을 경험했다. 주님의 성의와 기대에 어긋나지 않는 학생, 비록 남 앞에 영적으로 돋보일만한 큰 은사를 받지 못했다 할지라도 하나님을 사랑하고 이웃을 사랑할 수 있다면 이에서 하나님의 법을 이루고 하나님을 기쁘시게 할 수 있을 것이다.

갈등 속의 나눔

　말씀과 하나님에 대한 그릇된 이해는 나로 하여금 때로는 공허한 생각에 휘말려 들게 하기도 하고, 사단에게 시험의 기회를 제공하고 천근만근 마음의 무게를 달고 시름 속에 갇혀 지내게 만들기도 한다. 출애굽한 이스라엘 백성들이 광야를 통과하면서 시시때때로 하나님을 시험하고 원망하며 불만불평을 터뜨려 냈던 것과 같은 심령과 태도까지도 내 안에서 발견하게 되는데, 이는 모든 문제와 하나님의 말씀까지도 나의 위치와 시각에서 보고 듣기 때문이라는 느낌을 피할 길이 없다.

　내 자신이 하나님을 부인하고 믿지 않은 채 세상을 자행 자지하다가 부서지고 깨어진 마음이 되어 주님 품에 안겼을 때, 날 반갑게 맞아주시던 하나님의 은총과 사랑에 얼마나 감격하고 감사했던가? 그런데 어느덧 탕자의 형님의 심정이 내 안에 도사리고 있는 것을 깨닫게 된다. 내가 가난하고 궁할 때와 천대받고 짓밟힌 상태에 놓여 있을 때에는 가난한 자를 불쌍히 여기시고 천한 자를 귀히 보시는 주님의 긍휼과 은혜가 눈물겹기만 하더니, 자신의 생활상태와 사회적 위치가 쭉 펴지고나니까 그게 아니다. 가난한 자는 가난할 수밖에 없는 이유(게으름, 의존성)가 그들에게 있고, 말이나 행동이 유독 천박한 사람을 대하다 보면 눈살이 절로 찌푸려질 만큼 피하고 싶어진 속사정이 된다.

구약 성경에 "나그네 영접"에 대한 말씀이 자주 등장하는데, 옛날 본인이 나그네와 행인처럼 집 없이 뜨내기 생활을 할 때는 그 말씀이 참 좋더니, 요새는 무거운 짐 덩어리를 보는 듯한 느낌을 안겨 받을 때가 가끔 있다.

"형제 사랑하기를 계속하고 손님 대접하기를 잊지 말라 이로써 부지중에 천사를 대접한 일이 있느니라"(히13:2)의 말씀처럼, 영국을 거쳐 지나가는 케냐 선교사 한분을 주일 예배 후 집으로 모셔와 차 대접 한번 했던 일이 인연이 되어 그분으로 인해서 귀한 목사님 한분을 소개받고 줄곧 존경하는 분으로 모시며 이날 이때까지 함께 주님의 소명을 도모해 나가는 경우를 선두로 해서, 예수 이름 안에서 헤아릴 수 없는 수많은 형제와 자매들을 사귀고 친교를 나누는 축복을 누리고 있기는 하다. 그러면서도 때로는 손님 접대가 부채감 비슷한 부담감을 안겨주고 무거운 마음이 되어질 때가 있게 됨은 피할 수 없는 육신의 한계 때문일 듯도 싶다. 지나간 일들은 모두가 쉽게만 느껴지게 되는지는 모르겠지만, 옛날에는 지금처럼 힘들지는 않았었던 것 같은데 쇠퇴해가는 육신처럼 돌봄이나 섬김에도 은퇴라는 게 있는가 싶어질 지경이다. 그런가하면 나는 별스럽지도 못한 적은 일을 확대경으로 들여다보면서 걸핏하면 주님을 탓하고 원망하는 못된 버릇까지도 지니고 있다는 느낌도 든다.

과거에 집착하는 나이가 되었는지, 자꾸만 과거를 들먹거리고 앉아있는 듯싶기도 하지만 70년대 초 주님을 막 영접하고 났을 때는 어느 지역 어느 도시에 예수 믿는 교포가 살고 있다는 귀띔만으로도 수소문을 하여 수십 수백 마일을 멀다하지 않고 찾아가 수인사를 나누고 성경을 배우러 온 신학도들이라고 하면 연령의 고하를 막론하고 마치 내 친동기간처럼 뒤를 보살펴냈다. 서투른 영어로 공부하느라 불면증에 시달리는 학생, 이성문제로 학내에 물의를 일으키고 고민하는 학생, 신원보증서를 써

주고 초청장을 보내는 등 수백 마일을 오르내리면서 문제를 해결해주고, 방학 때면 집에 묵게 하는 일이나 학업을 끝마치고 귀국하기까지 돌보아내는 지체 섬기는 일을 사명처럼 받들어내면서 외로움을 삭히며 기쁨을 누렸었다. 당시는 지금처럼 집이 넓어서 노는 방들이 있었던 것도 아니었고, 아이들은 어리고 생활은 궁핍하여 손님 한번 치르고 나면 일주일을 김치에 맨밥만 먹고 살아야 하는 환경이었지만, 지금처럼 부담스럽지 않았던 것은 거의 모든 유학생들이 독신들이어서 이기도 하였고, 예수를 믿는 분이면 다 내 형제요 자매라고 하는 철두철미한 지체의식 때문이기도 했다.

그런데 지금의 형편과 사정은 어떤가? 일반 유학생들은 말할 것도 없고 80년도 후반부터 시작해서 몇 년 전만해도 생각할 수 없었던 수많은 기독교인들이 영국으로 쏟아져 들어오고 있다. 이들은 신출내기 신학생들이 아니라 거의 대부분이 이미 한국에서 목사안수를 받고 목회경력을 가진 목사님들이거나 선교사님과 전도사님들로서 슬하에 두세 자녀들을 거느린 분들이다. 영국 내의 대 도시에는 다 한인교회가 들어앉을 만큼 한인들 수가 대폭 늘어났고 런던에는 불어나는 게 한인식당과 교회이다. 교회 수가 많아지고 신도들이 불어났다고 해서 기독교의 기본 진리인 형제사랑에 변화가 있어서는 안 되겠지만, 아니 오히려 형제 사랑을 통해서 그리스도의 제자됨을 나타내야 되겠지만, 믿는 사람들 사이에 갈등과 불화가 빈번하고 말과 행동이 전혀 걸맞지 않는 목회자들의 이중적 행동들이 자꾸 눈에 가시처럼 박혀 들다 보니 옛날처럼 목사님들에 대한 신뢰감이나 교회 다니는 사람들이면 다 그리스도인으로 내 형제와 자매처럼 느껴지던 마음에 금이 갔다고 해도 과언은 아닐 듯싶다. 특히 맨체스터 내에 한인교회가 설립되어지는 과정에 있어서 교인들보다 더 비성서적인 분들이 스스로를 가리켜 "하나님의 종"이라고 칭하고 드는 목회자들임을 수없이 보고 대하면서 이제는 목사님이라고 해도 깜짝 반가워 모셔 들이고 싶은 심정보다는 특별한 연줄이 있지 않는 한 무관심하게 된다. 이 같은 심정은 교회를 다닌다고 하는 교인들에 대해서도 마찬가지여서 비교인 보다는 반갑고 친밀감이 앞서지만 옛날처럼 집에 초청하여 식사대접을 하고 찾아가서 영국생활에 대한 정보를 제공해주는 적극성이 시들해졌다고나할까… 그러면서 이렇게 믿고 행동해도 되는 건가 싶은 반성과 자책감에 휘말려들 때가 종종 있게 된다.

교회는 천국의 모형이다. 하늘에 시민권을 둔 성도들이 한자리에 모여 하나님을 예배하고 경배하며 말씀을 나누고 떡을 떼며 기도하는 곳이다. 성도들은 연령의 고하나 빈부의 차, 인종과 학식, 성별을 떠나서 그리스도 안에서 한 지체요 권속들이다. 그럼에도 불구하고 우리 한국 교인들은 대형교회에서 신앙생활을 해나온 탓인지, 아니면 중생의 영적체험이 없어서인지, 그것도 아니면 말씀을 몰라서인지는 모르지만 형제의식이 전혀 없다고 해도 과언이 아닐 만큼 희박함을 느낀다. 개인주의가 팽배한 영국인들이지만 그래도 교인들끼리는 형제의식을 발휘하고 드는데, 우리 한국 교인들에게는 지체의식이 동포의식에도 못 미칠 만큼 흐리기만 하다. 나와 함께 성경공부를 했던 자매들이 한국에 돌아가 보낸 서신들 가운데는 "사모님한테 배웠던 성경말씀이 여기서는 안 먹혀 들어가요"하는 내용들이 들어있는데, 그 요인이 어디에 있을 것이지? 나는 감히 이 자리를 빌려 목사님들께 있다고 말하고 싶다. 맨체스터에 한인교회가 설립되고 불과 5년 사이에 수차례에 걸쳐 목회자들이 바뀌는 과정에서 "윗물이 저 모양이니 아랫물이 어찌되겠는가?"싶은 심정일 때가 많았다고 고백한다면 너무 심한 표현이 되어질 것이 아닌가 우려되기는 하지만, 한마디로 옛날에 무비판적일만큼 하나님처럼 우러러 보고 모시고 들던 때가 무척 좋았던 것 같다.

이처럼 믿는다고 하는 교인들이나 신학도들 그리고 심지어는 주의 일꾼들에 대해서까지도 예전처럼 크게 달가운 마음이 아닌데, 어쩌다가 올데 갈 데 없는 분들이 큼직한 가방들을 두서너 개씩 밀고 끌고 들어설 때는 안으로 겁부터 덜컥 난다. 그렇잖아도 방학이나 특별한 휴가 때가 아니면 사용치 않는 빈방수가 사용하고 드는 공간보다 더 많다보니 입장이 딱한 분들을 "No"할 수도 없고 무작정 "Yes"를 하자니 며칠을 묵어가겠다는 말씀도 꺼내지 않는 분에게 영국 사람들처럼 매몰차게 며칠이나 거하시기를 원하시느냐고 이쪽에서 미리 확인을 받을 수도 없는 형편이고 보면 참 난감한 심정일 때가 많다. 2,3일씩만 유하다 가신다 해도 덜 부담스럽겠는데, 일주일을 넘기고 이주일로 치달리는 분들에게는 가방을 내주면서 제발 좀 떠나주시라고 부탁드리고 싶은 심정이 꿀 같아진다. 아침저녁으로 출퇴근하는 분들이면 그래도 좀 낫겠는데, 대개는 하루 종일 집에 붙어있는 분들이라서 삼시세끼 식사준비보다도 타인을 곁에 붙이고 사는 일과가 그렇게 피곤할 수가 없다. 내 친구는 집에서 하숙을 치면서도 그 일이 좋다는데, 나라는 사람은 어찌된 셈인지 단 며칠일망정 집에 손님만 묵어 지내면 온통 생활의 리듬이 깨져버린 느낌이다.

이 삼일 전 일이었다. 슬하에 어린아이가 둘씩이나 딸린 선교사님 한분이 학기가 끝나자 올 데 갈 데가 없으시다고 집에 오셔서 내 눈치만 살피고 드셨다. 2,3일 정도 같으면 쾌히 승낙해드리겠는데, 새 거처가 정해지기까지라면 어떡하나 싶은 걱정 때문에 선뜻 "그러세요"라고 하는 말이 입 밖에 떨어지지 않았다. "Yes"라고 기쁘게 대답해 드렸으면 좋겠는데 그러지 못하고 보니 스스로 자책감에 쌓여 불필요한 이유와 핑계를 찾아서 붙여야만 했는데 그게 그렇게 난감하고 궁색할 수가 없었다.

예수님 때문이기는 하지만 내가 자기들을 언제 알았다고 하는 인간적인 마음에서부터 시작해서, 지난번 주말에 다녀갈 때에도 어린아이 일회용 기저귀를 방에 놓인 뚜껑 없는 휴지통에 소복이 쌓아놓고 떠난 바람에 나중에 침실을 정리하러 방문을 열자 온 방에서 지린내가 물씬 풍겨나던 생각하며, 세 살배기 사내아이가 방안 기물에 손 안댄 것이 없이 만지고 돌아다니던 일까지가 지펴올라 머리가 지끈거릴 만큼 무거워졌다. 그러나 그런 말은 운도 뗄 수가 없고 다른 적당한 구실을 찾아서 핑계를 대야하는데, 내 속 중심을 살피고 계신 하나님 앞에서 말이 아니었다. 무슨 대답이든 확답을 드리기는 드려야겠는데 어떻게 말을 해야 오해가 없고 섭섭한 마음이 들지 않을 것인가 하는 생각에 사로잡혀 꼬박 이틀을 전전긍긍했다. 그러는 사이에 신호등에서 앞서 가던 차를 들이박는 충돌사고를 빚어냈다. 참 한심스러운 일이었다.

지금 내 머릿속에는 하나님은 의지할 데 없는 고아와 과부를 불쌍히 여기시며 가난한 자와 고통 당하는 자를 내려다 보시고 항상 약자만을 감싸시고 옹호하신다고 하는 생각으로 가득 차 있다. 이 말을 달리 표현하자고 하면 사회의 지도층 계급이나 있는 자들에게 늘 의무와 책임을 물으시고 나누어 베풀어 줄 것을 강요하고 계심을 뜻한다. 죄인을 향하여 오래 참으시고 창기와 세리를 기꺼이 맞아 친구 삼으셨던 주님 앞에 나는 늘 부족하고 보잘 것 없는 미천한 죄인으로 다가서기를 바라고 들면서도, 가난한 자에 대한 나눔이나 베풂에 관한 성경의 가르침에 대해서는 늘 주고 베풀어야 하는 입장에 놓여 스스로의 한계성에 이마를 찍고 번민하는 때가 없잖아 알게 모르게 하나님께 불만 같은 것을 키워 나왔는지 모르겠다.

성경대로 하자면 그리스도인들은 두벌 옷을 가져서도 안될 만큼 소유가 적을수록 좋다. 또 내 것을 내 것으로 여기지 않을 만큼 다른 형제들의 핍절을 보살펴내야 하고 자기 소유를 풀어서 나누어 가져야 마땅하다. 받는 사람은 아무것도 아닌 것처럼 느껴지는 조그만 일도 베푸는 사람에게는 희생이 따른다.

나는 오늘 주일 아침예배를 이런 심정으로는 차마 참석할 수가 없어서 저녁 예배로 미루었다. 큰 아이와 그이가 교회로 향한 후 마치 일생일대의 중대사를 치루어야 할 사람처럼 고민에 잠겨 하나님 앞에 무릎을 꿇었다. 그때였다. 하나님은 거처를 정하지 못하고 방황하고 있는 선교사님 가족만 돌보시는 것이 아니라, 나 김행님이도 보살펴 내신다고 하는 생각이 전신에 파고들었다. 참으로 놀라운 깨달음 속의 새로운 발견이었다. 하나님께서 선교사님 가족만 생각하신 것이 아니라 또한 나를 생각하신다고 하는 점은 내가 감당할 수 없을 만큼 과중한 요구를 허락하시지 않을 것이라는 의미처럼 들리기도 했다. 순간 양 어깨에서 무거운 짐이 벗겨나가는 듯한 기분이었다. 하나님께서 헌신적인 순종의 삶을 살지 못해서 몸부림치고 있는 나의 몸부림까지도 굽어살피시고 계신다고 하는 사실이 무량한 기쁨으로 와 닿으면서 비로소 선교사님께 가벼운 마음으로 편지를 띄울 수 있었던 것은 참으로 다행스러운 일이었다.

- 내 속에 가득한 의혹을 풀어주시고 내면의 소요까지도 다스려주시는 나의 하나님, 정말 감사합니다.

내가 너로 인하여

　지난 주일에 딸아이가 물세례를 받았다. 큰 애와 둘째의 뒤를 이어 이제 막내까지 예수 그리스도를 본인의 구주로 모셔 들이는 확고한 믿음을 굳히게 된 것이 그렇게 기쁠 수가 없었다. 하나님 앞에 부모로써의 의무가 한 꺼풀 벗겨 나간 듯싶은 홀가분함 속에 무한한 감사가 퍼져 나갔다.

　주님 앞에 감사해야 할 점이 한 두 가지가 아니지만 그 가운데서도 특별히 감사하지 않을 수 없는 일중의 하나는 우리 두 아이들이 아직 엄마 품에 들어 있을 때 (은영이는 모태신앙) 나를 불러 당신 자녀 삼아주신 하나님의 은총이 그렇게 고마울 수가 없다. 만일에 우리 세 자녀들이 다 장성해버린 후에 내가 주님을 믿게 되었다면 엄마인 나야 신앙생활을 잘 한다 치더라도 지금 저 애들은 어떤 모습으로 성장해 있을 것인지 싶으면, 이 세상 말을 다 빌려다 쓴다 해도 그 고마움을 어디다 대고 표현할 길이 없을 듯 싶기만한 마음새이다.

　침수 직전에 딸아이가 회중 앞에 서서 신앙간증을 할 때였다. 감수성이 한참 예민한 열여덟 나이여서인지 아이는 코가 막히고 목까지 잠겨든 음성으로 "여태까지는 우리 가정의 신으로만 머물러 계셨던 하나님을 이제는 나의 하나님으로 모셔 들입니다"고 울먹이며 신앙고백을 했다. 볼을 타고 흘러내리는 눈물을 간간히 손등으로 훔쳐내면서, 다른 세례 지망자들은 5분도 다 안 되는 간증시간을 10분이 넘도록 또박또박 말을 이어가는 딸아이가 너무도 사랑스럽고 대견스러워 곁에 있으면 가슴에 꼭 껴안고 볼을 부벼대고 싶은 충동심까지 몰아다 주었다.

우리나라 속담에 자식 자랑하는 부모를 가리켜 팔불출이라고 한다지만, 신통한 화제도 없고 입담도 부족한데다가 별다른 내세울만한 장기 하나를 타고나지 못한 어줍잖은 사람이라서인지, 나는 예수님 자랑과 자식 자랑을 빼면 별 할 말이 없을 만큼 하나님과 자식에 대한 자부심으로 가득 차 있다. 그래서 모임의 좌석에서 세상 돌아가는 이야기나 유행에 관한 화제가 나돌면 듣는 쪽으로 뒤처질 수밖에 없지만, 대화가 종교에 관한 것이거나 자녀교육에 대한 것이면 열을 띠게 된다.

믿는 사람들 입에서 예수라는 이름의 "예"자만 튀어나와도 감정이 뒤틀려지는 사람들에게나 자식들 때문에 속을 썩이고 있는 엄마들이 들으면 달가울 리 없으리라는 것쯤은 충분히 이해하고 조심스런 심정이기는 하다. 그러나 세상인심과 인정이란 참으로 미묘 복잡하다는 느낌일 때가 많다. 기쁘다고 해서 춤을 출 수도 없고, 슬프다고 해서 밖으로 울음을 터트려 낼 수만도 없는 게 이 세상이다. 남이 춤을 추면 눈살을 찌푸리고 배 아파하는 사람이 있고, 남의 슬픔과 불행을 보고 안으로 고소하게 느끼고 드는 이웃도 있는 것이다. 그래서 우리는 슬프고 낙담되는 일을 당해도 밖으로 티를 보이지 말아야 하고, 기쁜 일이나 좋은 일이 생겨도 속으로 웃고 혼자 즐거워 해야 한다. "기쁨은 함께 나누면 배로 증가하고 슬픔은 반으로 줄어든다"는 격언이 발붙일 곳 없는 세상이 되어 버렸다. "이 세대를 무엇으로 비유할꼬 비유컨대 아이들이 장터에 앉아 제 동무들을 불러 가로되 우리가 너희를 향하여 피리를 불어도 너희가 춤추지 않고 우리가 애곡하여도 너희가 가슴을 치지 아니하였다 함과 같도다"(마 11:16-17)는 말씀이 그대로 맞아 떨어지는 세태라고나 할까?

딸아이를 초등학교(Infant School)에 입학해 놓고 아침이면 엄마 치맛자락을 붙잡고 한사코 학교에 가기 싫다고 울며 보채는 바람에 애를 먹던 때가 엊그제만 같은데, 어느새 저렇게 성큼 자라서 대학에 들어갈 나이가 되어 세례까지 받게 되었는지 세월의 빠름을 새삼 절감하지 않을 수 없었다. 대학 입시를 앞두고 있는 아이가 엄마와 아빠의 헌옷가지를 한아름 끌어안고 재봉틀 앞에서 시간을 낭비하고 장에 가서 하얀 빛깔의 T셔츠를 몇 벌씩 사다가 곱게 무늬를 놓아 알록달록 염색을 하여 옷가게에 내다 팔곤 해서 조바심을 품어 지냈었는데, 하나님은 이렇게 당신의 뜻을 두시고 이끌어 나가시는 것을... 안으로 뭉클한 감회가 스멀스멀 피어오르는 듯 했다.

사내아이들을 키울 때는 내가 저분(남편)에게 아내의 임무와 도리를 다했다는 안위와 든든한 마음이 들곤 했었는데, 딸아이한테서는 장래에 대한 기대감보다는 흐뭇하고 사랑스러운 정감이 물신 베어나는 느낌이다. 딸을 갖지 못한 엄마들은 참 안되었다고 느껴질 만큼 곁에 앉혀놓고 보면 너무도 귀엽고 예뻐서 괜스레 툭툭 쳐보고 싶고 찔벅찔벅 건드려 보고 싶은 장난기가 괴어날 만큼 그 존재만으로도 나를 들뜨게 만들어 주곤 한다. 이건 딸을 사랑하는 엄마의 느낌이겠지만 때로는 아이의 온 몸에서 아깃적 스윗스멜링(단내)이 스며나는 듯해서 딸애의 얼굴에 코를 바싹 가져다 대고 어미 소가 송아지의 냄새를 맡아내듯이 나는 딸애의 체취를 흡향하곤 한다. 그럴 때면 아이는 "엄마 무엇해"하고 묻곤 해서 폭소를 터트리지 않을 수 없지만, 엄마 가슴 속에 파묻혀있는 이 정을 아이가 어찌 알기나 하겠는가? 이렇듯 좁디좁은 사람의 가슴 속에 파묻혀있는 모성마저도 헤아려낼 수 없거늘, 하늘보다 크고 높으신 하나님의 가슴 속에 파묻혀있는 그 사랑을 우리 인간이 무슨 수로 다 이해하고 포착해 낼 수 있겠는가 싶은 생각이, 딸아이를 대하고 앉아있으면 가슴 저 밑바닥에서 지펴 남을 금할 길이 없다.

"그가 너로 인하여 기쁨을 이기지 못하여 하시며 너를 잠잠히 사랑하시며 너로 인하여 즐거이 부르며 기뻐하시리라"(습3:17) 이 말씀은 이스라엘 백성들에게 부어질 하나님의 사랑을 표현해 낸 스바냐의 예언이다. 나는 이 말씀을 대할 때마다 뭉클한 심정이 되어지곤 하는데, 이는 단순히 구약시대의 유대 백성들에게 한해서만이 아니라 오늘날의 교회와 예수 그리스도를 통하여 하나님의 자녀로 입적된 영적 이스라엘에 대한 하나님의 무량한 사랑을 표현하고들기 때문이다. 부모가 사랑하는 자기 자녀들을 기뻐하고 즐거워함보다 더 정겹고 흐뭇해하시는 듯한 하나님의 마음이 그대로 묻어난 표현인 듯 싶기만 하다.

자기 백성들을 사랑하시는 하나님의 사랑 속에는 슬하에 자식을 둔 부모가 그러하듯이 오래참고 기다리시는 끈끈한 애정 속에 꾸짖고 벌하시다가도 돌아서서 타이르시고 호소하시는 사랑이신가 하면, 때로는 불꽃 같은 분노와 질투심으로 대하시는 연인의 사랑까지를 함께 감지하게 된다.

하나님이 누구의 귀에다 대고 속삭이시듯 "내가 너로 인하여 기쁨을 이기지 못하겠노라"고 달갑고 흡족한 표정을 감추지 못해 하실 것인지 생각만 해도 가슴이 뛴다. 말씀 속에 비춰난 감미롭도록 은근한 하나님의 시선을 끌어모으고 싶은 거룩한 시새움이 전신에 파고드는 아침이다.

아. 어느 때까지나이까?

"인생은 고난을 위해 났나니"(욥5:7) 한날에 자기의 모든 재산과 칠남삼녀를 잃고 몸에 악창이 들어 기왓장으로 그 헌데를 득득 긁고 앉아있을 만큼 비참한 지경에 놓여있던 욥의 말이다. 세상을 살다보면 이치대로 안 맞아 들어가는 일이 참 많다. 성경에는 (구약) 분명히 의인은 그 행사가 다 형통하고 복을 받는다고 했는데, 세상 돌아가는 꼴을 보면 전혀 그런 것 같지 않게 보이는 일들이 비일비재하다. 아삽은 시편 73편에 악인은 건강하며 고난도 없고 재물도 많고 세력을 누리며 평안하게 잘 사는데, 정직하고 죄 없는 자기는 날마다 재앙을 당하고 징벌을 보게 됨에 있어서 마음이 산란하여 넘어질뻔 했다고 피력한다. 그러나 그는 하나님의 성소에 들어가서 졸지에 황폐케 되는 악인의 파멸을 깨닫고 그 동안의 자기의 우매와 무지를 반성하면서 "주의 교훈으로 나를 인도하시고 후에는 영광으로 나를 영접하시리니 하늘에서는 주 외에 누가 내게 있으리요 땅에서는 주 밖에 나의 사모할 자 없나이다"고 하나님만을 의뢰하고 바라는 신앙을 되찾고 새 힘을 얻는다.

이 같은 심정은 선지자 예레미야에게도 있었고, 하박국의 문제점이기도 했다. 예레미야는 "내가 질문 하옵나니 악한자의 길이 형통하며 패역한 자가 다 안락함은 무슨 연고니이까?"(렘12:1-3)고 하나님께 항의하고 들었고, 하박국은 "어찌하여 궤휼한 자들을 방관하시며 악인이 자기보다 의로운 사람을 삼키되 잠잠하시나이까"(합1:13)고 여호와께 부르짖었다.

억울하고 침통한 일을 당했을 때와 분노스럽게 답답한 일을 만났을 경우 사람에게 화를 내고 고성을 높이며 답을 구하고 이해를 호소하는 방법의 해결책 보다는 하나님 앞에 불만, 의혹, 격분한 심정까지도 다 쏟아놓고 해답을 구하고 문제의 실마리를 찾는 길이 훨씬 더 건전하고 바람직스럽다고 여긴다. 나는 지금까지 이런 식으로 주님을 대해 나왔다는 느낌이 짙은데, 그때마다 우리 하나님은 적절한 해답을 말씀을 통해서나 어떤 계기에 깨달음을 통해서 내려 주시곤 했다. 그렇다고 나를 두둔하시고 칭찬해 주시는 말씀만이 전부는 아니었다할지라도 그것이 꾸중과 훈계일지라도 말할 수 없는 감격과 기쁨 속에 그때마다 한 걸음씩 발전하는 인간이 되게 하셨던 것이다.

다윗은 사울 왕을 피하여 밤낮으로 쫓겨 다니면서 "여호와여 어느 때까지니이까 나를 영영히 잊으시나이까 주의 얼굴을 나에게서 언제까지 숨기시겠나이까 내가 나의 영혼에 경영하고 종일토록 마음에 근심하기를 어느 때까지 하오며 내 원수가 나를 쳐서 자긍하기를 어느 때까지 하리이까"(시13:1-2)고 하나님께 부르짖었다. 그의 마음이 얼마나 답답하고 처절했으면 이 두절에서 "어느 때까지"라는 표현을 네 번이나 사용하고 들것인지 가히 그 심정을 이해하고도 남음직하다.

우리 인생은 모두가 다윗처럼 사울 왕이 아닌 다른 무엇에게 쫓기며 사는 몸이다. 그리고 그때마다 뒤에서는 애굽 군대가 뒤따라 쫓아오는데 홍해바다가 눈앞에 턱 버티고 가로막고 있어서 앞으로 나갈 수도 뒤로 물러설 수도 없는 진퇴양란에 빠져 전전긍긍하며 하나님 앞에 전심전력으로 부르짖지 않을 수 없는 사태에 처해있는 자신을 발견하게 된다. 이러한 경우 대부분의 우리들은 확신과 의혹, 소망과 좌절의 소용돌이 속에 시소(seesaw)를 타게 되는데, 문제의 심각도와 번민의 골이 깊으면 깊을수록 그리고 하나님을 찾고 기다리는 시간이 길면 길어질수록 절망과 실의에 목덜미가 잡혀 "나의 하나님 나의 하나님 어찌하여 나를 버리셨나이까"와 같은 통절하고 비참한 울부짖음을 부르짖게 된다. 그리고 하나님이 나에게서 멀리 떠나 계시거나 아예 계시지 않을지도 모른다고 하는 의혹 속에 온통 시야가 다 흐려 보인다. 이런 경우를 가리켜 영적암흑이라고 말할 수 있을 것이다.

내가 한참 영적암흑 지대에 놓여 있던 시절의 어느 날 아침에 있었던 일이다. 그날 아침은 드물게 보는 햇살이 온 누리에 내려 비추고 있는 상쾌한 날씨여서 모처럼 텁텁한 집안 공기를 털고 좀처럼 기동하기 힘든 몸을 간신히 가누며 대문 밖을 나서볼 용기를 얻었다. 휘청거리는 다리는 곧추세우고 공원길을 택할까 하다가 슈퍼마켓으로 발길을 돌려대면서 "아! 이 얼마나 황홀하도록 찬란한 아침 햇살인가"하고 간간이 입속으로 감탄사를 뇌까리며 하늘을 쳐다보았다. 몇 달 동안 그이와 이웃집 아줌마에 의하여 장을 보아 나왔던 즈음이라, 오랜만에 들어선 마켓은 살아있음에 대한 뿌듯한 희열과 감격까지를 안겨주었다. 나는 무거워서 사가지도 못할 물건들을 이것저것 이리보고 저리 만지면서 무려 한 시간 남짓을 마켓 안에서 시간을 보내고 커피까지 한잔 마신 후에 상점을 나왔다. 그런데 이것은 무슨 일인가? 조금 전에 상점을 들어올 때만해도 찬연하게 빛을 발하던 그 고운 햇살은 어디로 숨어버리고 하늘은 온통 먹구름 속에 금방 소나기라도 쏟아 낼 듯 사방은 저녁을 만난 듯 온통 어두움으로 덮여있었다. 악명이 나붙도록 맑았다 흐렸다 바람 불다 비 오는 믿을 수 없는 게 영국 날씨라더니, 정말 그렇구나 하고 조금 전의 그 찬연했던 햇살을 더듬어 찾듯 하늘을 우러러 쳐다보는 마음 속에 불현듯 한 가지 생각이 잡혀들었다. 그렇다. 태양은 분명히 지금도 하늘 저 높은 곳에서 변함없는 빛을 지상에 내리 쏟아붓고 있다. 그런데 소나기를 몰고 오는 시커먼 저 먹구름이 태양을 가로막고 있어서 나로하여금 빛을 받지 못하게 만들고 있는 것이다. 마찬가지로 하나님은 항상 우리와 함께 계시지만 오랜 지병 속에 놓여있거나 고통과 역경 속에 들앉아 근심 걱정 속에 파묻혀 지내다 보면 하나님이 계신데도 안 계신 것처럼 암담하게 느껴지겠구나 싶은 생각이 문득 치받쳐 올랐던 것이다.

네덜란드의 작가 헨리 제이 엠 노우엔씨는 그의 저서 "Reaching out"이라는 책 가운데 "하나님께서 우리와 함께 하시는 신비성은 나를 떠나셨다고 통절히 느끼는데서 더욱 두드러지게 만져진다"고 말하고 있다. 밝은 태양이 수일간 그 모습을 구름 속에 감추고 있을 때, 우리는 태양을 더욱 그리게 되고, 자식이 부모를 떠나 멀리 떨어져 있을 때 부모를 더욱 보고 싶어하며, 연인들이 서로 헤어져 있을 때 더욱 그리워하는 심정처럼 우리도 하나님의 손길이 나에게서 멀리 떠났다고 느껴질 때 주님께 향한 우리들의 사랑은 더욱 순수하고 애절해진다. 그러므로 어려운 일을 만나고 근심되는 일 혹은 간절한 소원을 두거나 위험한 경지에 이르러 절박한 상황 속에서 하나님께 부르짖고 매달리는 일은 영적성장에 일보 정진을 가져다주고 믿음의 지평을 넓혀준다. "여호와여 어찌하여 멀리 서시며 어찌하여 환난 때에 숨으시나이까"(시10:1)와 같은 가슴 저 밑바닥 심연에서부터 끓어오르는 애절한 호소는 단순한 하나님께 구원만을 요청하고 든다기 보다는 하나님의 임재에 대한 일종의 그리움일 수도 있고 신뢰와 사랑의 관계를 뜻할 수도 있다.

6.
네 손에 있는 것이
무엇이냐?

나의 엄마야

딸아이가 한 학기 대학생활을 보내고 크리스마스가 되어 집에 내려오는 날 밤이었다. 9시 30분 도착이라는 전화연락을 받고 피카딜리 기차역을 향하여 질주하는 나의 마음은 친정 나들이를 오는 시집간 딸을 마중나가는 친정 엄마처럼 온통 설레임과 반가움으로 가득 찼다. 집을 떠나본 경험이라고는 두해에 걸쳐 프렌치어(語) 연수차 서너 차례 프랑스를 방문한 경험 밖에 없는 아이라서, 대학 기숙사에 입사해야 할 하루 전날에는 먹는 밥까지도 목구멍에 꽉 걸려 내려가지 않는지 평소에 좋아하는 음식만으로 군만두며 새우튀김, 닭 볶기 등 한상 가득 차려 놓았는데도 먹는 시늉만 해보일 뿐이었고, 준비물을 사러 시내 쇼핑을 나갈 적에도 전에 없이 팔목에 찰싹 매달려 걷곤해서 나까지 울적하게 만들더니, 기숙사에 떨쳐놓고 차에 오를 때쯤 해서는 울음보를 터뜨려내는 바람에 차마 뒤도 돌아보지 못하고 떠나와야 했던 일이 엊그제 같기만 하다. 저이는 딸아이에게 한국음식 만드는 법을 가르쳐내지 않는다고 한마디씩 하곤 하지만, 왠지 부엌일 같은 것은 시키고 싶지 않아 곱게만 키워낸 것이 잘못 가르친 것이 아닌가 싶도록, 커피나 티를 만들어내고 기분 내키면 케이크 정도를 구워내는 일 외에는 아무것도 해보지 않은 아이라 스스로 끓여 먹어야 하는 자취생활이 힘이 들지 않았을 것인지, 그리고 지난 3

개월 동안의 대학 생활이 아이에게 어떤 변화를 몰아다 주었을 것인지 자못 궁금하다 못해 호기심까지 불러일으켜 주었다.

끝으로 하나 남은 딸아이마저 대학을 보낸 후 그나마 말 상대를 잃고 벗은 듯이 허전한 심정을 가눌 수 없었지만, 전화통에다 목줄을 달아매는 방법 외에는 사랑하는 자식들에게 마저도 변변한 편지 한 장을 쓰지 못하는 영문 필력이 안타깝다 못해 아쉬움으로 남아돌 때가 한두 번이 아니었다. 전화에다 대고 주고받을 대화가 다르고 편지에 담아 보낼 내용이 다를 터인데, 일회용 물건을 사용하듯이 종적도 찾을 길 없이 허공을 향하여 날려 보낸 수만 수억 마디의 언어들. 혈육의 정에 굶주린 속가슴이 위로 주고받을 수 없는 친정어머니에 대한 끈적한 애정을 아래로만 몽땅 쏟아붓고 있는지는 모르지만, 퍼주어도 퍼주어도 마를 줄 모르는 샘처럼 질퍽한 느낌이기만 하다.

얼핏 생각하기에는 남아들이 여아들에 비해서 독립성이 강하고 아집이 셀 것 같은데, 아들들을 키우고 난 다음 딸을 키워보니 그게 아니었다. 위로 있는 두 오빠들은 엄마가 말하지 않으면 내복은 고사하고 양말 한 켤레도 갈아 신을 줄을 몰랐다. 용변 뒤처리를 예닐곱 살까지 해주어야 했었고, 목욕도 열두 살이 다 되도록 씻겨주어야만 했었다. 그런데 딸아이는 두 돌 만에 용변을 가렸고, 세 살이 미처 다 되기도 전부터 자기 기호와 취향에 맞는 옷만을 스스로 골라서 입으려고 했다. 머리 모양도 본인이 원하는 대로만 해주기를 바랐고.

이는 대학진로를 결정하는데도 예외는 아니었다. 두 오빠들은 입시를 눈 앞에 두기까지도 무슨 학과를 선택해야할지 망설임이 없지 않았었는데, 은영이의 경우는 벌써 열 두세 살 선택과목을 결정할 무렵부터 시작해서 자기 앞날에 대한 진지한 탐색에 빠져들었다. 한번은 BBC-TV 직업상담 프로그램 담당자 앞으로 써 보낸 편지를 들고 와서 읽어본 적이 있다. 안으로 실소를 금치 못하게 하는 웃기는 내용이기는 했지만, 열세 살 어린 나이의 심각성이 드러나 보이는 면도 없지 않아 신통하다는 느낌을 자아내주는 편지였다. "Dear Sir"로부터 시작된 편지의 줄거리는 대략 이런 내용이었다. "나는 13살 난 3form 학생입니다. 나는 수학을 잘해서 장차 회계사가 될 수 있고, 과학을 잘해서 과학자가 될 수도 있습니다. 글짓기를 잘해서 저널리스트가 될 수 있고, 그림을 잘 그려서 디자이너도 될 수 있습니다. 또 학급 아이들이 떠들면 큰소리로 조용히 시킬 줄도 알고, 어떤 때에 친구들을 도와주고 위로해야 될지도 알아서 법관이 될 수도 있다고 생각합니다. 학교에서 실시한 적성검사 결과에 의하면 의사와 디자인 계통이 가장 적합하다고 하는데, 과연 나는 어떤 직종의 전문직을 선택해야할지 사뭇 망설여집니다. 적절한 조언을 부탁드립니다." 그런가하면, 벌써 그 나이 적부터 지방 직업상담소와 교육청을 찾아가 자문을 의뢰하기도 하고, 몇몇 학교 과목담임 선생님들과도 직접 면담을 나누고 상의를 하는 등 오빠들에게서는 전혀 찾아볼 수 없는 모습들을 드러냈다.

사실 나는 어머니로서 딸아이를 위해서 늘 애정 어린 눈빛과 기대감으로 지켜내고 뒤에서 기도하는 일 외에는 다른 어머니들처럼 몸으로 크게 수고하고 애써 본 일이 없다고 해도 과언은 아닐 듯싶다. 아이의 시험공부를 자정이 맞도록 지켜낸 일도 없고, 아침에 일찍이 일어나 점심 도시락을 싸주어 본 일도 없다. 일주일에 한 번씩 피아노 레슨을 받으러 데리고 다닌 일 외에는 과외공부를 시켜보거나 붙들고 앉아 숙제를 돌봐준 적도 없었다. 이렇게 학교에다만 아이들의 교육을 전담시키고 편안히 지켜내는 일로 일관해 나올 수 있었다는 데는 영국사회의 풍토와 교육제도의 장점도 없지 않지만, 아이들 쪽에서도 자기네들의 앞을 잘 가려주었다는 말이 되기도 한다.

그런 가운데서도 은영이는 중학교 졸업시험(GCSE)과 고등학교 졸업시험(A Level)기간 동안에 시험이 몰아다준 긴장감과 염려로 인하여 얼굴이 퉁퉁 부어오르다 못해 눈을 제대로 뜰 수도, 입을 벌려 크게 말할 수도 없을 만큼 극심한 신체적 정신적 고통을 치루어 냈었는데, 나로서는 그 기간을 주님 안에서 함께 기도하며 말씀으로 힘과 용기와 자신감을 돋구어 줄 수 있었던 것이 아이를 위해서 할 수 있었던 전부였다는 느낌도 든다.

은영이에게는 아주 어렸을 적부터 좀 특이한 버릇 아닌 기질이 하나 있다. 보통 기분이 좋고 건강이 양호할 때는 엄마보다 아빠를 더 좋아한다. 아빠 무릎 위에 올라앉아 종알대고 턱을 쓸며 재롱을 부리다가도, 졸음이 오거나 몸이 피곤하고 감기 끼라도 있으면 엄마의 가슴팍을 파고들었다. 지금도 학교 공부가 힘에 부치거나 어려운 과제를 받아 놓으면 제일 먼저 엄마에게 전화를 한다. 좋은 일이나 신나는 일에서 보다는 어렵고 힘들고 속상할 때 늘 나를 찾곤 하는데, 딸아이의 어려움에 참여할 수 있다는 사실이 기쁨을 함께 나누어 가지는 일보다 더 뿌듯한 느낌이다.

그사이 에딘버러 발 기차가 도착되었다고 스피커가 왕왕거린다. 어떤 머리모양을 하고 무슨 옷차림으로 엄마 앞에 불쑥 나타날 것인지, 무언가 달라졌어도 많이 달라졌을 성큼 성장해 버렸을 딸아이의 모습을 그리며 개찰구 쪽을 두리번거리는데 "맘"하고 부르는 소리가 이만큼 서있는 귓가에 와 닿았다. 엄마들은 참 신통한 귀를 붙이고 있나 보다. 성치도 못한 귀를 붙이고도 소음으로 가득한 그 넓은 역 광장에서 다른 잡음소리는 다 걸러내고 자식의 음성만이 고막 속에 잡히드니 말이다. 중고등학교에 다닐 적에도 그랬다. 크리스마스나 부활절 절기를 맞아 학교에서는 학예회 비슷한 게 자주 열렸었는데, 별나게도 내 귓속에는 그 많은 아이들 가운데서 유독 내 딸의 목소리만 묻어난 듯해서 귀를 쫑긋 세우고 듣곤 했었다.

어디 그뿐인가. 강당 안으로 들어서는 은영이는 그 많은 학부형들 속에서 엄마의 존재부터 더듬어 찾기 시작했는데, 노랑 머리칼 속에 유일하게 끼어있는 까만 머리 색깔 때문인지 그때마다 아이는 쉽게 엄마를 찾아내었다. 그러나 때로는 늦게 도착하여 중앙석이나 앞 좌석에 자리를 잡지 못하고 구석진 곳에 앉아있어서 얼른 엄마의 모습이 발견되지 않으면 눈을 두리번거리다가 번쩍 치켜든 내 손을 알아보고 안심이 된다는 듯 만면에 흐뭇한 미소를 떠올리곤 하던, 아무도 모르는 모녀만이 주고받고 읽어낼 수 있었던 비밀스런 몸 시늉들.

무거운 룩색을 등에 짊어지고 반쯤 뛰다시피 개찰구를 빠져 나온 딸아이는 잃어버렸던 엄마를 찾아내기라도 한 듯 뒤따라오는 친구도 아랑곳 없이 온몸으로 나를 얼싸안고 어쩔 줄을 몰라 하더니, 한참만에사 곁에 다가선 친구를 의식하고 "She is my mother, she is my mother!"를 거푸거푸 외쳐댔다. 그 음성이 얼마나 반가움으로 들떠난 목청이었던지, 곁에 서 있던 사람들까지 우리 모녀를 향해 환한 웃음꽃을 지어 보냈다.

네 손에 있는 것이 무엇이냐?

내가 알고 지낸 분 가운데 Mrs 암스트롱이라는 분이 있다. 성씨가 "팔이 강하다"는 뜻을 지닌 "arm strong"이면서도 유난히 팔목이 약해서 젊어서부터 이날 이때까지 가정부를 두지 않으면 안 되셨던, 지금은 파파머리 할머니시다. 이분은 슬하에 자녀가 없어서 양자 아들을 하나 두었는데, 병원에서 외래환자들이나 문병객들을 상대로 과자와 음료수 그리고 신문과 잡지들을 팔아 병원기금을 마련하는 봉사를 30년 동안 해내는 일로 여왕의 생모로부터 훈장을 받으신 훌륭한 분이다. 2,3년을 계속해 내기도 힘들 터인데, 자기 장사를 하는 것도 아니고 병원기금 마련을 위해서 강산이 세 번이나 변할 만큼 오랜 세월을 봉사활동에 쏟아 바쳤다니 믿기지 않을 만큼 놀라운 일이었다. 그런가하면 이웃에 살고 있는 아주머니 한분은 매주 금요일마다 나이가 많아서 바깥출입이 여의치 못한 혼자되신 노인 할머니를 위해서 시장을 보아주는 일을 수년 동안 계속해 내고 있기도 하고, 골프를 치러 다니는 젊은 할머니들 가운데는 양로원에서 노년을 보내고 있는 고령의 할머니들을 위해서 정기적으로 일주일에 어느 날 한나절씩 짬을 내어 방문을 다니는 분들도 보게 된다.

이와 같은 사회봉사와 이웃 돌보기 운동을 비교적 시간적 여유가 많은 중년 부인들과 젊은 할머니들의 몫만으로 남아도는 것이 아니라, 우리 애들의 경우 고등학교 시절부터 학교당국에서 봉사활동을 자원하는 학생들에게 적절한 일을 주선해 주기도 하는 모양이었다. 그래서 주중이나 주말 중에 편리하다고 생각되는 날 하룻밤 혹은 한나절을 내어 장기 입원환자들을 방문하곤 했었는데, 주로 노인들의 말벗이 되어 이야기를 나누고 차 대접도 하고 또 필요에 따라서 잔 심부름까지 해드린다고 한다. 우리 한국 교육실정으로는 턱도 안 되는 불가능한 일이지만, 어렸을 적부터 사회봉사에 참여시키고 노인들과 이웃들을 돌보아주는 정신을 고취시켜 길러내는 산교육으로 바람직하다고 생각되는 바가 적지 않다.

이 같은 봉사활동은 그리스도인들만의 전유물이라기보다는 범국민적 정신이기도 하다. 위에서 말한 케이스의 부인들만 하더라도, 교회를 다닌다고는 하지만 중생한 크리스챤들로 신앙심이 돈독한 분들은 아니다. 대부분의 영국사람들이 그러하듯이 일 년에 한두 차례 크리스마스와 부활절, 그리고 결혼식이나 장례식에 초대되어 참석하는 정도가 고작이다. 그러나 영국 사람들의 의식구조와 생활 속에는 오랜 기독교 역사와 함께 기독 윤리 사상이 깊이 뿌리를 내리고 있어서, 남에게 친절을 베풀어 돕고자하는 봉사정신이 습관처럼 몸에 꽉 배어 있는 듯하다. 물론 개인에 따라서 다르기는 하겠지만 일반적으로 정직할 뿐만 아니라 약속을 잘 지키는 민족이요 긍지와 양심대로 행동하고 사는 듯 싶다.

우리 한국인들의 의식 속에는 인간의 가치와 존재의미를 생산성과 사회기여도에 두고 상대방을 평가하거나 학벌, 재능, 기술, 또는 소유의 다과로써 저울질 하고 평가를 내리는 경향이 다분하다. 서양 사람들이라고 해서 전혀 그런 성향이 없는 것은 아니지만, 이네들은 자기의 상태를 남과 저울질하여 부러워하거나 시기심을 품고 질투하기 보다는 스스로 만족하고 즐기고자 노력하는 자세들인 것 같다. 자기 자신의 생애에 대해서도 비교적 느긋하고 여유만만하다. 끓는 가마솥처럼 안으로 설치고 밖으로 뛰기 보다는 얼핏 보기에는 꿈도 노력도 부족하고 없는 사람들처럼 쉽게 수용하여 적응하고 스스로 만족하는 국민들인 것처럼 느껴지는 구석이 많다.

인간생애의 궁극적 목적과 가치는 내 생애를 통해서 하나님의 뜻이 이루어지는 것이라고 나는 생각한다. 하나님께서 이스라엘의 첫 임금인 사울 왕을 폐하고 다윗을 왕으로 삼고자 하셨을 때, 사무엘을 이새의 집으로 보내어 다윗에게 기름을 붓도록 하셨다. 그때 사무엘은 이새의 아들 중에 용모와 신장이 준수한 엘리압을 마음에 두었으나 하나님은 사무엘에게 "나의 보는 것은 사람과 같지 아니하니 사람은 외모를 보거니와 나 여호와는 중심을 보느니라"(삼상16:7)고 말씀하셨듯이 우리는 사람을 외모로 판단하고 인간의 가치성과 중요성 역시 가시적인 열매와 실적으로 평가를 내리고 드는 성향이 짙다, 그러나 우리는 하나님의 안목으로나 아닌 다른 사람을 보고 대해야 하고, 인간의 가치성 또한 하나님과의 관계성에서 찾아져야 옳을 일이다.

나는 지금도 자신의 생애에 대해서 "이렇게 살아가도 되는 건가" 싶도록 회의심과 의혹의 그림자가 아주 싹 걷혀 나간 것이 아니지만, 몇 년 전에는 지금에 비교되지 않을 만큼 심한 자책감과 터무니없는 중압감에 갇혀 지냈던 적이 있었다. 어떻게 사는 것이 잘 사는 방법인지 딱 부러지게 답도 내리지 못하면서도, 마땅히 살아야할 인생대로 다 살지 못하고 있다는 어설픈 자가증상에 떠밀려 빽빽한 생각 속에 들앉아 바둥거렸던 것이다. 그 무렵에 하나님은 일주일에 똑같은 말씀으로 세 번이나 연거푸 들려주심으로 내게 향하신 하나님의 뜻이 무엇인가를 밝혀내듯이 "여호와께서 네게 구하시는 것이 오직 공의를 행하며 인자를 사랑하며 겸손히

네 하나님과 함께 행하는 것이 아니냐"(미6:8)고 말씀하고 드셨다.

내게 향하신 하나님의 뜻은 마르다 처럼 (눅10:40-42) 이리 뛰고 저리 뛰는 분주한 봉사활동의 몸으로의 섬김보다는 범사에 옳은 마음을 품고 모든 이에게 정직하고 공정하게 행하며 자비와 사랑을 베풀고 에녹처럼 겸손히 하나님과 동행하는 삶이라고 하시는 것처럼 들렸다. 위의 말씀은 예수 믿는 도리가 선행이라는 외적 봉사활동에 초점이 모아지는 것이 아니라 안으로 품어 지내는 내적 퀄러티에 중요성을 맞추고 든다 하겠는데, 밖으로 뻗쳐나가기 쉬운 에너지를 안으로 잡아 끌어들여 조용히 주님의 향기를 뿜어내는, 이름도 빛도 없는 생활이 현 사회실정에서 얼마나 힘들고 어렵다는 사실을 웬만한 가정주부들은 모르지 않을 것이다. 우리 한국 사람들은 열심히 일하는 데는 선수들이지만 안으로 자신을 손질하며 사랑스런 주부와 참한 이웃이 되고자 노력하는 부인들의 모습을 찾아내기란 그리 쉽지 않은데, 이는 나 역시도 마찬가지다.

하나님께서 호렙산 떨기나무 불꽃 가운데 나타나셨을 때 모세는 미디안 광야에서 양을 치고 있었다. 자기 백성들을 위해서 큰 일 한번 해보려다가 본의 아니게 사람을 죽이고 바로 왕이 두려워서 미디안 광야로 도망쳤던 모세. 당대의 최고의 문화 문명에 젖어 교육을 받았던 화려한 애굽 왕궁에서의 40년 왕자 생활도 한낱 물거품으로 사라져버리고, 미디안의 제사장 딸과 결혼하여 자식을 낳고 가정을 이루며 평범한 양치기 생활에 안주하고 있을 때, 하나님은 모세에게 나타나 보이셨던 것이다. 그리고 하신 말씀이 "너로 내 백성 이스라엘 자손을 애굽에서 인도하여 내게 하리라"였는데, 모세는 40년 전에 있었던 실패를 머리에 떠올리며 "내가 누구관대 바로에게 가며 이스라엘 자손을 애굽에서 인도하여 내리이까" 하고 극구 발뺌을 했다. 젊은 날의 그 팽팽했던 패기와 공명심은 다 사라져 버리고, 의혹과 회의심으로 가득했던 그에게 하나님은 "네 손에 있는 것이 무엇이냐"고 물으셨다. 광야에서 양을 치던 일상 가운데 하나님이 심방 나오셨으니 그의 손에는 당연히 양을 칠 때 사용하고 들던 막대기였을 것이고, 그래서 "지팡이니이다"고 대답했을 것이다. 그날부터 모세의 손에 들리었던 지팡이는 그가 120세로 하나님께 불리어 갈 때까지, 하나님의 권능과 위력을 행사하는데 사용되어졌고 지팡이로 모세는 바로 왕과 애굽의 문무백관들 앞에서 열 가지 재앙을 내리기도 하고 거둬드리기도, 또 홍해 바닷물을 가르고 바위에서 물을 내는 등 그는 손에서 하루도 지팡이를 내려놓지 않고 양을 몰던 그 지팡이를 통해서 하나님의 인도와 뜻에 따라 부르심을 온전히 이루어나갔던 것이다.

인간은 무에서 유를 만들어 낼 수 없다. 이는 오직 하나님만 하실 수 있는 일이다. 마찬가지로 우리는 이미 소유해 내고있는 가진 것으로 하나님께 바치고 또 이웃을 위해 사용할 수 있지, 없는 것으로는 못한다. 시돈의 사르밧 과부는 마지막 남은 기름과 밀가루로 빵을 만들어 하나님의 선지자 엘리야에게 바침으로 해서 흉년이 다 지날 때까지 병에 기름과 통에 가루가 마르지 않았다. 어린 소년이 자기의 점심 식사인 물고기 두 마리와 보리떡 다섯 덩이를 예수님께 바침으로 해서 오천 명을 먹이고도 남은 부스러기가 열두 광주리가 되는 기적이 일어났다.

이는 내게 시사하여 가르쳐 주는 바가 적지 않다. 내 손 안에 들어있는 이미 소유해낸 것들만을 잘 풀어서 쓰기만 해도 지금보다는 훨씬 기쁘고 보람된 활동적인 삶을 영위할 수 있을 터인데, 가만히 앉아서 입에 맞는 떡만 원하고 드는 것은 아닌 것인지 싶은 반성. 보다 큰 희생과 노력을 요구하는 명목이 서는 일만을 마음에 두고, 자책감에 휩싸여 고민하고 들 것이 아니라 적은 일, 손쉬운 일일지라도 정성과 사랑으로 해낼 때 하나님을 기쁘게 해드리는 일이 될 터인데, 찾아보면 쉽게 할 수 있는 일들이 내 주위에 수없이 널브러져 있건만, 이런저런 핑계만 가져다 붙이고 앉아서 안으로 한숨만 내어 쉬고 있다는 느낌도 없잖다.

모세에게 "네 손에 있는 것이 무엇이냐"고 물으셨던 하나님은 지금 나에게도 똑같은 질문으로 묻고 계신지도 모른다. 나 아닌 다른 사람이 되어 보려고 더 이상 가슴앓이를 앓지 말자고 스스로에게 타일러 본다. 내 손에 무엇이 있는가를 찾아보고, 나대로 살고 나대로 섬겨내자고 스스로를 다독거리며...

꼭 한 가지만

솔로몬 왕이 하나님께 제사를 지내려고 기브온 산당에 가서 번제를 드리던 날 밤, 하나님께서 꿈에 솔로몬에게 나타나 이르시기를 "내가 네게 무엇을 줄꼬 너는 구하라"(왕상3:5)고 말씀하셨다. 이 얼마나 듣던 중 반갑고 기쁜 소식이었겠는가? 나 같으면 흥분에 들떠 이것저것 밤 내 구해도 다 못 구했을 성 싶은데, 솔로몬은 "지혜로운 마음을 종에게 주사 주의 백성을 재판하여 선악을 분별하게 하옵소서"하고 오직 한 가지 "선악을 분별할 수 있는 지혜로운 마음"을 구했다. 사람이면 누구나가 갖고 누리기를 원하는 건강과 장수 그리고 부귀와 영화를 구하지 않고, 왕으로서 선악을 분별하여 백성들에게 공정한 바른 재판을 베풀 수 있는 지혜를 구할 수 있었다는 것은 범상을 뛰어넘은 그의 탁월한 식견을 엿보게 하는 대목이다. 물론 아직은 온 세계에 그의 이름이 두루 퍼질 만큼 절세의 빼어난 지혜인은 아니었다 할지라도, 이미 지혜인의 반짝한 예지가 돋보이는 간구라 아니할 수 없을 듯싶다.

하나님께서 솔로몬에게 "네게 무엇을 줄꼬"하고 물으셨을 때 "한 가지만"말하라는 단서를 붙이고 드신 것도 아닌데, 솔로몬은 더도 말고 "선악을 분별하는 지혜로운 마음" 하나를 선뜻 간할 수 있었다는 것은 평소에 이에 대한 소원을 품어 지내고 있었다는 말이 되기도 한다. 두서너 가지 바램을 말하기는 쉽지만 꼭 한가지만을 말하기란 생각보다 어렵다. 누가 돈 백만원을 손에 쥐어주면서 사고 싶은 물건을 사라고 할 때, 한 곳에 몽땅게 사용하기 보다는 그 돈으로 이것도 사고 싶고 저것도 사고 싶은 게 보통사람들의 마음이다. 그러나 이것도 사고 싶고 저것도 사고 싶다는 것은 한 가지 것에 대한 간절하고도 절실한 마음이 결여되어 있는 증거로도 이해되어질 수 있다. 직역적인 표현을 빌려 쓰자면, 자기 생애에 대한 뚜렷한 가치판단이 서 있지 못한 상태임을 말해준다고도 볼 수 있는 문제이다. 목숨을 걸고 하나님 앞에 매달릴 만큼 간절한 소원을 품어 지내는 일은 우리 영혼에 참 유익된 일이다. 이를 통해서 주님을 만나게 되고 또 주님으로부터 일생일대의 염원이 풀려나가는 축복을 맛볼 수 있기 때문이다.

복음서에 등장한 병자들은 몸에 병이 없었으면 예수님께 나오지 않았을 터인데, 병을 낫기 위한 한 가지 간절한 소원 때문에 예수님을 만나려고 발 벗고 뛰었다. 그리고 병자들을 대하실 때마다 예수님은 "내가 너에게 무엇을 해주기를 원하느냐?"고 물으셨는데, 주님께서 그들의 간절한 소원을 모르셔서 물으셨겠는가? 아닐 것이다. 병자에 따라서 그때마다 질문하신 의도가 조금씩 다르기는 하셨지만, 그들의 인식을 새롭게 깨우쳐 주시기 원해서 아시면서도 의도적으로 물으신 것이라고 사료 된다. 마찬가지로 하나님은 우리에게 있어야 할 것들을 미리 아시면서도 구하도록 하신다. 또 "내가 너에게 무엇을 줄꼬?"하고 물으신다.

언제인가 성경공부를 리드하면서 거기 모인 부인들에게 "하나님께서 여러분들에게 솔로몬의 경우처럼 '내가 네게 무엇을 줄꼬 너는 구하라'고 말씀을 하신다면 여러분은 무엇을 간구하겠습니까?"하고 "한 가지만"이라는 단서를 붙였더니, 누구의 입에서도 선뜻 대답이 나오지 못했다. 남 앞이라 자기의 속마음을 털어 내보이기가 쑥스럽고 어색해서 입을 열지 못하겠거니 싶으면서도, 다른 한편으로는 의욕과 욕구부족이 아닌가 싶은 우려심도 없지 않았다.

내가 잘 아는 어느 부인의 아이를 가질 때의 이야기다. 그 당시 부인은 예수님을 갓 모셔 들이고 주님의 성품에 매료되어 있었던 때라 예수님의 마음을 닮은 딸아이를 갖기를 간절히 소원했었다. 보통 어머니들 같으면 건강 문제로부터 시작해서 총기 있는 예쁜 딸을 주시라고 기도를 했음직 싶은데, 엉뚱하게도 열 달 동안 "예수님의 성품을 닮은 아이"만을 기구했다. 그래서인지(?) 아이는 분만 예정일 보다 삼 주일을 앞당겨 출생하였는데, 딸은 딸이었지만 사산아처럼 새파랗게 죽은 것처럼 나온 아이가 얼마나 밉게 생겼는지, 아무렇게나 빚은 메주 덩어리도 그렇게 못생기지는 않을 만큼 앞 뒤 꼭지가 툭 튀어나온 게 두 번 다시 쳐다보고 싶지 않은 용모였다.

그런 딸을 금지옥엽으로 키워 큰 기대 속에 초등학교에 입학을 시켜 놓았는데, 두뇌는 왜 그리 꽉 막힌 아이처럼 총기가 없어 보이는지, 조바심으로 딸아이의 뒤를 지켜내는 엄마는 이럴 줄 알았다면 요즈음 세상에서는 아무짝에도 쓸모없는 한 가지 소원, 착하고 어진 예수님 같은 고운 마음씨 대신에 영리하고 예쁜 아이를 만들어 주시라고 기도하는 건데 하고 반농 반진의 푸념을 터뜨려 내곤 했다.

그런데 이건 무슨 은혜인가? 한 가지 것만 구한 솔로몬에게 하나님은 구할 것을 온전히 잘 구하였다하여 그가 미처 구하지 않았던 장수와 부귀영화까지도 덤으로 얹혀 주신 것처럼, 그 안 예쁘게 생겼던 딸아이 얼굴이 지금은 누가 보아도 밉다는 느낌보다는 예쁘다는 칭찬을 자주 받아 낼 만큼 달라졌고, 가망 없게만 생각되던 두뇌도 누구에게 뒤지지 않을 만큼 총기를 드러내고 있어서 하나님의 은총이 놀랍기만 하다고 그 엄마는 늘 감격해 하곤 한다.

하나님께 절체절명의 한 가지 간절한 소원을 두고 불퇴진의 정신으로 계속 기도하는 사람은 복 있는 사람이다. 원대한 뜻과 높은 이상에의 도전까지는 못 미치는, 믿지 않는 남편의 구원문제와 방탕한 자녀의 회심을 위한 간구일지라도, 한 가지 간절한 기도제목을 품어지냄으로 해서 늘 하나님께 다가설 수 있게 됨은 내 영혼을 살리고 기름지게 하는 유익한 일이 아닐 수 없다.

솔로몬처럼 분명한 뜻과 목적을 가진 기도는 하나님을 기쁘게 해드린다. 그리고 그런 기도는 꼭 이루어지고 만다.

쇼핑 취미

아이들이 학교에 가 있는 시간에 오며 가며 가까이 지내는 부인들 몇이 커피 타임을 갖는 한가로운 오후 한나절이었다. 이럴 때 부인들끼리 서로 주고받는 이야깃거리란 그 저변에 흐르고 있는 감정의 굴곡만을 제하고 든다면 그 줄거리의 내용이나 대화의 흐름에 있어서는 서양부인도 우리네와 크게 다를 바 없다. 처음 앉은 자리에서는 가장 무난한 별 특징 없는 날씨에서부터 시작해서 안부를 주고받고 교회 안의 근간 소식들과 일상적인 잡담으로 번져 가면 잡아 맺던 허리띠가 풀려나듯 마음의 빗장들이 열리기 시작한다. 성품에 따라 개인차가 있기는 하지만 일반적으로 우리 한국부인들은 비교적 쉽게 스스럼없이 자기 집 속사정을 내보이는 경향들이 있는데, 이네들에게는 좀처럼 쉽지 않은 용기까지를 요하게 한다. 그리고 아무리 이야기 분위기가 고조되고 엇비슷한 나이 또래의 흉허물 없는 커피 좌석이라 할지라도 대화의 내용과 질에 있어서 지켜야 할 예의와 그어야 할 선이 비교적 분명하다. 부인들의 좌담좌석에서 가장 인기가 있고 쌈박한 흥미를 돋워내는 남편에 관한 불만이나 푸념 그리고 시댁 식구들에 대한 험담이나 속사정이라 할지라도, 뒤돌아 서서 후회될 일이나 속이 훤히 들여다보이는 충격적인 내용과 저돌적인 표현은 걸러질대로 걸러지고 심각성이 배제된 가벼운 잡담이나 유머 형식을 빌어 대화를 이끌어 간다. 그러나 이네들도 가십(gossip)을 좋아하기는 우리네와 조금도 다름이 없다. 다만 그 표현의 방법이 세련되었다고 할 만큼 무난하다고나 할까…

영국 사람들의 잡담 내용을 분석해 놓고 보면 80-90%가 가십이라는 통계가 나올 만큼 이네들도 남의 말을 좋아한다. 흔히 가십하면 여자들만의 못된 취미처럼 다루고 드는데, 종류와 정도의 차이가 다를 뿐 남자들의 이야기 내용도 추려놓고 보면 가십이 주류를 이루고 있다. 우리는 gossip하면 남을 헐뜯고 비난하는 저속한 속물근성으로만 여기고 드는데, 꼭 그렇게만 볼 일이 아니다. 신문이나 잡지들의 기사 내용을 분석하고 들자면 거의 대부분의 기사들이 가십의 한계를 벗어나지 못하거나, 어떤 잡지들은 스타들이나 유명인사들의 이야기만으로 책을 만들어 내기도 한다. 또 근간에 물밀듯 쏟아져 나오는 "전기집"이라는 것도 생각하기에 따라서는 일종의 가십이다. 작가들이나 저널리스트야말로 가십의 명수들이라 할 수 있고, 가십도 잘만하면 크게 돈을 벌 수 있고 일약 유명인사로 부상할 수 있는 길목이기도 하다.

이런저런 별 특징도 없는 잡담들이 진한 커피 내음과 함께 한방 가득 술렁거리다 못해 시들해가는 판인데, 저쪽 의자 맨 끝 좌석에 앉아있던 머라가 나를 불렀다. 잊었던 긴한 생각이 갑자기 떠오르기라도 하는 듯한 다급한 목소리에 그 방에 앉아있던 다섯 부인들의 열 개의 눈동자기 일시에 머라 쪽으로 쏠리고 드는데, 기껏 한다는 소리가 "너 마켓에 가서 쇼핑해본 적이 있니?"하고 물었다. 순간 무슨 반짝한 이야깃거리라도 흘러나올 줄 알았던 기대에 찬 시선들이 일시에 거두어지면서 그날 오후의 대화가 자연스럽게 쇼핑 쪽으로 바통이 넘겨졌다.

비단 나뿐만이 아니고 우리 한국 주부들, 특히 내 나이 또래의 중년부인들은 백화점 보다는 시장 쪽을 선호하는 쇼핑 취미를 갖지 않았나 싶다. 그것도 식료품 구입에 관한 것이면 더욱 그렇다. 영국인 주부들 가운데 꼭두새벽부터 눈을 부비고 일어나 새벽시장에 (도매상) 가서 야채나 생선을 사다 먹는 사람은 백에 단 한 사람도 없다. 새벽시장에 나오는 사람들은 모두가 야채상을 하는 상인들이나 식당업을 하는 중국인들인데, 그중에 유일하게 우리 한국인은 이 영국까지 와서도 새벽 6-7시부터 남편을 앞세우고 (운전) 그 추운 겨울 날씨에도 어린아이들까지 차에 태우고 wholesale에 가서 야채를 사오고 과일과 생선을 사다 먹는 백성들이다. 또 우리 한국 주부들은 손이 크기가 이루 말할 수 없어서, 샀다 하면 아예 박스 채로 사서 들고 오는데, 영국인들은 꼭 필요한 양 만큼만 소량씩 사다 먹는다. 바나나를 사도 하나나 둘 정도를 사고, 사과도 두셋 정도가 고작이다. 이는 혼자 살거나 식구가 단촐하다는 말도 되지만, 먹는 것을 우리처럼 실컷 먹는다기 보다는 많이 마시는 쪽이다. 디너에 초대되어 가는 경우라 하더라도 우리처럼 잔칫상을 배설하는 것이 아니라 전식으로부터 시작해서 나오는 음식류는 댓가지가 되지만, 양으로 치면 접시밥 정도에 지나지 않아서 조금 더 주었으면 좋겠다 싶을 만큼 아쉬운 구석이 없지 않다. 여기에 비해서 우리 한국가정에 초대받아 갔다 하면 너무 먹어서 똑바로 앉을 수도 없을 만큼 몸이 불편하도록 먹어대는 경우가 대부분이다.

그날사 새롭게 알게 된 사실 중의 하나가 영국의 가정주부들 가운데 인파로 북적거리는 비교적 가격이 저렴한 마켓 쇼핑을 위신에 관계되는 일처럼 여기고 드는 추세가 없지 않다고 하는 점이었다. 말하자면 영세민에 해당하는 무직자나 날품팔이 그리고 저소득자 층에 속하는 할머니들이나 주부들이 주로 오픈마켓에서 물건을 사다가 쓴다는 것이었다. 머리가 왜 하필이면 대여섯 부인들 가운데서 나에게 "오픈마켓에서 쇼핑을 해본 일이 있느냐"고 질문하고 들었는지 그 진의를 캐어볼 수는 없었지만, 그날 나는 "매우 검소한 아낙"이라는 애매모호한 평가를 받아낸 셈이다.

나는 야채나 과일을 사려고 오픈마켓에 가는 일은 거의 없다. 아이들이 한참 자랄 때처럼 많이 먹어대는 사람도 없거니와 먹거리 쇼핑은 마켓보다는 슈퍼가 품질도 좋고 종류도 다양해서 굳이 시장을 찾을 필요성을 느끼지 않는다. 그래서 물건을 사러간다기 보다는 사람구경을 하러 가는 쪽이라고 해도 무방할 듯싶다. 특히 화창한 여름날 오후, 일이 손에 잡히지 않을 때, 어딘가 가고 싶기는 한데 찾아갈 곳이 마땅찮으면 차를 몰 수 있는 곳이 바로 이 도떼기 시장이다. 얼굴에 화장을 할 필요도 없이 입술만 바르고 평상복 차림으로 집을 나서서 인파 속을 이리 뚫고 저리 헤쳐 가며 시장 속을 한 바퀴 빵 돌고 나면 대략 4,50분가량 걸린다. 오후 기분전환 나들이로써는 안성맞춤이라고나 할까? 특별히 목적하고 온 물건은 아닐지라도 이 점포 저 점포를 기웃거리면서 예쁜 액세서리에 눈을 맞추거나 촉감이 좋은 색채가 화려한 옷감을 만지작거리기도 하고 치약, 손수건, 양말, 속내의 등 백화점 쇼핑에서 빠뜨리기 쉬운 사소한 생활용품들을 한 아름씩 끌어안고 돌아올 때도 없지 않다.

영국은 미국과는 달리 눈에 안 보이는 계급의식이 직장과 사회 구석구석에 쫙 깔려 그 맥을 이어 나오고 있다고 해도 과언이 아니다. 상징적인 권위이기는 하지만 여왕과 로얄 패밀리의 존재가 도도히 군림하고 드는 이네들에게서 메이저 수상이 아무리 무계급사회(classlessness)를 부르짖고 지향한다 해도 국민의식과 이에 따른 전래 전통은 하루아침에 생겨난 것이 아닌 만큼 또한 단시일 내에 그 뿌리를 뽑아낼 수 있을 만큼 단순하지 않다. 외국 사람들은 분별해 내지 못하지만 자국민들은 상대방이 말하는 것만 들어보아도 그의 신분을 추정해 낼 수 있을 만큼 사용하고 드는 용어와 말하는 입모습 (크게 벌리고 작게 벌리는), 억양까지도 귀족들은 서민층 사람들과는 다른 점을 드러내 보인다고 한다. 그러나 극소수의 사람들만이 상류층 계급에 속한다는데 말만 공작, 백작, 귀족일 뿐 돈이 없어서 작위대로 살지를 못하고 조상 대대로 물려 내려온 고궁을 유지해 내기도 역부족이고 있는 재산 (그림, 가구, 은제품 등)을 축내 먹거나 그도 안되면 울며 겨자 먹기로 집을 팔기도 하고 더러는 전시목적으로 국가에 바쳐 국가로 하여금 관리토록 한다. 그래서 기름으로 부자가 된 아랍 나라의 귀족들 중에 영국의 큰 고궁들을 많이 소유해 내고 있는데, 근간에는 일본이나 홍콩 싱가포르의 동양계 신흥 비즈니스맨들이 영국의 부동산에 손을 뻗치고 든다고 한다.

실질적으로 현재 영국사회에서 상류층(upper class)은 찾아보기 쉽지 않고 (돈이 양반을 만든다) 중상층에 속한 (middle upper) 법조계, 은행계 그리고 의사와 교수 등이 사회계급의 중심역할을 해내고 있다. 그러나 품위와 격식에 묶여 지내는 어퍼클라스와 미들클라스와는 달리 자기 분수에 맞추어 호주머니 사정에 따라 사는 중하층 사람들이 대부분이라 해도 과언이 아닐 만큼 합리적인 국민들이기도 하다. 어느 상점에 무슨 물건이 한 푼만 더 싸도 파리 떼 모여들듯 사람들이 운집해 있고, 남이 입고 쓰다 내놓은 중고품 가게와 흠집이 있는 물건만 받아다가 파는 싸구려 가게 (secondhand)만을 누비며 찾아다니는 서민들도 적지 않다.

특히 요새 젊은 세대들은 체통이나 위신 같은 것에 구애됨이 없이 남이 입다 내놓은 헌옷을 헐값에 사서 자기 취향에 맞추어 고쳐 입고 다니며 모양을 내고 멋을 부린다.

"부잣집 독에서 인심난다" 하던가? 있는 집 가정에서 내놓은 부엌 기물들과 헌 가구, 의류들과 장신구들, 커튼과 카펫 등 잡다한 생활용품과 의류들이 서민들 가정으로 팔려 들어가 요긴히 쓰임을 당하는 풍토가 이 영국이기도 하다. 시골에는 으레히 골동품 가게가 한 두 개씩 자리하고 있고 웬만한 도시에는 군데군데 charity (자선사업) 숍들이 선을 보이고 있는데, 옛것을 사랑하는 보수적 국민성까지 들먹이지 않더라도 남이 쓰다가 버린 물건들일지라도 자기에게 필요하면 꺼리지 않고 기껍게 사서 사용하고 드는 소박하고 검소한 생활태도가 가히 칭찬할만 하다. 우리네 같으면 누가 쓰다가 버린 물건인지도 모르고 마음이 꺼림칙하기도 하고 왠지 자존심이 내키지 않아 그냥 가져다 쓰라고 해도 외면당하기 십상인 헌 물건들을 잃어버렸던 물건을 되찾기라도 한 듯 이리 쓸고 저리 닦아서 새 것 헌 것 가리지 않고 좋아하는 모습들을 볼 때면 영국 사람들도 저런 분들이 있는가 싶어 감동적이기만 하다. 특히 중고품 가게들의 물건은 대부분이 죽은 사람들의 옷이거나 유품들이 태반인 것을 번연히 알면서도 미신에 얽매이지 않고 실질적으로 살아가는 이네들의 생활에서 많은 것을 깨닫고 배우게 된다. 또 우리 같으면 자선단체가 운영하는 숍으로 가져다주기도 귀찮고 별스런 물건도 못되고 하면 쓰레기통으로 집어넣을 텐데도 이네들은 밀크 병 은딱지 하나까지도 모아두었다가 수집하는 사람들에게 건네주고 신문지나 빈병들도 한곳에 쌓아놓았다가 쇼핑갈 때 가지고 가서 수집 통에 집어넣는 알뜰한 지혜를 지녔다.

화창한 봄 날씨가 왠지 마음을 들썽거리게 한다. 이런 날 꼭 가보고 싶은 집, 온갖 잡동사니 물건들을 발 들여 놓을 틈도 없이 가득 차 있는 옥스팜 숍. 친구 집을 나와 운전대에 앉아 거울을 들여다보며 입술에 빨간 루즈를 칠한다.

생명록(This is your life.)

어느 분이 이런 말을 하는 소리를 들었다. "하나님은 우리가 아무리 나쁜 짓을 한다 해도 벌하시지 않을 뿐만 아니라, 혹 벌을 내리신다 해도 오랜 후에 벌을 주기 때문에 무섭지 않다." 우스개 소리마냥 지껄인 말이었지만, 한 귀로 듣고 한 귀로 흘려버리기에는 무엇인가 가슴에 와 꽂히는 게 있었다.

사람은 본인이 잘못을 범하고 흉악한 일을 저질렀을 때는 그 일이 행여 탄로날까봐 뒤로 감추고 앞으로 숨기다가도, 남이 나에게 해를 입히거나 못된 짓거리를 했을 경우에는 그 사람이 당장 천벌이라도 받아 어떻게 되어 주었으면... 삼년 묵은 체증이 쑥 가라앉을 것 같은 심정이 되어진다. 그러나 한번 생각해 볼 일이다. 사람이 잘못을 저지르고 죄를 범할 때마다 그 일을 막기 위해서 그때마다 하나님께서 벌을 내리시고 징계를 하신다고 할 때, 이 글을 쓰고 있는 본인부터도 멀쩡한 사지를 달고 사는 것은 고사하고 이목구비 하나도 제대로 붙어 남아있는 게 없을 듯싶기만 하다. 설령 도적질은 안하고 산다 하더라도 이웃을 미워하고 시기질투심을 품어 지닐 때가 많았을 터이니, 벌써 심장마비에 걸려 죽지 않았다면 수십 번 병원 문턱을 들락거렸을 것이요, 남의 흉을 보고 미운 사람에게는 저주와 악담을 가차 없이 퍼부었을 터이니 벙어리가 되었어도 오래전에 되었을 것이며, 주님을 믿고 난 후라 할지라도 옳은 행동 옳은 말만 해 나왔다 말 할 수 없을 터이다.

인간이 죄를 범하고 못된 짓을 행할 때마다 하나님께서 벌을 내려서 그 일을 방지키로 하신다고 할 것 같으면 이 세상은 지체부자유자들로 가득 채우다 못해 아마 지금쯤 이 지구촌 안에는 인간이라고는 그 종자도 찾 아보지 못할 만큼 이미 멸종을 본 지 오래일 듯 싶기도 하다. 그럼에도 불 구하고 나 역시 세상 되어 가는 꼴이 너무 어처구니가 없고, 뒤에서 자꾸 찍어대는 사람을 보면 저런 인간을 하나님은 왜 가만 놓아두실까 답답 하고 속상할 때가 있게 된다.

매주 수요일 밤 그라나다 TV에서 "This is your life"라는 프로그램이 수년에 걸쳐 방영되어 나오고 있다. 주로 연예계에 몸담고 있는 저명인사 들 중에 한 사람을 주인공으로 선정, 혜성처럼 무대 위에 등장시킨 후 사 회자가 빨간 표지의 두툼한 앨범을 손에 들고 한쪽 한쪽 넘겨가면서 그 사람의 성장과정에서부터 시작하여 오늘에 이르기까지 생의 전반에 걸쳐 살펴 더듬어 나간다. 괄목할 사실은 본인의 입을 통해서 듣게 되는 것이 아니라 자녀들로부터 시작해서 부모형제와 오랫동안 소식마저 끊겨 보 도 듣도 못한 지우들과 옛 직장동료들이 지구촌 각 곳에서부터 모여들어 본인은 까맣게 잊어먹은, 언제 그런 일이 있었던가 싶을 만큼 뇌리에서 조 차 사라져버린 일들을 하나씩 하나씩 들추어 나갈 때면, 주인공은 감격 과 놀라움에 들떠 눈물을 글썽대기 마련이다.

나는 TV를 많이 보는 측은 못된다. 외국 배우들이 나와서 뜻도 의미도 알아들을 수 없는 말로 웃기는 코미디나 흥미도 없는 탐정영화가 주류를 이루고 있어서 일주일 통털어 한 두 편쯤 시청하면 잘하는 편이다. "This is your life"만 해도 좋아서 보는 것은 아니고 방영시간이 저녁식사 후 커피 마시는 시간과 막 떨어지고 있어서 무심코 대해 나오는 동안에 은연중 관심 프로그램으로 자리를 굳히게 된 셈인데, 단순한 오락물로 지켜내다가도 때로는 숙연해지는 마음새가 되곤 한다. "당신의 생애"라는 제목부터가 무언가 의미심장한 느낌을 몰아다 줄 뿐만 아니라, 어린 시절부터 시작해서 생애 전반에 걸쳐 증언자들의 입을 통하여 과거사들을 낱낱이 듣고 서있는 모습이 마지막 날에 주님 앞에 서게 될 자신의 모습과 중첩되어 다가서기까지 한다. TV프로그램이야 상품처럼 획일화된 인기를 타고 출세 길에 오르게 된 연예인의 면모에 카메라의 앵글을 맞추어 내보내고 있지만, 주님 앞에서야 그게 어디 될 말이기나 한가? "선악간에 그 몸으로 행한 것을 따라"(고후 5:10)라고 기록되어 있는 것을 보면 떳떳이 밖으로 드러내어도 좋을 칭찬받을 행위뿐만 아니라, 부끄럽고 수치스러워 차마 끄집어 낼 수 조차 없는 추행과 악행까지도 낱낱이 까발려져야 할 판이다.

더러 어떤 부류의 사람들은 하나님을 마음씨가 유순한 이웃집 아저씨 정도로 생각하고 드는 경향이 있기도 하다. 이런 사람들은 "하나님은 사랑이시다"는 견해만을 극구 주장하고 싶어 한다. 그래서 사랑이신 하나님께서 어찌 그 무섭고 고통스러운 지옥을 만들어 놓았겠느냐고 믿고 지옥이 없다고 본다. 그러나 "하나님은 사랑이시다"는 진리만큼 하나님은 공의로우신 분이심을 잊어서는 안 된다. 하나님께는 서당선생보다 더 근엄하여 무서운 일면도 있으시다. 하나님의 사랑이 인간들을 구원하시기 위해서 독생자 예수 그리스도까지 아끼시지 않고 이 땅에 보내사 돌아가시게 하셨다. 그리고 지금도 오래 참으심으로 한 사람이라도 더 주님께 나와 구원에 이르기를 기다리고 계신다. 그러나 이 같은 은혜의 기간이 무한정일 수는 없다. 공의로우신 하나님은 불의한 자들에 대한 심판을 감행하셔야하고 적절한 응징과 형벌이 주어짐으로 하나님의 공의가 실시되어져야 한다.

작금을 가리켜 "말세"라고들 칭한다. 성경말씀을 상고하고 드는 그리스도인들만 성경에 비추어 "말세가 왔다"고 말하는 것이 아니라 믿지 않는 사람들 입에서도 "말세가 되었다"는 소리를 종종 내뱉는다. 윤리와 도덕이 땅에 떨어지고 세상 살기가 각박해졌다는 의미로서의 표현일 것이다. 그러나 그 누구도 하나님의 심판에 대해서는 언급하고 싶어 하지 않는다. 성경말씀을 가르치고 전해야 할 목사님들도 최후의 심판이나 예수님의 재림에 대해서 좀처럼 설교하기를 즐겨하지 않는 듯하다. 2,3년 전의 한국사회를 떠들썩하게 만들었던 종말론 자들의 여파 때문인지, 아니면 우리 모두가 사후문제를 거론하고 싶지 않을 만큼 현재에 도취하여 살아가고 있기 때문인지 알 수는 없지만, 예수 그리스도의 재림과 마지막 심판에 관한 기록이 성경의 상당량을 차지하고 있다고 하는 사실을 감안해 볼 때 우리의 삶 전체가 그날을 위한 준비라고 여겨도 무방할 듯싶다.

흔히 우리 믿는 자들은 최후의 심판이 불신자들에게만 있을 것으로 생각하기 쉬운데, 사도 바울은 "우리가 다 하나님의 심판대 앞에 서리라"(롬14:10)고 말하고, 히브리서 기자 역시 "한번 죽는 것은 사람에게 정하신 것이요 그 후에는 심판이 있으리라"고 말하므로 믿는 자나 믿지 않는 자가 다 같이 하나님의 심판을 받게 됨을 시사해내고 있다. 또 시편 기자는 우리의 말과 행실이 하나도 빠짐이 없이 생명책에 소상히 기록되고 있음을 천명하고 (시139:16), 요한계시록에는 죽은 자들이 자기의 행위를 따라서 책들의 기록대로 심판을 받게 됨에 대해서 언급해 놓았다. "또 내가 보니 죽은 자들이 무론 대소하고 그 보좌 앞에 섰는데 책들이 펴있고 또 다른 책이 펴졌으니 곧 생명책이라 죽은 자들이 자기 행위를

따라 책들에 기록된 대로 심판을 받으니"(계20:12)

위의 말씀으로 미루어보면 하나님 보좌 앞에 두 권의 책이 있는데 하나는 영생에 들어갈 자들의 이름이 기록된 생명록이요, 다른 하나는 우리들의 생시적 말과 소위가 그대로 적혀있는 행위록이다. 우리들의 말과 행위가 생활기록부처럼 소상하게 기록되었다가 마지막 날에 다 까발려질 것은 고사하고, 선악간에 말과 행위대로 심판을 받게 된다니 이 얼마나 두렵고 떨리는 일인가? 그래서 사도 바울은 "그 불법을 사하심을 받고 그 죄를 가리우심을 받는 자는 복이 있고 주께서 그 죄를 인정치 아니하실 사람은 복이 있도다"(롬4:7-8)고 시편의 말씀을 인용하고 들었을 것이다.

그 누가 하나님 앞에 말과 행실에 실수가 없고 손이 깨끗하다 할 수가 있겠는가? 성경은 이미 "의인은 없나니 하나도 없으며 깨닫는 자도 없고 하나님을 찾는 자도 없고   다 치우쳐 한가지로 무익하게 되고 선을 행하는 자는 없나니 하나도 없도다…"(롬3:10-18)고 인간의 실상을 그대로 들추어 내보이고 있다.

인간이 이처럼 죄악 가운데 놓여 하나님의 진노(심판)를 면치 못하게 되었을 때, 인간을 사랑하시는 하나님의 사랑이 그의 아들 예수 그리스도를 이 세상에 내려보내시게 만든 것이요, 이제 누구든지 그를 믿으면 멸망치 않고 영생을 얻는 축복을 무상으로 우리들에게 부어주고 계신다 (요3:16). 이 얼마나 기쁘고 즐거운 소식인가? 못된 행실로 인하여 영원히 꺼지지 않는 지옥 불에 던지울 내가 예수만 믿으면 영생에(천국) 들어갈 수 있다니, 이 보다 더 복된 소식이 세상 어디에 또 있겠는가? 그런데 우주만물의 법칙을 깨우치고 하늘 위를 날고 바다를 달리며 세계를 다 알고 있다는 유식한 인간들이 가장 중요한, 필히 알아야 할 영원한 자기 생명에 관해서는 그렇게 무관심하고 소홀할 수가 없느니… 참 이상한 일이다.

그래도 또 가고 싶은 고국 땅

외국에서 20년 혹은 30년씩 살다가 모처럼 고국을 방문하게 되면, 분명히 내가 한국 사람인데도 한국 사람이 아닌 것을 피부로 느끼게 된다. 한국에서 계속 살아나오고 있는 분들은 불감증이기 쉬운 사회의 공기가 금방 코끝에 와 닿고, 오매불망 꿈에도 잊지 못하던 조국에 대한 실망과 짜증스러움이 여름날 포도주처럼 꾸역꾸역 괴어나기도 하고, 엉뚱한 곳에서 웃지못할 실수를 저지르고 푸대접을 받다보면, 하루속히 돌아가고 싶은 마음이 일기도 하지만, 돌아와선 또 그리워 눈물짓게 된다.

그러고 보면 우리 가족은 대략 10년 간격으로 모국을 방문한 격인데, 금번 여름이 세 번째가 되는 셈이다. 그동안 서울은 어떠한 모습과 형태로 변해있을 것인지, 소풍날을 기다리는 초등학생마냥 설레임과 기대감으로 가득 찬 심중에도 벌써부터 교통지옥에 대한 두려움이 안으로 서려난다.

지난 방문 시 서울에 도착한 2,3일 후의 일이었다. 택시를 잡아타기 위해서 뜨거운 뙤약볕아래, 말을 좀 보태서 무려 한 시간을 바둥거려야 했는데 이는 빈 차로 지나가는 택시가 없어서가 아니었다. 아침 10시쯤 되는 시간이어서 비교적 교통이 한가했지만, 빈 택시인 듯싶어 손을 들면 서줄 듯 하다가는 그대로 지나쳐 가버리기가 일쑤여서, 웬일인가 싶어 동생에게 물어보니 곁에 놓아둔 두 개의 가방 때문이라고 설명을 붙였다. 서늘한 영국 일기에 길들여진 체질이 그늘 밑에 가만히 앉아있어도 숨이 막힐 지경인데, 땀을 뻘뻘 흘리며 이쪽으로 뛰며 저쪽으로 달려 간신히 차 한 대를 잡아 올라탄 택시는, 몇 년 전에 자동차 폐기장으로 돈까지 주어서 폐기시킨 내 헌 자동차보다도 더 고물이었다. 그것까지는 좋았다. 이 운전사양반, 사람을 흡사 짐 덩어리처럼 취급하고 말은 왜 그리 무뚝뚝하고 불친절한지 평생에 그런 사람을 대해 보기는 처음이어서, 나는 주눅이 들어 빨리 차를 타고 문을 닫으라는 소리에 치맛자락이 문틈에 낀 것도 아랑곳하지 않고 허겁지겁 자동차 문을 닫아야만 했다. 저런 남자도 오늘 저녁에 집에 들어가면 바가지를 긁어대는 부인에게는 말 한마디 못하겠지 싶은 마음 하나로 안위를 삼고, 차 내가 에어컨디션이 없어 찜통 같았지만 유리창을 열지 말라는 추상같은 명령에 순한 아이처럼 가만히 앉아 가는 것까지는 순순히 따라주었다. 그런데 해도 너무한다 싶은 일은, 자동차 뒤에 엄연히 짐을 싣는 부트가 있음에도 불구하고 큰 가방을 옆자리에 놓고 서너 살 배기 어린아이 보다 더 무거운 짐 가방을 다리 위에 얹고 가라고 하니, 이건 손님을 자기 집에서 키우는 개 짐승만큼도 생각하지 않은 듯싶은 생각에 속에서 화가 치밀어 오르지 않을 수 없었다. 내 생전 친정 아버님이나 남편에게는 고사하고 하나님 앞에서도 이렇듯 고분고분 말을 들어보기는 처음이었지만, 잘못 굴다가는 그 넓은 서울 바닥에 짐짝처럼 내동댕이쳐질 것 같은 두려움 때문에 한마디의 반항도 해보지 못한 채 울며 겨자 먹기로 숨을 죽이고 하라는 대로 가만히 앉아 가기는 했지만, 기가 막혔다.

두 번째 케이스로 모 대학 학장님을 찾아갔을 때의 일이었다. 물어물어 고속버스를 타고 원주까지 내려가 안내 일을 보는 수위 아저씨에게 김

학장님의 숙소를 물었더니 첫마디에 "학장님 돌아가셨습니다"하고 대답했다. 이 무슨 청천벽력 같은 말인가? 며칠 전에 학장님과 시외통화를 했었고 애들 아빠가 여기 학장님을 만나 함께 계실 터인데 돌아가셨다니… 나는 너무도 뜻밖의 대답이라 "아니, 학장님이 돌아가시다니요. 며칠 전에 전화 통화까지 했는데요" 반쯤 넋이 나가 재차 물으니 껄껄 웃으면서 "죽었다는 말이 아니라, 서울 본교로 돌아가셨다는 말입니다"고 설명을 달았다.

다음은 광주에서 있었던 이야기다. 장마가 몰고 온 7월 하순의 무더위 속에 딸아이와 함께 옛날 자라던 집을 찾아갔다. 시골에서 올라온 후 중학교에 입학하던 해 부터 시작해서 결혼하여 첫 아들을 낳아 백일이 다 되기까지 줄곧 그 집에서만 살아왔으니 내게는 시골 고향집 못지않게 추억이 서린 정든 집이었다. 그러나 지금은 누가 살고 있는지도 모르는 그 집에 선뜻 들어설 용기가 나지 않아 대문 밖에서 쭈뼛쭈뼛 집안을 기웃거리며 앞마당 가에 서있는 정든 살구나무를 쳐다보며 옛날을 회상하는데, 이런 내 거동이 수상쩍게 여겨졌던지 중년 남자가 툇마루 유리문을 확 열어젖히면서 퉁명스런 목소리로 "누구를 찾으시오?"하고 내질렀다. 이때라 싶어 자초지종 이야기를 하고 집을 둘러보고 나왔으면 좋았을 터인데, 미처 생각지 못했던 준비 안 된 일이라 엉겁결에 "아니요"하는 말을 뒤로 남기고 황망히 딸아이의 손목을 붙잡고 쫓기듯이 고샅길을 빠져 나오는데, 저 만큼 구멍가게 앞 그늘 밑에 할머니 한 분이 의자를 내다놓고 앉아계신 모습이 영락없이 돌아가신 나의 할머님의 옛 친구 분 같아 보였다. 그러나 나는 그 분이 나의 할머니의 친구 분이라고는 전혀 믿을 수가 없었다. 살아계시면 백 살은 족히 다 되셨을 나이이기 때문이었다. "참 오래도 사시는구나" 싶으면서도 뜻밖의 상봉이라 무슨 말로 인사를 드려야할지 적당한 말이 떠오르지 않아 망설여졌다. 날마다 만나는 이웃집에 사는 할머니를 대하듯이 "안녕하세요"라고 인사를 드릴 수도 없을 것 같고, 당시의 심정대로 손을 덥석 붙잡고 "아이고 할머니 지금도 살아계시네요"라는 말은 더더욱 입 밖에 꺼낼 수가 없을 듯싶었다. "노인 속 어린애 속"이라는데, "지금도 살아계시네요"하고 인사를 드렸다가는 듣기에 따라서 고깝게 들릴 수도 있겠기 때문이었다. 할머니와의 사이가 자꾸만 좁혀져 가고 있는데, 적절한 인사말이 떠오르지 않아 난감해하던 차에 마침 상점 안으로 조그만 애기 손님이 들어가고 있었다. 나는 이때라 싶어 저 할머니가 20년이 넘도록 지금까지 내 얼굴을 기억해 내고 있을 것 같지 않기도 하고 해서 슬쩍 모르는 척하고 다른 쪽으로 살짝 고개를 돌린 채 상점 앞을 막 지나가려고 하는 판인데, 정신도 총총하신 눈썰미 좋으신 할머니, "아니 저 몽골댁 큰 손녀가 아니요?" 카랑카랑한 노인답지 않은 목소리가 따갑도록 뒤통수에 와 꽂혀 들었다. 그때의 민망스러움. 이런 경우를 가리켜 쥐구멍이라도 있으면 들어가고 싶은 심정이라고 표현한 듯싶어진 순간이었다.

　마지막으로 한 케이스만 더 쓰자면 고속버스 터미널에서 당했던 또 한 번의 개 취급을 아니 들 수가 없다. 장맛비가 걷혀간다는 데도 아침부터 부슬부슬 비가 내리기 시작한 8월 초순. 해가 없는 비 내리는 날은 응당 기온이 좀 수그러져야 할 것 같은데 불쾌지수만 잔뜩 올려주고 있는 어느 날 아침, 딸과 나는 서울행 고속버스에 올라탔다. 원주를 갈 때 고속버스를 한번 타보기는 했지만 광주발 서울행은 처음이었다. 무슨 버스가 그리도 서둘러서 떠나는지 한숨 돌릴 겸 앞차를 떠나보내고 차분히 뒤차에 올라탄 셈인데, 거짓말 하나 보태지 않고 앞차가 출발한 후 5분도 충분히 다 못 되어 버스가 떠나려고 운전기사가 시동을 걸기 시작했다. 서

둘러도 이렇게까지는 서두를 줄은 모르고 앞차가 금방 출발했으니 시간은 좀 있겠거니 싶어 나는 좌석을 잡고 선반에 짐을 올려놓고 있는 사이, 아이가 아이스크림을 사오겠다기에 그러라고 했던 것이 크게 잘못이었던 것 같다. 아이는 아직 돌아오지 않고 아이스크림을 사려고 서 있는 모습이 유리창 밖으로 멀리 내다보이는데, 버스는 떠나려는 듯 부르릉 거리고, 안내양은 손에 마이크를 잡고 무슨 말인가 하려고 했다. 순간 이거 큰일 났다 싶은 생각이 들어 안내양에게 딸아이 얘길하고 사정을 했더니 날더러 내려가 빨리 아이를 데리고 오라는데, 그 사이 버스가 출발해 버리면 주인도 없이 짐만 서울로 가겠다 싶어 발을 동동 구르며 안절부절 못하고 있는데, 다행히 그 사이 딸아이가 돌아와 주어서 한숨 놓고 즐거운 여행을 할 수 있게 되었다. 그러나 그것으로 일은 끝나지 않았다. 이렇게 숨이 턱에 닿도록 서둘러서 간신히 잡아탄 버스가, 서울에 도착하고 나서 또 한 번 문제를 일으켰던 것이다. 버스기사가 승객들에게 버스 밑에 집어 넣어둔 가방을 스스로 꺼내 가라는 것이었는데, 버스를 탈 적에 내가 제일 먼저 짐을 넣고 탔기 때문에 문가에 넣어둔 가방이 안쪽 구석으로 밀려 들어간 바람에 도저히 꺼낼 수가 없었다. 저걸 어쩌나 싶어 가만히 보고 서 있는데, 나 보다 훨씬 나이가 많으신 할머니들까지도 모처럼 서울나들이에 입고 나오신 하얀 모시 치마를 두 손으로 걸머쥐고 반쯤 기다시피 버스 밑구멍으로 허리를 굽히고 들어가 짐을 꺼내왔다. 운전기사나 조수라도 나와서 승객들의 짐을 꺼내주어야 옳을 일이었지만, 유순하기 그지없는 승객들은 불평 한마디 하지 않고, 한 분 두 분 차례대로 자기 짐을 꺼내 가지고 갈 길을 찾아 나가는데, 아무리 생각해도 이건 너무한다 싶어 주춤거리며 안내양에게 "짐을 좀 꺼내 달라"고 부탁을 하니 첫마디에 "다른 사람들은 다 꺼내 가지고 가지 않아요"하고는 못들은 척

쌜쭉하고 뒤돌아섰다. 그러잖아도 사람을 사람으로 대우하지 않고 짐 승처럼 취급하고드는 풍토에 화가 날 판인데, 그 말을 듣고 보니 없는 심 술까지 꾸역꾸역 치밀어 올라 "아니 여보시오, 내가 개새끼요 고양이새끼 요. 저 버스 밑구멍으로 어떻게 들어가란 말이요!" 소리를 버럭 내지르고 는 버티어낼 양 꼼짝없이 그 자리에 서서 꺼내주기를 기다렸다. 한참 있 으니 안내양이 또 말했다. "아주머니 버스가 다른 곳으로 들어가야 해 요. 빨리 짐을 꺼내세요." 그러나 이번에도 나는 눈썹하나 까딱하지 않은 채 "내 짐까지 다 가지고 가시요!"하고 뻣뻣하게 버티고 서 있었더니, 그 때서야 못 이기겠다는 듯 어디선가 손에 갈퀴를 쥔 아저씨 한 분을 데리 고 와서 내 짐을 꺼내주었다. "로마에 가면 로마 사람이 되라"는 격언을 생각하며, 이쯤 되면 나도 한국에서 잘 배겨낼 수 있겠다고 하는 자신감 으로 헤헤거리며 출구를 빠져 나왔다.

네 손에 있는 것이 무엇이냐

· **초판 1쇄 발행** 2020년 11월 10일

· 지은이 · **김행님**
· 펴낸이 · **민상기** 편집장 · **이숙희** 펴낸곳 도서출판 **드림북**
· 인쇄소 · **예림인쇄** 제 책 · **예림바운딩** 총판 · **하늘유통**(031-947-7777)
· **등록번호** 제 65 호 · **등록일자** 2002. 11. 25.
· 경기도 의정부시 가능1동 639-2(1층)
· Tel (031)829-7722, Fax(031)829-7723